DAS BUCH DES RINGENS GOTTES
UM SEINE KIRCHE

DIE BOTSCHAFT
DES ALTEN TESTAMENTS

Erläuterungen alttestamentlicher Schriften

Band 23/I

DAS BUCH DES RINGENS GOTTES
UM SEINE KIRCHE

CALWER VERLAG STUTTGART

DAS BUCH
DES RINGENS GOTTES
UM SEINE KIRCHE

Der Prophet Amos

Übersetzt und ausgelegt von

HELLMUTH FREY

CALWER VERLAG STUTTGART

CIP-Titelaufnahme der Deutschen Bibliothek

Die **Botschaft des Alten Testaments:** Erl. alttestamentl. Schr.
- Stuttgart: Calwer Verl.

Bd. 23,1. Frey, Hellmuth: Das Buch des Ringens Gottes um seine Kirche.
– 3. Aufl. - 1988

Frey, Hellmuth:
Das Buch des Ringens Gottes um seine Kirche: d. Prophet Amos /
übers. und ausgelegt von Hellmuth Frey. - 3. Aufl.
- Stuttgart: Calwer Verl., 1988
(Die Botschaft des Alten Testaments; Bd. 23,1)
ISBN 3-7668-0052-3

ISBN 3-7668-0052-3

3. Auflage 1988
© 1958 by Calwer Verlag Stuttgart
Druck: Gutmann + Co., Heilbronn

INHALT

ZWEITER TEIL: DAS WERBEN GOTTES

Amos 4, 4–6, 14

Die Weise seines Werbens – das Ziel seines Werbens – die Grenze seines Werbens

DRITTER TEIL: DIE WENDE VOM WERBEN ZUM RICHTEN

Amos 7, 1–8, 3

VIERTER TEIL: DAS ZIEL GOTTES
Amos 8, 4–9, 15

ZUM GELEIT

Die beiden Prophetenschriften des Amos und Hosea ähneln einander in der merkwürdigen Einseitigkeit ihrer Botschaften. Sie unterscheiden sich zugleich fast bis zur Gegensätzlichkeit in Bezug auf den Standort, von dem aus ihre Schau entworfen ist.

Tritt im Amosbuch die Forderung Gottes an den Menschen gewaltig hervor, so stellt uns Hosea ebenso kompromißlos vor das Angebot des Heiles allein aus Gnaden. Rückt Amos unsere Verpflichtung gegenüber dem Mitmenschen ganz in den Vordergrund der Betrachtung, so Hosea die Erkenntnis und Hingabe an Gott. Der erstere mißt das Verhalten der Gemeinde an ihrer Versündigung am Gottesrecht, der letztere an der Verfälschung des Glaubens und des Gottesdienstes. Die Predigt des Hirten aus Thekoa scheint auf den ersten Blick fast nur *Verkündigung* des *Gerichtes*, die Botschaft des Sohnes Be'eris zeichnet breit die *Herrlichkeit* des *Heils* und *der Wiederannahme* der Gemeinde. Aus den Worten des Propheten aus Juda gewinnt man einen erschütternden Eindruck von der *Schroffheit und Erhabenheit Gottes*, durch das Zeugnis des letzten Propheten Samariens bekommt man einen überwältigenden Einblick in *die Liebestiefen* des *Herzens Gottes*, wenn schon der atemberaubende Ernst seines Werbens um seine Kirche nicht verschwiegen wird. In der Gerichtspredigt des einen scheint sich der Vorrang der Gemeinde als der Erwählten Gottes fast völlig aufzulösen im Licht des weltweiten Handelns Gottes mit den Völkern und seines Gerichtes ohne Ansehen der Person, die Verkündigung des andern geht einseitig der Gnadenwahl Gottes, seinem Liebesplan mit seiner Gemeinde und seinem Erziehungsweg mit ihr nach.

Zu der Gegensätzlichkeit und Einseitigkeit, mit der jeder der Propheten Gott und sein Handeln in seiner Schroffheit und Innigkeit ebenso wie die Buße als Forderung und Geschenk verkündigt, kommen die menschlichen Unterschiede zwischen den Propheten und der Art ihres Wirkens. Dem *schlichten Mann des Volkes* vom Rande der Wüste aus Juda steht der *vornehme*, priesterlich *prophetische Theologe* aus der Residenzstadt Samaria gegenüber; dort dorische oder frühromanische Herbheit der Gedankenführung, hier die feine strebende Linienführung gotischen Formenreichtums im Stil und Auf-

bau der Gedanken; dort der *Gerichtsprediger*, der wie ein Gewitter-
sturm durch das Land braust, dessen ganze Wirksamkeit sich vielleicht auf wenige Jahre oder Monate zusammendrängt, hier der
Seelsorger seiner Kirche, der ihren Weg in den Abgrund durch ein
Menschenalter begleitet; dort der *Sonderbotschafter Gottes*, der die
Botschaft bringt und mit ihr wieder geht, hier der *Zeuge*, der mit
seinem Leben und Schicksal die *Liebe Gottes* zur Gemeinde und
sein Leiden um sie *verkörpert* und sie bis ans Ende trägt und liebt.

Bei näherer Betrachtung gewahren wir das beiden Boten *Gemeinsame*. Beide bezeugen *Gottes Werben* um *Buße* und *Wiedergeburt*
seiner Kirche. Beide blicken auf *Gottes Advent* und *seinen Tag* aus.
Manche scheinbare Unterschiedlichkeit löst sich auf. Doch die Po-
larität in der Akzentsetzung bleibt und weist auf ihre Versöhnung in
Jesus Christus, in dessen Leben und Botschaft die beiden Linien sich
treffen.

So *unterscheiden* und *ergänzen* sich die Bücher des Amos und Hosea, ähnlich wie die biblische Urgeschichte und die Vätergeschichte
im ersten Mosebuch. Sie wollen *zusammen* gelesen werden, will
man die *ganze Botschaft Gottes* an die Kirche und an den einzelnen
hören.

Allgemeinverständliche Literatur zu Amos

1. Theodor Brandt: Die Botschaft des Amos. 1931
2. Theophil Flügge: Propheten. 1948
3. Volkmar Herntrich: Amos, der Prophet Gottes. 1941
4. Alfred Jepsen: Das Zwölfprophetenbuch. (Bibelhilfe.) Altestamentliche
   Reihe
5. Jakob Kroeker: Die Propheten oder das Reden Gottes. Vorexilische
   Propheten, I. Abt. Amos und Hosea. 1932 (Das lebendige Wort Bd. 6)
6. Walter Lüthi: Das ist's, was der Prophet Amos gesehen hat
7. Otto Procksch: Die kleinen prophetischen Schriften vor dem Exil. 1910
8. Ernst Sellin: Der alttestamentliche Prophetismus. 1912
9. Paul Volz: Prophetengestalten. 1. 1938
10. Artur Weiser: Die Propheten Hosea, Joel, Amos, Obadja, Jona, Micha.
    (ATD Bd. 24) 1948
11. W. Zöllner: Amos und Hosea. 1897

Zur fachwissenschaftlichen Literatur siehe das alphabetische Literatur-
verzeichnis im Anhang.

DIE SELBSTOFFENBARUNG GOTTES IM ZUGE SEINES WERBENS UM DIE KIRCHE NORDISRAELS

Die Propheten Amos und Hosea läuten eine zweihundertjährige Kirchengeschichte zu Grabe. Sie bestimmen das Wesen dieser Geschichte als Abwendung von Gott und ziehen das Fazit aus ihr. Es heißt: Gericht.

Kann eine Kirche untergehen? Nein. Der Kirche Alten Bundes gelten ebenso wie der des Neuen Bundes, in der sie fortlebt, die Verheißungen, daß die Pforten der Hölle sie nicht überwältigen sollen (Matth. 16, 18; Jes. 51, 6; Jerem. 31). Auch Israel, aus dessen Schoß die Kirche Neuen Bundes geboren wurde, hat teil an dieser Verheißung. Wohl aber ist *nicht* gesagt, daß die Kirchen Samariens und Jerusalems im Alten, Kleinasiens, Ägyptens, Nordafrikas, Deutschlands im Neuen Bunde immer bestehen sollen. Ihr Bestehen oder Vergehen ist an ihr Bleiben oder Nichtbleiben am Herrn und seinem Wort gebunden. Sie haben eine Geschichte mit Gott, und diese Geschichte kann je nachdem eine Geschichte des Lebens oder des Todes werden.

Was für eine Geschichte ist die der Kirche Samariens gewesen, die Amos und Hosea für eine Todesgeschichte erklären?

1. Zunächst muß zu unserer Überraschung festgestellt werden: Die zweihundertjährige Kirchengeschichte Nordisraels stellt nicht einen bedeutungslosen, wilden Nebentrieb am Stamm der Heilsgeschichte dar, sondern einen reichgesegneten und bedeutungsvollen, ja entscheidenden Abschnitt derselben.

Es ist derjenige Abschnitt der Kirchengeschichte Alten Bundes, in dem sich der neue Durchbruch der Offenbarungsreligion vom Sinai und damit die große Reformation vollzieht, auf deren Schultern die ganze folgende Geschichte des Alten Bundes steht, auch die des im Gericht von 722 überlebenden Juda, wie auch die Geschichte der aus der Katastrophe von 587 ff erneuert hervorgegangenen jüdischen Gemeinde. Es ist die Kirche, in der der Prophet Elias die Stimme des Sinaigottes wieder hört und zu Gehör bringt, die dann nicht mehr verstummt, sondern von den Propheten weiter verkündet worden ist.

In dieser Kirche wurden vermutlich die Prophetengeschichten gesammelt, die uns in 1. Kön. 17–2. Kön. 3 und 2. Kön. 3–13 aufbewahrt sind, in denen uns der *Anspruch* des *Sinaigottes* auf seine Gemeinde inmitten der Gegebenheiten der Kirchengeschichte, der Kultur und der Völkerpolitik Gestalt geworden entgegentritt.

In dieser Kirche hat vermutlich der große Erzähler, den wir den Elohisten nennen, die ganze Überlieferung und Geschichte Israels von Abraham bis Mose, bis zur Landnahme im Lichte der Offenbarung Gottes geschaut und niedergeschrieben. Diesem Erzähler wurde geschenkt, die Wurzeln der Heilsgeschichte, der Beziehung zwischen Gott und Gemeinde und Gott und Mensch, bloßzulegen als „*Glauben*" und „*Furcht Gottes*"; so zeigt er es im vertrauenden Sichgründen Abrahams in Gott gegen die sichtbare Wirklichkeit allein aufs Wort (1. Mose 15, 1–7) und in der gehorsamen Auslieferung des Erzvaters an den Anspruch Gottes auf sein Leben bei der Opferung Isaaks und in der Stellvertretung, die Gott im Opfer schenkte in Gestalt des Widders (1. Mose 22). Propheten, Apostel und Reformatoren von Jesaja bis Paulus und Luther stehen auf diesen Erkenntnissen.

Durch den Elohisten ist der Gemeinde die letzte und tiefste *Auslegung* des *Gottesnamens*, den sie anruft und der im Segen auf sie gelegt wird, überliefert worden als Verkündigung des Erhabenen, Beständigen und seiner Verheißung Treuen. „Ich werde sein, der ich sein werde" (2. Mose 3, 14). Ihm war es aufgetragen, das Verhältnis zwischen Gott und Gemeinde in seinem großen Bericht vom Bundesschluß am Sinai in klassischer Weise zu formulieren, so daß der Herr Christus auf diese Formulierung zurückgreift (2. Mose 24; Mark. 14, 22–24).

Ihm war es gegeben, im *Geist* der *Prophetie* die bewegende Kraft der Heilsgeschichte in Abraham, Joseph und Mose zu erkennen und seiner Kirche aufzuzeigen (2. Mose 20, 7; 1. Mose 41, 38; 4. Mose 12, 1–8; 11, 10–17. 24–29; 2. Mose 32). Er hat der Gemeinde im *Gesetz* den vollendeten Ausdruck des Gotteswillens, im Dekalog Gottes Totalitätsanspruch und im Bundesbuch die Bundesregel für ihr Leben überliefert (2. Mose 24, 7; 20, 1–17; 21, 1–23, 19).

Man darf über den Elohisten zurückgehen und sagen: In dieser Kirche sind die tiefsten und zentralsten Formulierungen des vom Elohisten überlieferten Gotteswillens im Gesetz gesammelt, aufbewahrt und der Kirche erhalten worden.

Diese Kirche hat am Ende ihrer Geschichte noch *den Propheten* hervorgebracht, der unbekannter als die, die man die „Großen" nennt, aber origineller als sie, ihr Lehrer geworden ist mit seinem Zeugnis von der *Inbrunst der Liebe Gottes*, die um ihr Volk wirbt und leidet. Auf seinen Schultern stehen Jeremia, Hesekiel und der zweite Jesaja mit ihrer Schau der Heilsgeschichte als *Ehebund Gottes* mit seiner Kirche und mit ihrem Zeugnis von dem Ineinander seiner *Heiligkeit* und *Barmherzigkeit*, und mit ihnen das Deuteronomium, das 5. Buch Mose, mit seiner Offenbarung der *Liebe* Gottes.

Wie konnte eine Kirche, der solches geschenkt war, durch die Gott der Welt solche Offenbarung gab, untergehen?

2. War dieser Kirche nicht bei ihrer Gründung (932) durch Gott selbst eine Chance gegeben, und war nicht der erste König Nordisraels, Jerobeam I. (932–911) von dem Propheten Gottes, Ahia von Silo, berufen worden? Zwar hatte die Gründung dieser Kirche mit einem Fehlansatz begonnen: Jerobeam hatte den ersten Schritt zur verhängnisvollen Verschiebung zur Staatskirche hin getan, in der Gott aus der Mitte der Kirche in die Garantenrolle gerückt, Volk, Staat und Regierung aus der Dienerrolle in den Mittelpunkt gestellt wurden. So hatte Jerobeam die Ordnung des neuen Kirchenwesens bewußt den Interessen des neuen Staates untergeordnet. Die Parole hieß „los von Jerusalem". Darum die Pflege der alten Heiligtümer mit ihren Mißbräuchen, die Berufung eines nicht von Gott eingesetzten Priesterstandes, die Verehrung der von Gott verbotenen, aber volkstümlichen Gottesbilder, die Verankerung der Religion in Natur, Boden und Volksbewußtsein, die hernach dem politisch bedingten Eindringen des tyrischen Baalskultes den Weg bereitete durch die baalsmäßige Gestaltung der Jahweverehrung.

Aber war nicht diesem Eindringen der extremen heidnischen Form der Baalsreligion von außen unter den mit Tyrus verbündeten Herrschern Omri und Ahab das Erwachen innerhalb der Gemeinde gefolgt, das Wiederaufleben der prophetischen Bewegung, das Massenmartyrium der bekenntnistreuen Jahwepropheten, die gewaltigen Offenbarungen, Predigten und Taten im Zuge der Reformation des Elia, die Wiederentdeckung der Moseoffenbarung und schließlich die Ausfegung des abtrünnigen Königshauses und seines Einflusses sowie die Befestigung der gereinigten Jahwereligion durch den Propheten Elisa und den König Jehu!

Hatten Volk und Königtum Jehus sich nicht mit der Ausrottung der ketzerischen Dynastie Ahabs klar für Gott entschieden? Hatten sich nicht alle positiven Kräfte innerhalb des Volkes in dieser Entscheidung zusammengefunden, das Militär, die Bauern, die religiös-soziale Bewegung der Rekhabiten sowie die Prophetengenossenschaften? Hatte Israel nicht für diese Entscheidung die Bundesgenossenschaft von Jerusalem und Tyrus geopfert? War es nicht einsam den Weg in die Aramäerkriege und das Elend gegangen in eine über dreißig Jahre währende Zeit der Bedrängnis von allen Seiten? Hatten seine Könige nicht in enger Fühlung mit den Propheten Elias, Elisa und ihren Schülern gehandelt? War diese Kirche nicht die zur Macht gekommene Bekenntniskirche Elisas und der prophetischen Richtung (wenn man dieses Wort gebrauchen kann immer im Bewußtsein, daß es sich in der Kirche Alten Bundes um eine religiösnationale Größe handelt, ein bekennendes Volk)? Wie konnte dies das Ende sein?

Wir stehen vor der Tatsache, daß gerade *diese* Kirchengeschichte eine Todesgeschichte geworden ist.

Der deuteronomistische Geschichtsschreiber der Königsbücher mißt ihren Fall an ihrer Abweichung von der Linie der Offenbarung des Dekalogs, an der sogenannten „Sünde Jerobeams", d. h. an der Übernahme der natürlichen Vorstellung von Gott als dem schöpferischen Lebensgeheimnis und seines Symbols, des Stierbildes. Ursprünglich wohl Darstellung des Reittieres oder Thrones Gottes, wie die bildlose Lade in Jerusalem, war das Stierbild Symbol geworden, das erhabene Schrecklichkeit, unwiderstehliche Kraft und Fruchtbarkeit Gottes zum Ausdruck bringt, an Stelle des offenbarten Gottes vom Sinai, der sich nur im Wort finden läßt, seine Verbildlichung verbietet und das Gewissen beansprucht. In der Beibehaltung dieser Versündigung an der Offenbarung Gottes durch das Haus Jehus und durch die Kirche trotz der Reformation Elias und Elisas zeigen die Königsbücher den Grund für das verhängnisvolle Ende.

Wir fragen: Wie war es möglich, daß die Kirche, die das Eindringen des tyrischen Baal und damit die baalsmäßige Gottesverehrung als Ketzerei erkannte und ausfegte, für die feinere und schlimmere Gestalt derselben Ketzerei, für die Anbetung des Sinaigottes in der Weise der Naturreligion, blind blieb? Wie war es möglich, daß die Gemeinde, die sich für das Gottesrecht gegen die Vergewaltigung des Bauern durch den König erhob, kein Auge hatte für die Vergewaltigung der Schwachen und den Bruch des Gottesrechtes durch die Patrizier zur Zeit des Amos? Wie konnte ein Kampf der Kirche und des Volkes um Gottes Sache so schnell ein Kampf um die eigene Sache unter Gottes Namen werden? Ja, als dann die Propheten auftraten und die Kirche vom Kampf um die eigene Sache zu Gott zurückriefen und ihr unter dem Schleier der Offenbarungsreligion das von ihr selbst geächtete Antlitz der natürlichen Religion enthüllten − wie mochte das Ohr dieser Kirche da taub sein für die Propheten? Wie ist es denkbar, daß die aus der prophetischen Reaktion gegen die Überfremdung hervorgegangene Kirche ihrerseits zum Kampf gegen die Propheten vorging und sie zum Schweigen verurteilte? Bekennende Kirche, bekennendes Volk *verwirft*, zur Macht gekommen, *das lebendige Wort Gottes*, entscheidet sich gegen Gott. Wir stehen ratlos vor diesem Ergebnis.

3. Das Dunkel über diesem Wege bleibt. Aber Gottes Wort zeigt uns mitten in unserer Ratlosigkeit einzelne Lichtblicke. Hier sei dreierlei herausgegriffen.

Einmal zeigt Gott uns, daß es nicht rätselhafte Vorbestimmung zum Verderben war, die gewaltet hat, sondern *freie Entscheidung* auf menschlicher Seite, menschlicher Selbstbehauptungswille, Undank gegen Gottes Erwählung und Offenbarung, vorsätzliche Verwerfung von Gott dargebotener Chancen, seines Rufens und Werbens.

Zum andern wird offenbar, wie Gott diese Kirche nicht leichthin aufgegeben, sondern durch Amos *um sie gerungen*, mit Hosea *sie getragen*, unter ihr gelitten und sie durch Liebe gezogen und durch beide bis zuletzt *um sie geworben* hat. Es zeigt sich, wie er Ephraim nach Zertrümmerung seiner Kirche doch durch Hosea (2, 12–19; 11, 8–11; 13, 7–14) und Jeremia (Kap. 31) noch eine Hoffnung gibt.

Endlich sehen wir, wie gerade mit der Auseinandersetzung mit dem Abfall dieser Kirche von Stufe zu Stufe *Gottes Offenbarung*, sein Ernst und seine Barmherzigkeit, *sich* immer tiefer und herrlicher *entfaltet* hat. Wir gewahren einen Weg, der von der Berufung durch Ahia von Silo (1. Kön. 11, 29–38) und von dem Zeugnis des Gottesmannes aus Juda gegen Jerobeam I. (1. Kön. 13, 1 ff) über Elias und Elisas Reformation bis zum Zeugnis des Gottesmannes Amos aus Juda wider Jerobeam II. und bis zum Verwerfungsurteil Hoseas führt.

Den großen Einschnitt auf dem Wege dieser Entfaltung bildet die Wiederentdeckung der *Intensität* des *Heilswillens* und des *Aus-*

schließlichkeitsanspruches Jahwes vom Sinai („Ist Jahwe Gott, so wandelt ihm nach – ist Baal Gott, so wandelt ihm nach"), die Offenbarung der Nichtigkeit aller vermeintlichen Mächte neben ihm und die Erkenntnis, daß seine Gerichte in Natur und Geschichte nur das Gespann vor seinem Wagen sind. Gott aber thront hoch erhaben darüber in seiner Stille und ist zugleich bei seiner leidenden und bekennenden Restgemeinde gegenwärtig, wacht über seinem Gottesrecht und führt seine Heilsgeschichte zum Ziel (Elias).

Der Weg führt weiter zur Erkenntnis des *Schöpfers*, *Erlösers* und *Richters*, der durch *Natur*, *Geschichte* und *prophetisches Wort* wirbt, *im Bruder geliebt* und geehrt werden will – *ohne Ansehen der Person* die Völker und seine Gemeinde *richtet* – und *kommt* mit seinem Tage (Amos).

Der Weg mündet bei der neuen Schau des göttlichen Planes in der Geschichte seiner Kirche *als Liebe*, die erwählt, trägt und durch Leiden *zu Bekehrung* und *Wiedergeburt* führt. Hier erschließt sich neu der Gegensatz zwischen dem Gott der biblischen *Offenbarungsreligion* auf der einen und dem der *natürlichen Religion* auf der anderen Seite, auch da, wo er den Namen des biblischen trägt, der Gegensatz zwischen echter Gottesbeziehung, „Erkenntnis", und seelischer Religiosität (Hosea).

Als letzte Frucht der Gerichte und des Leidens reift in dieser Auseinandersetzung zwischen Gott und Kirche die Offenbarung der *Einheit* von *Liebe* und *Heiligkeit* Gottes, der Einheit seiner unnahbaren Absonderung von der Sünde und seiner tiefsten, unbeirrbaren Herabneigung zum Sünder, *allein aus Gnaden* (Hosea).

Das Jahr 722 scheint dieser fortschreitenden Offenbarung ein Ende zu setzen. Aber die Eroberung Samariens, die den Schlußstrich unter die zweihundertjährige Kirchengeschichte Nordisraels zieht und. das Siegel unter den heiligen Ernst Gottes drückt, setzt zugleich eine Fortsetzung. Flüchtlinge bringen vermutlich aus den Trümmern Samariens die in dieser Geschichte geschenkten Offenbarungen Gottes und mit ihnen die Worte Hoseas mit nach Jerusalem und Juda. Wahrscheinlich unter ihrem Einfluß entsteht die *Neubearbeitung* und Herausgabe *des Mosaischen Gesetzes* im *Deuteronomium* (5. Mosebuch).

Und *Jeremia*, *Hesekiel* und der *zweite Jesaja* entfalten weiter, was Hosea anfangsweise verkündigte von Gottes Erwählung und Zusammenschluß mit seiner Gemeinde im Ehebund, von seiner Seelsorge an ihr und seinem heilsgeschichtlichen Weg für sie. Sie erfassen, durchdenken und verkündigen grundsätzlicher das große Mysterium von der Einheit, der Heiligkeit und der Liebe Gottes. Sie durchdenken und verkündigen grundsätzlicher die Nichtigkeit alles von unten her Stammenden und die Hoheit Gottes, die von oben her ist und keine Herabzerrung und Verbildlichung von unten her duldet (Jes. 40–55).

Dem zweiten Jesaja ist es nach einem erneuten und letzten Durchleben von Leid und Schuld vorbehalten, die Lösung zu schauen für den von *Amos* nicht gelösten *Widerspruch* zwischen Gottes *Werben*, das nach der Fürbitte der Propheten *ruft*, und seinem *Gericht*, das dieselbe *zurückstößt*. Ihm ist geschenkt, die Lösung zu verkünden für das von *Hosea* gelebte und doch nicht ergründete Geheimnis, daß Gott durch den Propheten seinem Volk das *Gericht ansagt* und zugleich der Prophet *leidend die Sünde seines Volkes tragen* muß und Gott mit ihm leidet und trägt. Diese Lösung heißt: ,,Gott ließ aufprallen auf ihn unser aller Schuld insgesamt" (Jes. 53, 6 b). ,,Wenn er einsetzte zum Schuldopfer seine Seele . . ., sollte Jahwes Heilsplan durch seine Hand gelingen" (V. 10) ,,. . ., darum daß er den Abtrünnigen sich zuzählte und die Sünde der vielen trug und für die Abtrünnigen fürbittend eintrat" (V. 12).

Die Lösung ist das *stellvertretend am Gottesknecht vollzogene Gericht*, die Fürbitte und *das Leiden des Gottesknechtes*, das *Sünde sühnt* und in dem sich der *richterliche Ernst* und die *barmherzige Liebe* Gottes *vereint*.

Am Kreuze Jesu ist der ungelöste Widerspruch in der Verkündigung des Amos, das unerfüllte Geheimnis des Lebens und Leidens Hoseas und die Antwort Deuterojesajas im Blick auf die Stellvertretung erfüllt.

Im Lichte des Kreuzes und der Auferstehung Jesu gewinnt aber das Werben der Propheten Amos und Hosea, ihre Gerichtsverkündigung und ihr Gnadenangebot für die Kirche neue Bedeutung. Es enthüllt ihr (der Kirche) seinen tiefsten Inhalt.

DIE INNERE VERFASSUNG DER GEMEINDE, ZU DER AMOS UND HOSEA SPRACHEN

Jeder Prophet ist Überbringer einer Botschaft Gottes an die Kirche, die sich nicht auf eine Generation beschränkt. Es wäre darum ein Irrtum, wenn man meinte, man könne sein Buch nur aus seiner Zeit heraus verstehen. Der theologisch nicht gebildete Christ, der seine Bibel kennt, mag die Botschaft des Propheten manchmal besser verstehen als der wissenschaftlich vorgebildete Ausleger. Die innere Beziehung zum Wort ist das Entscheidende.

Aber eben für den, der sich in diese innere Beziehung zum Worte ziehen läßt, kann die Kenntnis des geschichtlichen Hintergrundes der Botschaft eine Hilfe sein, dieselbe in ihren Zusammenhängen zu verstehen. Diese Kenntnis kann einen Schutz vor Mißverständnissen schenken. Die Vertrautheit mit der Front, in der ein Prophet steht, die Kenntnis der Adressaten, an die seine Worte sich richten, kann davor behüten, Unwesentliches zum Wesentlichen zu machen, und sie kann helfen, das Wesentliche zu erkennen. Wenn wir den Propheten im Gespräch mit *seiner* Kirche sehen, gewinnt auch sein Gespräch mit *unserer* Kirche für uns deutlichere Konturen.

Nicht umsonst zeichnet der Prophet selber uns ein Bild seiner Zeit und seiner Zeitgenossen und die Geschichtsbücher vervollständigen dieses Bild. So bietet die Bibel selber uns eine Hilfe an, um die Gemeinde, zu der Amos und Hosea sprechen, und auf ihrem Hintergrunde die Botschaft dieser Propheten tiefer zu erfassen.

Vor uns ersteht das Bild eines Volkes und einer Kirche, die durch eine *dreifache* tödliche *Krise* gegangen sind: eine *außenpolitische*, eine *innenpolitische* und eine religiöse, *glaubensmäßige*, und beide sind aus dieser Krise lebendig und erstarkt hervorgegangen.

Das politische Erbe, das es für die Dynastie Jehus, unter deren Herrschaft Amos auftritt, zu verkraften galt, waren die Folgen einer beispiellos *blutigen Revolution* und der Ausrottung einer ganzen Führerschicht. (Alle männlichen Glieder des Hauses Omri waren umgebracht, die Köpfe der siebenzig Prinzen in Pyramiden in Jesreel aufgeschichtet, die Anhänger der tyrischen Partei im Baalstempel zusammengetrieben und niedergemacht worden.)

Dieses Erbe umfaßte die *außenpolitische Isolierung* des Reiches, den Bruch mit dem westlichen Bundesgenossen Tyrus und dem tyrisch orientierten südlichen Brudervolk Juda, den Verlust der Oberherrschaft über die Moabiter im Südosten und die Auslieferung an den Erbfeind Aram im Nordosten. Im Zusammenhang damit standen unausdenkliche Leiden im Inneren: Brandschatzung des Landes, Hinmetzelung der Menschen, Zerschmetterung der Kinder, Schlitzung der schwangeren Mütter (2. Kön. 8, 12; Amos 1, 13), Verheerung des Ostjordanlandes gleich Halmen, die von den ehernen Schneiden des Dreschschlittens zerrissen wurden (Amos 1, 3), Zertrümmerung ganz Israels, Vernichtung seiner Mannschaft gleich der Zermalmung der Ähren beim Drusch (2. Kön. 13, 7). Dazu kam die Ausplünderung durch die einst unterworfenen oder verbündeten Nachbarn, die über den wehrlosen, todwunden Volkskörper Israels herfielen, die Zivilbevölkerung ganzer Ortschaften mit Frauen und Kindern verschleppten und als Sklaven verkauften oder den Plünderern abkauften und an Ägypten im Süden oder übers Mittelmeer in den Westen weiterverhandelten. Moabiter, Amoniter, Edomiter, Philister, Phönizier teilten sich in das Geschäft, das sie aus der Not der Gemeinde machten (vgl. Amos 1, 6–15; 2. Kön. 13, 20).

Dazu gesellten sich Gebietsverluste, die den Osten des Reiches zwischen Jordan und Arnon umfaßten; das Gebiet von Gad, Ruben und Manasse, Gilead und Basan wurde Israel entrissen (2. Kön. 10, 32–33). Hand in Hand damit ging die Entwaffnung, die dem Reich, das einst 2000 Streitwagen, die schnellen Tanks des Altertums, in einer einzigen Feldschlacht gegen Assur führte, jetzt nur 10 Wagen und eine kleine Polizeitruppe von 50 Reitern, dazu Fußvolk ließ. Teuerung und Hunger (2. Kön. 6, 25; Amos 4, 6) sowie die Pest (Amos 4, 10), die völlige Zerrüttung und Umkehrung der Ordnung (4, 11) taten das ihre, um den auf den Kriegsschauplätzen zur Ader gelassenen, durch Menschenraub und Verschleppung dezimierten Volkskörper zu schwächen, das Land von Menschen zu entblößen.

Mit diesem Erbe an Elend aus der Regierungszeit der ersten zwei Könige der Dynastie (Jehu 842–814, Joahas 815–799) hat sich Israel unter Joas (799–784) und Jerobeam II. (784–744) in unglaublich kurzer Zeit wieder emporgearbeitet.[1]

Der verlorengegangene Osten des Reiches wurde wieder von den Aramäern befreit, die der Druck Assurs unter Adad-Nirari III. (810–

---

[1] Begrich, Noth u. Albright datieren etwas anders.

782) und Salmanassar IV. (782–773) geschwächt hatte. Das Gebiet
Israels wurde nach Norden und Süden von Hamath bis zum Roten
Meer erweitert, so daß (wenn man das gleichzeitig wiedererstarkende
Juda hinzunimmt) das alte Davidsreich in seinem ganzen Umfang
wieder hergestellt war (2. Kön. 14, 25).

Nordisrael war wieder zu einer imposanten Militärmacht erstarkt.
Wir hören von seinem Stolz auf die aus eigener Kraft wiedereroberten
Städte (6, 13b), von starken und festen Burgen (5, 9; 6, 8), von
Städten, die 100 und solchen, die 1000 Mann ins Feld schickten (5, 3),
von Rittern, Helden, Schnellen, Bogenschützen, Rossereitern (2,
14–16). Man errechnet die Zahl von 60000 grundbesitzenden Rittern
oder heerespflichtigen Bauern, die – wenn sie jeder ein Fähnlein
mit sich ins Feld führten – eine stattliche Militärmacht darstellten;
diese Ritter sind so vermögend, daß sie plötzlich eine Steuer von
50 Scheqel Silber pro Kopf (das Dreifache der Summe, die Jeremia
für seinen Acker in Anathot zahlte, Jer. 32, 9) aufbringen (2. Kön. 15,
19 ff). Noch bei seinem 40 Jahre später erfolgenden Ende nach unglücklichen Kriegen, Gebietsverlusten, Verschleppungen und Kon-
tributionen hat der Rumpfstaat, der von Israel nachblieb, Samarien,
drei Jahre lang der Belagerung durch die stärkste Militärmacht der
Welt standgehalten, und die assyrischen Könige können sich nicht
genugtun, sich der Großtat zu rühmen, daß sie schließlich doch
Samarien bezwungen und erobert haben. Wahrhaftig, Amos steht
vor einem starken Volk und Reich.

Über die Rückgliederung der verlorenen Gebiete und die Wieder-
aufrüstung hinaus ziehen mit der Einkehr des Friedens im Inneren
und der Wiedergewinnung der Schlüsselstellungen des Welthandels
an den Handelswegen zwischen Nord und Süd, Ost und West Wohlstand und Reichtum wieder ein. Zuerst profitieren davon die Städte,
die Kaufleute, die ihre Kontore in Samaria und Damaskus haben,
und die Patrizier, die in den Städten Handel treiben. Wir hören von
Palästen in Samaria (3, 10), von Sommer- und Winterhaus in der
Stadt und auf dem Lande (3, 15), großen und kleinen Häusern
(6, 11), von solchen, die aus Quadersteinen statt aus Lehm oder
Brandziegeln erbaut sind (5, 11) oder gar aus Ebenholz und mit
Elfenbein getäfelt (3, 15). Im Inneren sind die Häuser mit Divans,
die aus dem Auslande, aus Damaskus, eingeführt sind[1], und mit
Elfenbeinlagern ausgestattet (3, 12; 6, 4). Aber auch in der Stube

---

[1] Falls nicht an der Stelle von Ruhelagern in Damaskus die Rede ist.

des Mittelstandes, wie wir sagen würden, stehen Bett, Tisch, Stuhl und Lampe (2. Kön. 4, 10)[1].

Wie der Kaufmann und Städter so hat sich auch der ländliche Bauern- oder Ritterstand zu Wohlstand heraufgearbeitet. Wir hören von gemästetem Vieh, mit dem man bei den Opfern protzt (5, 22), von Lämmern und Mastkälbern, die man zur Mahlzeit aus dem Stall holt (6,4), von Weinbergen der Lust, die man pflanzt (5, 11). Auch am lebhaften Kornhandel hat der Bauer seinen Anteil (8, 5). Schließlich beweist die obenerwähnte stattliche Steuer die wirtschaftliche Kraft des Bauernstandes.

Mit Wohlstand und Welthandel haben auch ausländische Kultur und Zivilisation aus den Weltstädten Assurs und Ägyptens und den Handelsstädten Arams, Philistäas und Phöniziens angefangen, ihren Einzug in Israel zu halten. Unter ihrem Einflusse erblühte im Inneren Kunst und verfeinerter Lebensgenuß. Ausländischem Muster folgend liegt man beim Mahle auf Polstern (3, 12; 6, 4), pflegt eine Geselligkeit, an der die Frauen teilnehmen (4, 1ff), mit feinem Tafelgeschirr (6, 6), Tafelmusik und Dichtkunst (6, 5). Von der Blüte des Kunstgewerbes zeugen die mit Elfenbein verzierten Lager (3, 12; 6, 4) und die Elfenbeintäfelungen an den Wänden (3, 15) sowie die Produkte der Siegelstecherei. Die Elfenbeintäfelchen, die bei den Grabungen in Samarien gefunden wurden, sowie das in seiner Linienführung einzigartig schöne Schema-Siegel mit dem brüllenden Löwen geben uns heute einen kleinen Begriff von der Schönheit und der Differenziertheit der Kultur innerhalb der Gemeinde, in der der Hirte vom Rande der Wüste zu predigen hat.

Zugleich damit hat sich der Blick geweitet. Man ist bekannt mit den Weltstädten Assurs, Ägyptens, Syriens und hat persönliche Beziehungen zu ihnen. Man kann es im Lebensstandard mit ihnen aufnehmen (3, 9); man schaut herab auf Kalne, Hamath und Gath, weil sie soviel geringer sind (6, 2), man meint sich mit Fug und Recht die Vornehmsten des Erstlings unter den Völkern nennen zu können. Dieser soziale und wirtschaftliche Aufstieg hat allerdings eine Kehrseite. Das ist die mit dem Einzug der Geldwirtschaft sich vollziehende Auflösung der Sippenordnung und die Not und Schutzlosigkeit der ihres Haltes an der Sippe beraubten, verarmten und ausgesogenen Pächter und Tagelöhner. Das ist die wirtschaftliche und geistige Situation Samariens, die Amos vorfindet.

---

[1] Vgl. Auerbach, Bd. II.

Dazu kommt der hohe Stand des kirchlichen Lebens. In dieser Beziehung gilt für die Zeit des Amos auch das, was wir aus dem Reden seines fünfzehn Jahre später auftretenden Nachfolgers im Prophetenberuf, Hosea, hören.

Den Mittelpunkt des kirchlichen Lebens bildet der Gottesdienst vor den Altären und in den Gotteshäusern der beiden Hauptheiligtümer Samaria und Bethel (Hosea 8, 1; Amos 3, 14; 7, 13), vor den prächtigen goldenen Gottesbildern (Hosea 8, 5. 6; 10, 5. 6; 13, 2; Amos 5, 26), mit kostbaren Opfern vom Besten (Amos 5, 22; Hosea 5, 6; 6, 6) bei frohen Sakramentsmahlen (Amos 4, 5; Hosea 4, 11. 18; 8, 13), mit brausendem Gesang (Amos 5, 23), Lob (Hosea 9, 1; 7, 14) und Instrumentalmusik (Amos 5, 23); den Höhepunkt bilden die große Prozession mit dem umgetragenen Gotteszelt zur Feier der Thronbesteigung Jahwes als König (Amos 5, 26) und die großen Dankfeiern für die Gaben des Jahres, für den Besitz des Gotteslandes und zur Erinnerung an den Bund (Hosea 2, 7b; 7, 5; 9, 1–5 bzw. 8, 1–9, 9).

Aber das Hauptfest ist nur der Höhepunkt innerhalb eines Reigens von großen und kleinen Festen, der sich um das ganze Jahr schlingt und es einfaßt zwischen Sabbat und Sabbat, Neumondsfest und Neumondsfest, Wallfahrts- oder Jahrfest und Jahrfest, zwischen Gottesdienst und Gottesdienst. Damit wird die ganze Zeit für Gott beschlagnahmt, und das Lob Gottes, der Festjubel wird (Hosea 2, 13a) zur Melodie des ganzen Lebens während des ganzen Jahres (Hosea 2, 13; 9, 1–5 usw.).

Die beiden Zentralheiligtümer sind umgeben von einem Kranz von großen Wallfahrtsorten mit glänzenden Gottesdiensten. Neben den genannten, Samaria und Bethel, stehen Gilead und Gilgal (Amos 4, 4; Hosea 4, 15; 12, 12), Gilgal und Beerscheba (Amos 5, 5), Samaria, Dan und Beerscheba (Amos 8, 14), Mizpa und Tabor (Hosea 5, 1) und andere. Darüber hinaus aber ist das ganze Land wie mit einem Netz überspannt von kleinen Höhenheiligtümern auf allen Hügeln und unter allen grünen Bäumen (Hosea 4, 13) und mit Altären und Gedenksteinen (Hosea 8, 11; 10, 1. 2; 3, 4), die mehr als unsere Kruzifixe und Marienbilder an Dorfeingängen und Wegkreuzungen bedeuteten – Stätten der frohen Vereinigung zu Sakramentsmahlzeiten (Hosea 4, 13) und zur Befragung des Gotteswillens (Hosea 4, 11. 12) darstellten.

Das ganze Volksleben ist in Religion eingefaßt. Besonders die religiösen Mahlzeiten, die die Kirche im Leben des Volkes heimisch machen, sind ein Wahrzeichen der Kirche Israels jener Tage. (Die sogenannten Schlachtopfer: Hosea 4, 11. 14; 6, 6; 7, 14; 8, 13; 9, 5.) Gegenüber einer so ausgebildeten Kirchlichkeit könnte sich bei aller Anerkennung der imposanten Stärke der kirchlichen Sitte und der Inbrunst der Teilnahme am Gottesdienst und an Sakramenten der Verdacht der Veräußerlichung erheben. Doch ein untrügliches Zeichen deutet auf die innere Lebendigkeit der Frömmigkeit jener Kirche: das ist die Intensität ihrer Zukunftserwartung. Nicht aus Not und Mangel einer apokalyptischen Kriegs- und Elendszeit – die ist überstanden –, sondern mitten aus Sieg, wirtschaftlichem Aufstieg und Prosperität, aus dem Bewußtsein der erfahrenen Hilfe Gottes heraus erhebt die Gemeinde ihren Blick zu Gott und richtet ihn in die Zukunft auf seinen Advent, auf den Anbruch seiner Herrschaft über die Welt und auf den Tag, da dieses herrlichen Gottes Wille sich auf Erden und in der Völkerwelt ganz durchsetzen wird, auf einen großen Tag des Lichtes (Amos 5, 18–20).

Hinter dieser Erwartung steht nicht Not, auf deren Beseitigung man hofft, auch nicht das Gegenteil, das schwärmerische Selbstbewußtsein, den Zenit erklommen zu haben, schon im ewigen Reich zu leben, das so herrlich begonnen, sich noch herrlicher entfalten muß. Sondern dahinter lebt das Wissen um eine mit der Erlösung aus Ägypten (Amos 9, 7) und der Offenbarung an seine Gemeinde (Amos 3, 1–2) gesetzten Verbindung mit ihm, die sich in der Kenntnis Gottes durch die Gemeinde (Hosea 8, 2) und in der Gegenwart Gottes in ihr und seinem Mitgehen mit ihr (Amos 5, 14) äußert – Erwählung, Erlösung, Gemeinschaft, Gegenwart und Beistand Gottes. – Aus diesem Wissen heraus glaubt die Kirche daran, daß Gottes Wille sich in der Geschichte durchsetzen, Gottes Advent und Herrschaft wirklich werden und sie selber den kommenden Gott für sich haben und an seinem Reich teilhaben wird. Und sie wartet, hofft und bittet diesen Tag heran (5, 18). Wenn sie zum Thronbesteigungsfest das Zelt des Königs in der Prozession umträgt (5, 26), dann tut sie es im Ausblick auf den kommenden König.

Bei dieser Gewißheit, Gott für sich zu haben, darf der Glaube nicht nur auf der Vergangenheit, auf Erwählung, Erlösung und Verheißung, sondern auch auf eigener Erfahrung fußen. Die Kirche hatte erlebt, wie ihres Gottes Herrschaft gebrochen und durch den tyrischen Baal verdrängt schien und seine Propheten den Märtyrertod starben (1. Kön. 18, 4. 13; 19, 10), während ein neues Prophetentum den

Sieg Baals verherrlichte (1. Kön. 18; 19; 2. Kön. 3, 11) und die Massen des Volkes im Gottesdienst das Bild des tyrischen Baal zur Huldi-
gung und Versöhnung küßten (1. Kön. 19, 18). Und sie sah, wie der
abgesetzte Gott sich auf dem Karmel und durch Elia und Elisa als der
Lebendige erzeigte, in einem großen Sturm den tyrischen Baal mitsamt all seinen Propheten, Priestern und Anhängern aus dem Lande
fegte und das abtrünnige Königshaus mit Stumpf und Stiel ausrottete.

Das Israel der Zeit des Amos durfte das stolze Bewußtsein haben,
daß sein Königshaus Vollstrecker des Gottesgerichtes an den Abtrünnigen war (1. Kön. 19, 15–18; 2. Kön. 9, 1 ff. 7 ff. 21 ff. 36 f; 10, 8.
19.30), Rächer des Blutes der bekenntnistreuen Propheten Jahwes
(2. Kön. 9, 7), wie des Blutes, welches das Haus Ahabs in Übertretung
des Gottesrechtes an Naboth vergossen hatte (2. Kön. 9, 26), Rächer
des verfälschten Rechts und vergewaltigten Bauerntums. War das
Königshaus Jehus nicht von Gott selbst durch die Propheten Elia und
Elisa eingesetzt (1. Kön. 19, 16; 2. Kön. 9, 1 ff)? War Elisa nicht der
Seelsorger des Königshauses gewesen (2. Kön. 6, 9)? Und hatte er nicht
dem Vorgänger Jerobeams II., Joas, auf seinem Sterbelager Aufstieg
und Sieg verheißen (2. Kön. 13, 14 ff)?

Die ganze Kirche Nordisraels durfte im stolzen Bewußtsein leben,
Erbin der Märtyrer aus der Verfolgungszeit unter Ahab und Isebel zu
sein, das Vermächtnis aus der Zeit des Kampfes um die reine Jahweverehrung zu hüten, die Kirche der Reformation, der Wiedereinfüh-
rung der Mosereligion darzustellen, die Kirche der Propheten, eines
Elia und Elisa, zu repräsentieren, die Bekenntniskirche, die durch Leiden und Martyrium hindurch schließlich doch gesiegt hatte, an der es
sich bewies, daß Gott mit ihr war und mit ihr sein will (Amos 5, 14;
2. Kön. 10, 30).

Gott hatte sich so wunderbar zu dieser Kirche bekannt im unbegreif-
lichen nationalen und wirtschaftlichen Aufstieg unter den Füßen der
Völker. War es ihr zu verdenken, wenn sie überzeugt war, daß Gott,
wenn er kommt, die, die sie zertraten, richten wird? Sie hatte sich zu
Gott bekannt. Sie war die Erbin seiner Märtyrer und der Streiter für
seine Sache. Durfte sie nicht sich auf seinen Tag freuen als auf den
Tag, da er sich zu ihr bekennen wird vor der ganzen Welt?

DER AUFTRAG DES PROPHETEN AMOS

So sieht die Kirche, mit der sich die Reden unseres Prophetenbuches beschäftigen, mit menschlichen Augen gesehen aus. Wie an der Wiege der Kirche Nordisraels eines Tages ein Gottesmann aus Juda erschien, um den König Jerobeam I. wegen seiner Kirchenpolitik zu rügen (1. Kön. 13, 1 ff), so erscheint auf dem Gipfel ihres Weges wiederum ein Gottesmann aus Juda unter dem Regiment Jerobeams II., um der Kirche den Spiegel Gottes vorzuhalten. Und in diesem Spiegel sieht ihr Antlitz ganz anders aus, als Menschenaugen es sehen. Ein Arbeiter und Hirte vom Saum der Wüste durchzieht er das stolze Land von Ort zu Ort und erfüllt es mit seiner Predigt so, daß es wie ein Gefäß überfließt. Sein Wort erschüttert die ganze Kirche und versetzt sie in eine solche Erregung, daß die Behörde eingreift und ihn ausweist.

Was ist es um die Beleuchtung des Angesichts der Kirche durch diesen Amos, die sie so in Aufruhr bringt?

Die einen sehen den Grund darin, daß in Amos der *Begründer einer neuen Bewegung* – des *religiösen Sozialismus* – auftritt. Er sagt einer in Liturgie und Anbetung aufgehenden Kirche: Religion ist soziale Gerechtigkeit. Seinen Vorläufer hatte dieses neue Evangelium bereits in der religiös-sozialen Bewegung der Rekhabiten gehabt, die hundert Jahre früher gegenüber der verderbten Kultur ihrer Zeit das schlichte, reine Lebensideal der Wüstenzeit vertrat. Aber Amos geht weiter. Er kämpft um das Recht der Pächter, Arbeiter, Tagelöhner, Besitzlosen und Schutzlosen *innerhalb* dieser von den Rekhabiten abgelehnten Kultur und Welt. Wenn all dieser lebendige Gottesdient nichts sein sollte gegenüber der einfachen und darum so schweren, persönlichen Umstellung gegenüber dem Mitmenschen im täglichen Zusammenleben, dann war das schon Grund zur Aufregung für die Priesterschaft und die Besitzenden.

Aber die Solidarität mit den Schutzlosen forderte schon das alte Gesetz (2. Mose 20–23). Die Verkündung des Amos war umfassender. Beruhte ihre erschütternde Stoßkraft dann vielleicht darauf, daß er eine *neue Gottesidee* verkündigte? Mose hatte – so meint man – gefordert, im Dickicht von religiösen Vorstellungen, Mächten und Geistern sich mit Ausschließlichkeit an den Einen, an Jahwe, zu binden. Amos

dagegen verkündigte, daß es nur ein en *Gott* über allen Völkern und
nur ein *Recht* über und in allen Gewissen gibt, *für alle verpflichtend,*
alle Vorrangstellung nivellierend, einen Gott und ein Recht, vor dem
die Gemeinde wie die Heiden, der Vornehme wie der Geringe steht.
Das wäre schon Alarm gewesen für eine Gemeinde, die auf ihre Erwählung stolz war, für Menschen, deren ganzes Denken im Unter-
schiede-Machen zwischen Gemeinde und Völkern und zwischen
Klassen befangen war. Doch man hat mit Recht festgestellt, daß
weder die Gottesidee noch die Ethik des Propheten gegenüber der,
der Gemeinde etwas Neues bringt.

So beruht seine aufregende Wirkung darin – sagt man –, daß der
Mann aus Thekoa ein *neues Existenzverständnis,* schlichter gesagt: eine
neue Beziehung zu dem von der Kirche verkündigten Gott gewonnen
hat?

Es ist eine revolutionierende Entdeckung, die Amos in einem visio-
nären Erlebnis gemacht hat, eine neue Stellung, zu der er in schweren
Kämpfen aus der religiösen Haltung seiner Zeitgenossen bewußt hin-
durchgebrochen ist. Diese *neue Beziehung zu Gott* stellt ihn in schlecht-
hinigen Gegensatz zur bisherigen und gegenwärtigen Kirche. Sie
ehrte Gott als ihren Beschützer und Erlöser, der ihr hilft, sich im
übermächtigen Leben zu behaupten und durchzusetzen, der Gehorsam belohnt, Gebete erhört, entsprechend dem Verhalten der Menschen auch sein Verhalten wandelt. Amos dagegen steht bis ins Innerste erschüttert vor dem absolut transzendenten und konsequenten,
d. h. *erhabenen* und *folgerichtigen Gott,* den kein menschliches Verhalten oder Gebet zu beeinflussen, vor dem kein Mensch, kein einzelner und kein Kollektivum, sich zu behaupten, keine Kirche einen Anspruch zu haben oder etwas zu sein vermag, vor dem weder Erwählung
noch Berufung etwas gelten oder eine Sonderstellung einräumen – zu
dem es vom Menschen aus überhaupt keinen Weg und keinen Bezug
gibt außer dem einen: der *Bejahung seines Gerichtes.* – Frei von inner-
weltlicher Beeinflußbarkeit, menschlicher Wankelmütigkeit, dämo-
nischer Dunkelheit *setzt Gott,* wie Amos ihn erlebte, mit unentrinn-
barer Unaufhaltsamkeit und lichter, logischer Konsequenz *seinen Anspruch auf die Welt durch* und wirft alles, was sich selbst behaupten
will, zu Boden. *Am Verhalten zum Bruder* aber beweist sich, wie sehr
die Kirche und die Frommen sich selbst behaupten wollen. Darum
bedeutet Begegnung mit Gott im Zusammenstoß mit seinem Boten
für sie Zertrümmerung und fordert ihre leidenschaftliche Gegen-

wehr heraus als Kampf um Leben, um Heils- und Erwählungs-
gewißheit.

Soviel Richtiges an diesem Bilde ist, so ist es doch einseitig und nur
mit Hilfe umfangreicher Streichungen und Umdeutungen zu halten.
Amos ist kein religiöser Revolutionär, sondern redet seine Kirche gerade auf ihre Erwählung und Beziehung zu Gott an. Er weiß von einer
Wechselbeziehung zwischen dem Verhalten Gottes und demjenigen
des Menschen, von einer Möglichkeit, dem Gericht durch Umkehr zu
entfliehen, die Gott bietet: er weiß von der Macht des Gebetes und
stellt in die Entscheidung zwischen Verlorenheit und Heil.

So ist vielleicht gerade dies das Aufregende, daß *ein schlichtes Glied
der Bundesgemeinde*, weder Priester noch Prophet noch Visionär[1], *auf
Grund* der **allen** bekannten und einsichtigen *Bundesregel*, nicht auf
Grund eines besonderen Erlebnisses, *die Kirche* für ihre Mißachtung
des Bundes *zur Verantwortung zieht.* Es ist das Aufregende, daß *einer*
da ist, der *Bund und Erwählung ernst nimmt*, in der Erwählung *Gott*
als den Heiligen *ernst nimmt* und darum aus der Mißachtung seines
Willens die unausweichliche Konsequenz des Bundesgerichtes zieht.
,,Erwählt und darum errettet'' lautet das Bekenntnis der Kirche,
,,erwählt und gerade darum gerichtet'' die Botschaft des Propheten.

Die letztgenannte Auffassung dürfte im Recht sein. Es stimmt, daß
der Prophet die Kirche gerade auf ihre Erwählung und ihr Bundesver-
hältnis zu Gott anredet. Aber auch die vorher genannte Auffassung
hat doch darin richtig gesehen, daß sie hinter der erschütternden Predigt des Amos *ein erschütterndes Gotteserleben* von prophetischer Einzig-
artigkeit spürte. In Amos tritt vor die Kirche einer, der gepackt und
umgetrieben ist von der in ungeheurer Weise auf ihn eindringenden
Wirklichkeit Gottes.

So sehen andere das Erschütternde seiner Botschaft darin, daß hier
einer der Kirche verkündigt: *Der Gott*, den sie *lehrt* und *auf den sie
hofft – kommt.* Ihn lehren und auf sein Kommen hoffen ist nämlich
etwas ganz anderes als vor seinem Kommen stehen. Vor dem Erwarteten sieht auch das Gesicht der Kirche ganz anders aus als vor dem
Kommenden. Vor dem wirklichen Advent erscheint auch das Verhältnis zu dem Menschen, der neben einem steht, in einem neuen Licht.

Damit kommen wir der Wirklichkeit ganz nahe, aber sie liegt noch
tiefer. Alle diese Auffassungen haben *ein Wahrheitsmoment* aus der

---

[1] Die Visionsberichte, meint man dann, seien nur bildhafte Einkleidung der Botschaft
des Propheten.

Predigt des Amos aufgefangen. Aber indem sie einseitig sind, verkürzen sie das Ungeheure, was im Auftreten der beiden Propheten Amos und Hosea sich inmitten der Kirche Israels abspielt.

Mit Amos tritt wirklich ein Mensch unter seine Zeitgenossen, der Gott in so erschütternder Weise selbst erlebt hat, daß es ihn aus allen Bindungen seines Privatlebens herausriß und ihn mit jenem geheimnisvollen Berufungsbewußtsein erfüllte, das wir prophetisch nennen und vor dem menschliche, rationale und psychologische Deutungen versagen. Er ist nicht Entdecker einer neuen Gotteserkenntnis oder einer neuartigen Gottesbeziehung, die im Gegensatz steht zu derjenigen, auf der die Kirche steht und von der sie lebt. Sondern Amos ist durch seine prophetische Berufung in die seinen Zeitgenossen verschüttete *Urbeziehung* zu Gott wieder aufgenommen, zum *Hören seines Wortes* erweckt, *aus dem am Sinai die Gemeinde entstand.*

Aus dem bis ins Mark erschütternden Hören der Stimme Gottes heraus entfaltet er vor dem wohlhabenden, starken und selbstbewußten Volk und der frommen, lebendigen, hoffenden Kirche Samariens in neuer Weise *Gottes Herrsein* in *Schöpfung, Geschichte* und *Heilsgeschichte* und seinem *Advent.* In einer Predigt, die in ihrer Herbheit einzig in der Kirchengeschichte dasteht, verkündet er dieses Herrsein und Kommen Gottes als *Zusammenstoß* mit der *Unbarmherzigkeit, Pietätslosigkeit* und *Ungerechtigkeit* der *Völkerwelt,* vor allem aber seinen Zusammenstoß mit der *Kirche,* die durch *Erwählung* und *Offenbarung in Beziehung zu ihm* steht, sein Wort hat und hört, das Weltgericht erwartet und auf sein Kommen hofft.

Ist schon diese Wendung der Predigt vom Weltgericht für seine Kirche neu, so ist erst recht ihre *Begründung* erschütternd. Der Prophet erklärt den *Gottesdienst* der Kirche und *Gottes Anspruch* auf Herrsein für *unvereinbar,* ihre *Anbetung* für *Sünde,* ihre *Heils-* und *Versöhnungsgewißheit* für *Illusion,* ihre *Hoffnung* auf sein Kommen und ihren *Anteil* an seiner Herrschaft für *nichtig.*

Hinter ihrem Gottesdienst und ihrer Hoffnung zeigt er ihre Selbstherrlichkeit, die selbst vor Gott nicht aufgeben will, *sich selbst* zu *behaupten.* Zugleich führt er den bündigen Beweis für die Richtigkeit seiner Anklage gegen ihre Hoffnung und ihren Gottesdienst an der Stelle, an der sie sich Gott nicht entziehen kann, an der Stelle, wo ihre Stellung zu Gott konkret wird, Gott ihr in sichtbarer Gestalt begegnet: *im Mitmenschen.*

Der übersehene, der eigenen Behauptung zuliebe zurückgesetzte, der ihm schuldigen Solidarität nicht gewürdigte *Bruder* ist der immer wiederholte Beweis, den Amos gegen die Kirche führt. Das Recht des *Bruders* ist die immer erneute Forderung, die er an die Kirche richtet. In der Auflösung der Solidarität mit dem Bruder zeigt er ihr den vollzogenen Bruch der Solidarität mit Gott. In diesem Bruch – vollzogen durch eine Gemeinde, der Gott aus grundloser Gnade seine Solidarität schenkte – zeigt Amos die *Verdichtung* und Vollendung der *Weltempörung gegen Gott* zum Vollmaß. Dieser *in der Gemeinde* verdichtete *Selbstbehauptungswille der Welt* bringt den Kosmos ins Wanken, setzt der Geschichte das Ziel, macht den Advent Gottes zum Weltgericht.

Die Predigt des Amos ist so erschütternd, weil sie den Zusammenstoß des lebendigen Gottes mit der erbarmungslosen Welt im engsten Raum der Gemeinde aufdeckt.

Aber der Prophet ist nicht der kalte Diagnostiker, der seiner Gemeinde im Lichte der ihm aufgegangenen Wirklichkeit Gottes den unversöhnlichen Bruch und den unvermeidlichen Zusammenstoß mit Gott aufdeckt, sie zur Anerkennung ihrer unerbittlichen Verfallenheit an den Richter fordert. Die Stimme Gottes, die er hört und weitergibt, hat gerade darum ihren ins Mark der Existenz dringenden, erschütternden Klang, weil Gott in seinem Herrsein *die Rettung der Gemeinde* will, in der Annahme seines Herrseins *ihr das Leben anbietet*, sie aus dem Sterben in der Rebellion *herauswirbt*, sie durch sein Wort aus ihrem Gottesdienst, der Selbstbehauptung ist, heraus und *zu sich ruft*.

Die Verkündigung des Amos dreht sich um das Wort „*Umkehr*" oder, wo das Wort nicht fällt, um die Sache. „Ich *wend'* es nicht ab" lautet seine Gerichtsverkündigung, „auf alles Werben *wendetet* ihr euch *nicht* um" die Begründung, „*kehrt* um", d. h. „*sucht Gott und lebt*", die Schlußfolgerung. Und über das Gericht hinweg klingt die Verheißung „ich *wende* die *Schicksalswende* meines Volkes".

Das Werben um die Umkehr des Volkes v o r dem Gericht, des einzelnen i m Gericht, ist des Propheten eigentlicher Beruf und Auftrag. Vergeblichkeit, Innigkeit, Glut und Schmerzlichkeit des Werbens Gottes ist Inhalt seiner Verkündigung.

Mit dieser werbenden Stimme Gottes ist Amos so sehr eins geworden, daß er nicht nur landauf landab die ganze Kirche mit seiner werbenden und warnenden Predigt erfüllt, sondern auch *in der Fürbitte* sich

im verborgenen *vor diese Kirche* stellt, nicht nur einen Kampf um die
Gemeinde, sondern auch einen *Kampf mit Gott* kämpft. Er wirbt ums
Volk in der Vollmacht Gottes und er ringt mit Gott in *Solidarität* mit
dem Volk, die aus der Erfahrung der Solidarität Gottes mit seiner Gemeinde geboren ist, aus ihr lebt.

Erschütternd fällt in diesen Zweifrontenkrieg des Propheten –
scheinbar ihn vom Menschen her beendigend – seine Ausweisung durch
die Kirche und das Redeverbot, das seine und in ihr Gottes Stimme
zum Schweigen bringt. Aber noch nicht für immer. Wir erfahren
nachher, wie Hosea zwanzig Jahre später in derselben Kirche im Namen desselben Gottes wieder das Wort nimmt, es durch ein Menschen-
leben hindurch verkündigt und schließlich Gottes letztes Wort an
diese Kirche sagt.

ÜBERSCHRIFT Kp. 1, 1

Vollmacht und Adresse der Prophetenschrift

„Worte des Amos, der zu den Viehzüchtern aus Thekoa gehörte, welche er schaute über Israel in den Tagen Uzzijas, des Königs von Juda, und in den Tagen Jerobeams, des Sohnes Joas, des Königs von Israel, zwei Jahre vor dem Erdbeben".

1. Die Überschrift erinnert zunächst daran, daß alles Wort Gottes fleischgewordenes Wort ist, das in die Geschichte einging und auf geschichtlichem Wege uns vermittelt wurde durch fehlsame Werkzeuge (wenn auch noch nicht Fleisch geworden in jenem letzten Sinne der persönlichen Fleischwerdung Gottes in Jesus). Die Überschrift zeichnet als erstes die Menschlichkeit des Überbringers der im Buche zusammengefaßten Botschaft an die Kirche Samariens: seine Herkunft aus dem Auslande – aus Juda, vom Rande der Wüste – aus Thekoa[1], seine Abstammung aus der bürgerlichen Welt – aus den Herden- und Plantagenbesitzern oder Hirten- und Landarbeiterkreisen[2] (d. h. weder aus prophetischem noch aus priesterlichem Berufskreis), seine Gebürtigkeit aus einfachem Geschlecht, so schließt man daraus, daß der Vatersname nicht genannt wird.

Damit ist aber schon über die menschliche Seite jedes Gotteswortes hinaus etwas gesagt über die ungewöhnliche Art, wie diese Gottesbotschaft an seine Kirche kommt – es ist gesagt: Wenn Kirche und Volk sich der Stimme Gottes verschließen, kann Gott von draußen seine Stimme erheben, wenn die Diener am Wort, Priester und Propheten, taub werden oder verstummen, redet er durch Laien, Bürger, Bauern, Hirten oder Arbeiter. Gottes Volk ist ein heiliges Volk, in dem das allgemeine Priestertum herrscht (2. Mose 19, 6; 24, 4–5; 4. Mose 11, 29). Durch Gottes Bund mit seiner Gemeinde ist jedes ihrer Glieder sein Partner: „Worte des Amos, welcher zu den Hirten von Thekoa gehörte".

2. Aber in diesen menschlichen Worten des einfachen Hirten oder Arbeiters zeigt die Überschrift eine Botschaft von überzeitlichem Gewicht und von göttlicher Vollmacht: „Worte . . . welche er schaute".

---

[1] Thekoa haben wir im Süden Judas, nicht weit vom Westrande des Toten Meeres zu suchen.
[2] Welches von beiden Amos war, Besitzer oder Angestellter, läßt sich nicht entscheiden. Vgl. zum Beruf des Amos Würtwein I und Stoebe a.a.O.

Das sind Worte, die er nicht aus sich selber redet, sondern aus einer anderen Welt empfangen hat. Er hat sie mit einem von Gott geöffneten Auge gesehen, das in die Zusammenhänge der göttlichen Gedanken und Pläne, in die Verfassung von Kirche, Gesellschaft und Völkerleben und in den Zustand des menschlichen Herzens hindurchschaut. Darum sind es Worte Gottes.

3. Auf Grund ihres göttlichen Ursprungs und ihrer Vollmacht sind diese Worte des Viehzüchters oder Arbeiters Botschaft an die Kirche Israels; weder Privatmeinung eines Menschen noch zeitlose Wahrheit, wie Philosophen und Weisheitslehrer sie vorzutragen sich bemühen, noch Enthüllung erregender Geheimnisse über die Zukunft, wie sie alte und neue Seher und Wahrsager verkündigen, sondern Enthüllung der Gedanken Gottes über seine Kirche in ihrer konkreten Gestalt als Kirche Nordisraels, in ihrer bestimmten Lage zwischen den Völkern, mit ihrer besonderen Berufung und Sendung und ihrer einzigartigen Verschuldung. ,,Worte . . . über Israel''.

4. Die Worte sind Mitteilung des Willens Gottes an eine Kirche mit ihrer bestimmten Geschichte, an einem bestimmten Punkt ihrer Geschichte, nämlich während der politischen, wirtschaftlichen, kulturellen und religiösen Blütezeit der Völker Juda und Israel unter ihren größten Königen Uzzija und Jerobeam II. Es geht um Mitteilungen an eine Gemeinde in religiöser Hochstimmung, die die Vollendung der Zeiten und die Krönung der Heilsgeschichte, das Reich Gottes, nahe herbeigekommen wähnt: ,,In den Tagen Uzzijas, des Königs von Juda, und Jerobeams, des Sohnes Joas', des Königs von Israel''. Mit dieser Zeitangabe sagt die Überschrift: Diese Sprüche sind Botschaft an eine Kirche, die menschlich gesehen auf dem Gipfel ihres Weges steht.

5. Endlich setzt die Überschrift hinter die Aussage: ,,auf dem Gipfel'' – einen dunkeln Gedankenstrich und ein schrilles Ausrufungszeichen durch die Angabe ,,zwei Jahre vor dem Erdbeben'', d. h. vor einem Ereignis, das die stolzen Kirchen und Völker Judas und Israels so tief erschüttert und in Panik versetzt hat, daß noch nach 400 Jahren ein Prophet damit den Schrecken vergleicht, der den Anbruch des letzten Tages begleiten wird: ,,Dann werdet ihr fliehen . . . wie ihr floht vor dem Erdbeben in den Tagen Uzzijas'' verkündigt der zweite Zacharja (14, 5).

Die Notiz fügt zur Adresse: ,,Kirche auf dem Gipfel'' die bedeutsame Ergänzung: ,,aber auch vor dem Absturz''. Sie sagt, die Zeitgenossen in Nordisrael haben in jenem Erdbeben, das sich von den in Palästina damals nicht seltenen Bodenerschütterungen durch seine Heftigkeit abhob, eine Erschütterung ihrer Sicherheit, ein Wetterleuchten des Endes und eine Beglaubigung der Gerichtsbotschaft des unglaubwürdigen Viehhirten aus dem Auslande erlebt; die Sprüche des Amos sind durch Zeichen und Wunder beglaubigtes Wort Gottes, Alarmbotschaft. Das furchtbare Erdbeben war ein vorausfallender Schatten der von Amos verkündigten Welterschütterung (vgl. Amos 2, 3; 4, 11; 8, 8; 9, 1 usw.).

ERSTER TEIL

DAS RICHTEN GOTTES
Kp. 1, 2–4, 3

Der Umfang seiner richterlichen Gewalt – Die Maßstäbe seines Richtens –
Der Grund für sein Einschreiten als Richter.

Der Beginn des Adventes: Einbruch der Stimme Gottes. Kp. 1, 2

„Jahwe brüllt von Zion her,
von Jerusalem her läßt er seine Stimme erschallen.
Da welken die Auen der Hirten,
und es verdorrt das Haupt des Karmel."

Am Anfang der Heilsgeschichte stand die Berufung eines Mannes
aus der Völkerwelt und die Verheißung des weltweiten Segens an ihn
(1. Mose 12, 1 ff). Am Anfang der Kirchengeschichte des Alten Bundes
steht die Offenbarung der Königsherrschaft Gottes auf dieser Erde zunächst über *ein* Volk am Sinai: Das Erlebnis der Stimme des Königs
Israels im Donnerhall, unter dem der Berg wankte und vor dem das
Volk zitterte (2. Mose 19, 16 ff), die Enthüllung seines königlichen
Willens in der Verkündigung seines Totalitätsanspruchs im Gesetz
(2. Mose 20, 1 ff), die Unterwerfung des Volkes unter diesen Willen
und die unzerreißbare Verbindung Gottes mit diesem Volk, die es zum
heiligen Volk, zur Kirche machte. Das Siegel darunter war die Verleihung des Gelobten Landes.

Den nächsten Einschnitt in die Geschichte dieser Kirche bildete die
Erwählung eines irdischen Statthalters zum sichtbaren Geschäftsträger
des himmlischen Königs (durch den Bund mit David und seinem
Hause) und einer irdischen Stätte zum sichtbaren Thronsitz dieses
himmlischen Königs auf Erden (durch Überführung und Aufstellung
der Lade vom Sinai im Zelt und dann im Tempel zu Jerusalem).

Schon früh haben Kirche und Volk des Alten Bundes aus seinem
König, Gott, einen mächtigen Schutzgeist oder Bundesgenossen, Ver-
sorger oder Heerführer gemacht, der des Volkes Mangel auszufüllen
und seine Kriege zu führen hätte. Schon früh hatten sie seine königliche Donnerstimme, seine Verheißung und seinen Anspruch ver-

wechselt mit den Stimmen der gefallenen und dämonisierten Schöpfung sowie des eigenen Herzens.

Darüber war Kirche und Volk in zwei Hälften zerrissen; die Kirche des Nordreichs war durch eine zweihundertjährige Geschichte des Kampfes, der Reformation und des Abfalls – mitten im äußeren Glanz – an ihrem Ende angekommen. Der Stätte der Wahl Gottes, Jerusalem, hatte sie ihre eigenen gottesdienstlichen Stätten entgegengestellt, dem Gott der Offenbarung den Gott des schöpferischen Lebensgeheimnisses der Natur und des eigenen Blutes; den Unsichtbaren und Unvorstellbaren hatte sie in die Welt der Anschaubarkeit herabgezerrt und im Stiersymbol dargestellt; aus dem König, dessen Anspruch zu hören wir berufen sind, hatte sie den Diener gemacht, der unsern Anspruch durchzusetzen verpflichtet ist, und waren darüber für seine Stimme taub geworden.

Da hört ein Mann – kein Priester, sondern ein Hirt – plötzlich wieder *Gottes Stimme, so* wie *in der Urzeit die Kirche sie* bei ihrer Berufung *gehört hat,* als Stimme nicht eines Helfers, Schutzengels oder Kreaturgeistes, sondern als Stimme des Königs. Amos hatte als Hirte manches Mal in der Steppe den Jagdruf des Löwen vernommen und erlebt, wie die Kreatur ihren Atem anhielt und die Schafe in ihrem Pferch zitterten vor der Stimme des Königs der Tiere. – Mit der Gewalt dieses Rufes, der das Herz erschreckt und seine Beute stellt, vergleicht er die Majestät der Stimme, die er vernommen hat. Das ist neuer Durch- und Einbruch der Sinaioffenbarung.

Der Prophet hört diesen Durchbruch der Stimme Gottes „*von Zion her*", d. h. von dem *Ort seiner Wahl,* der sichtbaren Stätte seiner Gegenwart und seines in der Kirche verkündigten Wortes, von der Stätte seiner dem Davidshaus gegebenen Verheißung (vgl. Ps. 132, 14–17). Es ist müßig, darüber zu streiten, wo Amos das erlebte, ob als Festpilger in Jerusalem beim Gottesdienst, was das Nächstliegende ist, oder in der Einsamkeit der Steppe beim Gewitter. Es ist noch müßiger, darüber nachzudenken, warum dieses Gewitter dann die Fluren nicht mit Regen tränkt, sondern zum Verdorren bringt.

Der Prophet spricht nicht von Naturerscheinungen. Er bezeugt in einem großartigen Bilde, was er einmalig erlebt hat und was fortan dauernd mit ihm geht als eine *in sein Gewissen eingedrungene Wirklichkeit,* in der er – gleich der Kreatur, die vor dem Jagdruf des Löwen verstummt und zittert – *das Urerlebnis der Kirche vom Sinai* aufs neue erfährt. Aber jetzt erlebt er es in noch gewaltigeren Dimensionen.

Damals bebte das Felsgestein des Sinai und das Volk im Lager zitterte vor der Stimme Gottes (2. Mose 19, 16 ff). Jetzt erfährt Amos die Gewalt dieser Stimme als eine, die – zwar durch schwachen Menschenmund verkündet – dennoch das ganze Land erschüttert, die Schöpfung bis in ihre Wurzeln trifft und bis in ihre Lebensadern hinein vor Schreck erstarren macht: Die weiten Triften, auf denen der Hirt seinem Beruf nachgeht, von den Tälern bis zu den bewaldeten Berggipfeln, von den Steppen des Südens bis zum Gebirge des Nordens, dem Karmel, d. h. im Bilde: die Kreatur von Grenze zu Grenze und von der Tiefe bis zur Höhe wird von dieser Stimme getroffen. Im Einbruch dieser Stimme kündigt sich das Gegenwärtigwerden Gottes zur Besteigung seines Thrones und zum Antritt seiner Herrschaft über die Welt von Zion her an.

Man hat in diesem Verse den Bericht von der Berufung des Amos zum Propheten mitten aus der Steppe und von den Herden weg (vgl. 7, 15 und 3, 8) gesucht, aber der Prophet erzählt hier nicht Einzelheiten eines Berufungsereignisses, er verkündet die Wirklichkeit, die mit seiner Berufung in sein Leben eingetreten ist: Die *Stimme Gottes, die am Predigen* ist.

Dieses merkwürdige Ereignis, daß inmitten einer zufriedenen und satten, begeisterten und optimistischen Kirche ein Mann auf einmal die Stimme Gottes wieder hört als Stimme des Königs wie einst am Sinai, ist praktisch Reformation, stellt die Kirche in die Entscheidung. Es verkündigt der Welt, daß der König dabei ist, sich wieder in seiner Kirche, die ihn vergessen oder mit Götzen vertauscht hat, zu Gehör zu bringen, innerhalb der Welt, die ihn nicht anerkennt, sich durchzusetzen; es ist Zeichen, das darauf weist, daß er dabei ist, aufs neue zu erscheinen wie am Sinai, nur nicht verhüllt, mit seinem Anspruch auf ein Volk beschränkt, sondern enthüllt als König der Welt.

So liegt ein Zwiefaches in dieser kurzen Einleitung: 1. Wie einst der Donner über dem Sinai der Gemeinde verkündigte, so sagt der Einbruch der Stimme Gottes es der Kirche am Ende ihres Weges: *Der Advent Gottes steht bevor.* Damals war es seine Ankunft in die Geschichte, jetzt ist es seine eschatologische Erscheinung. 2. Die Wirklichkeit dieses Advents ist für die Welt *Erschrecken bis in ihre Wurzeln* hinein.

Gibt Amos, was ihn erschüttert, mit einem festgeprägten Ausdruck für den einstigen und künftigen Einbruch der Stimme Gottes wieder?

Oder haben die Propheten erst seit Amos immer wieder das Nahen
Gottes zum Advent mit dem Jagdruf des Löwen verglichen, und zwar
sowohl die erschütternde, beseligende Gewalt seines Advents zur Rettung für die, die umkehren (Hosea 11, 10), als auch die ängstigende
und vernichtende seines Kommens zum Gericht für die aufrührerische
Welt, ja für den Kosmos (Joel 4, 14)?

Amos selbst aber muß immer wieder vom Löwen reden, der gebrüllt
hat (3, 8; 3, 4; 3, 12). Was er in der sich ihm neu offenbarenden Gewalt der Stimme Gottes vom Sinai erlebt, ist Gottes Wirklichkeit, die
ganz ernst zu nehmen ist, und die Ankündigung seiner Thronbesteigung. Es ist sein Kommen als rechtmäßiger Herr, d. h. zur Durchsetzung seines Willens auf Erden. Darum macht sie alle unrechtmäßi-
gen Throne zittern. Mit derselben Gewalt hörte der Seher Johannes
die Stimme des erhöhten Herrn (Offb. 1, 10), und die Stimme des
Wiederkommenden soll nach seinem eigenen Zeugnis bis in die Grä-
ber und in die Totenwelt hinabdringen (Joh. 5, 25).

Was in dem einen Satz ausgesprochen ist, ist Zusammenfassung der
Botschaft, mit der der Prophet das ganze Land erfüllt hat. Die Botschaft hieß: ,,*Gott redet* wieder! *Gott kommt*!'' – Was der Prophet
hört und predigt, ist nicht nur Ankündigung, sondern darin *vollzieht
sich schon Gottes Kommen*! Ähnlich wie im Ruf, mit dem Johannes
der Täufer und Jesus auftraten.

Erstes Kapitel

Gottes Advent zum Gericht. Kp. 1, 3–2, 16

Erbarmungslosigkeit, Ungerechtigkeit und Pietätlosigkeit der Welt und der Gemeinde, und die Verschlossenheit der letzteren für den offenbaren Gott.

Die Größe der Offenbarung Gottes spiegelt sich im vergeblichen Bemühen der Ausleger, das Thema dieser Rede zu bestimmen und in der Vielfalt ihrer Vorschläge und Deutungen.

Die einen finden in ihr das *universale* und *sittliche Wesen Gottes* ausgedrückt, der alle Menschen ohne Unterschied der Nation und Konfession, die Heiden wie seine Gemeinde nach einem ihrem Gewissen innewohnenden und ihnen darum einsichtigen *Moralprinzip* richtet (Sellin).

Die andern meinen, nicht die allgemein verpflichtende sittliche Forderung Gottes sei hier das Entscheidende, sondern sein *Advent zur Durchsetzung seines Anspruches* gegen die Völker und die eigene Kirche (Herntrich).

Die dritten sagen, auch die Ausmalung des Weltgerichtes sei nur ein rhetorisches oder psychologisches Mittel des Propheten, um die Hörer durch das Eingehen auf ihre Gedanken und Wünsche zum Mitgehen zu bekommen, wenn ihnen am Ende der Rede das Gericht über sie selbst verkündigt wird. Das Thema der Rede dagegen sei die Offenbarung der *absoluten Erhabenheit* und *Konsequenz* Gottes, die sich an nichts Irdisches bindet und durch niemanden sich binden läßt; die Rede verkündige den unausweichlichen Zusammenstoß dieser Erhabenheit Gottes mit denen, die ihn an sich binden wollen durch ihre Bundesvorstellung und sich selbst eine Sonderstellung vor ihm anmaßen in ihrem Erwählungsglauben (Weiser).

Wieder andere sehen gerade in der *Sonderstellung der Gemeinde* vor Gott das Thema – in ihrer Erwählung zur Kirche Gottes, in der Verbindung, die Gott mit ihr eingegangen ist und die ihn zum Einschreiten gegen ihre Untreue zwingt (Cramer).

Aber *nicht* der Gegensatz der sittlichen Gottesoffenbarung und naturhaften Gottesvorstellung, *nicht* der Unterschied der universalen Gottesidee von der national und konfessionell beschränkten, *nicht* die Unvereinbarkeit der absoluten Konsequenz des Richters mit der Wan-

kelmütigkeit und Bestimmbarkeit des sogenannten „barmherzigen"
Gottes der Volksreligion, überhaupt *nicht* Aufklärung zwecks Beseitigung falscher Vorstellungen über Gott ist der tragende Gedanke der
Rede, sondern ein tatsächlicher *Wandel in Gottes Haltung* gegenüber
seiner Gemeinde. Es geht hier um Gottes Königserlaß als Richter. Es
geht darum, *wie aus dem barmherzigen Gott*, der sein Erbarmen dem
Volk durch Bund zugesagt hat – um dessen Vergebung zu bitten Beruf
der Propheten war, und der auch immer wieder vergeben hat (7, 3. 6)
– *der Richter geworden ist*, der auch für seine Kirche als Löwe kommt
und weiteres Vergeben ablehnt. Durch den *Kehrvers* „lō' 'ašîbännû"
– *„nicht will ich's abwenden"* – klingt *das eigentliche Thema* der Rede.

Wie die Offenbarung Johannis mit dem Zeugnis von der Donnerstimme des Herrn und anschließend mit einem siebenfachen Bußruf an
die Gemeinde Gottes auf Erden beginnt (Offb. 1, 10; 2, 1), so folgt am
Anfang der Amosreden auf das Zeugnis der löwengleichen Gewalt der
Stimme Gottes eine siebenfache Gerichtsbotschaft an die Völker und
die Kirche Gottes[1]. Wie die Sendschreiben der Offenbarung sind auch
diese Gerichtsbotschaften nach einem festen Schema regelmäßig auf-
gebaut: Einleitung und Ausleitung wiederholen sich refrainartig, so
daß man sie leicht im Chor mitsprechen kann.

Die *Autorität* des *Richters*, die *Größe* der *Schuld* und die *Unabwendbarkeit* des *Gerichtes* eröffnen die Sprüche; die *Ankündigung* seines *Eingreifens* schließt jeden einzelnen ab. Innerhalb des gleich bleibenden
Rahmens wechseln die Angaben der Schuld und die Schilderungen
des Gerichtes.

Der siebente Spruch an das Volk Gottes ist *zweigeteilt:* in einen kurzen an *Juda*, der den Hintergrund bildet, und einen ausführlichen an
Israel, der das Herz der Rede darstellt. Mit Israel ist *die Adresse* gegeben, an die die ganze Rede sich richtet. Die *Schuld der Abwesenden*
– der Heidenvölker und Judas – wird nur mit einem kurzen Satz umrissen. Die *Sünde der Anwesenden*, d. h. Israels dagegen ist in vier
großen Linien entfaltet.

Um den Charakter der Rede zu fassen, ist es gut, sich von vornherein drei
Gedanken zum Bewußtsein zu bringen, die sich im Stile ausdrücken, von
dem die ganze Spruchreihe beherrscht ist.

1. Das achtmal wiederholte: „So spricht Jahwe" am Anfang jedes Spru-
ches begegnet in der außerbiblischen Literatur in derselben unermüdlichen

---

[1] Vgl. zum siebenfachen „so spricht Jahwe" Sach. 8, 1–17 und das siebenfache „Stimme
Jahwes" Ps. 29.

Wiederholung in Königserlassen, die von den Weltbeherrschern in Fels ge-
meißelt wurden. Es bezeichnet, über's Gewicht der Botenformel hinausge-
hend, die Spruchreihe als einen *Regierungserlaß* des *himmlischen Großkönigs*.

2. Das ebenso achtmal wiederholte: ,,ich will's nicht abwenden" nimmt
eine Formel der Gerichtssprache auf. Im Gesetzbuch des großen babyloni-
schen Königs Chamurapi heißt es vom Richter: ,,Gesetzt, ein Richter hat
ein Urteil gefällt, eine Entscheidung gegeben, eine Urkunde ausstellen lassen,
nachher hat er aber sein Urteil abgeändert . . . in der Gerichtsversammlung
wird man ihn von seinem Richterstuhl aufstehen lassen und er wird nicht
wieder mit den Richtern beim Prozeß sitzen" (Kodex Chamurapi § 5).
Unabänderlichkeit ist das Merkmal des Richterspruches eines durch königliche Vollmacht eingesetzten Richters, wie jeglichen Königserlasses (Esther
8, 8b). Über alles aber eignet sie dem himmlischen König und Richter, der
,,Ich bin, der ich bin" heißt (2. Mose 3, 14; 33, 19), und von da aus auch
den Worten seiner Boten (4. Mose 23, 19; 1. Sam. 16, 29).

Zur königlichen Autorität tritt mit dem Refrain: ,,Ich will's nicht abwenden" die *richterliche Unabänderlichkeit*. Zugleich erinnert die Versicherung
an das vorausgegangene, unablässige Absehen Gottes von seinem Gericht
(7, 2. 3) an seine *unaufhörlichen Versuche*, seine *Gemeinde* umzuwenden (5, 4 ff)
und an die fortgesetzte Weigerung der Gemeinde, sich umwenden zu lassen:
,,Aber ihr kehrtet nicht um zu mir" (4, 6 ff). Nun ist die Gemeinde aus der
Zeit des Werbens Gottes eingetreten *in die Zeit des Richtens* Gottes. Nun hört
die Gnade auf, nun spricht Gott als Richter.

3. Die merkwürdige Formel: ,,Um dreier oder vierer Frevel willen" ent-
stammt dem Formgesetz des Zahlspruches aus der Weisheitsliteratur. So
werden zum Beispiel vom Spruchdichter vier Unnatürlichkeiten und ihre verhängnisvollen Wirkungen aufgezählt mit der Einleitung: ,,Unter dreierlei
erbebt die Erde und vier kann sie nicht aushalten" (Spr. 30, 21). Damit wird
zum Ausdruck gebracht, daß es nicht eine Vierzahl, sondern eine *Kette von
unnatürlichen Fällen* ist, die nicht auf die Dreizahl oder Vierzahl beschränkt
wird, sondern ins Unendliche fortgesetzt werden könnte; und des Weiteren, daß
zwischen diesen Fällen bei aller Mannigfaltigkeit der Erscheinungsformen
doch *Gleichheit des Grundgesetzes* besteht, das sie beherrscht (Spr. 30, 21).

So sagt die Einleitungsformel: ,,Um dreier oder vierer Frevel willen" nicht
die *Zahl*, auch nicht die *Geringfügigkeit* der Frevel aus, sondern die *unabsehbare Kette*, aus der jeweils nur ein Beispiel angezogen wird, und zugleich das
ihr eigene *gleiche Grundgesetz*, das gefaßt werden kann in die Worte: ,,Ver-
gehen gegen Justitia, Pietas und Caritas – Gerechtigkeit, Ehrfurcht und
Barmherzigkeit".

Bei den Völkern ist es Vergehen gegen das ihnen *ins Herz geschriebene
Gesetz*, bei der Kirche Bruch des ihr *offenbarten*, ja, Empörung des Volkes
gegen die ihm von seinem Könige gegebene Verfassung – Beleidigung *des
Gerechten, Frommen* und *Barmherzigen*, der ihr die Verfassung der Gerechtigkeit, Frömmigkeit und Barmherzigkeit gegeben hat.

4. Das unbestimmte ,,Es", das der Drohung: ,,Ich will . . . nicht abwenden" beigefügt ist, wirft über jeden neuen Spruch am Anfang *den Schatten
des* Geheimnisses kommenden *Gerichtes*, ,,es": das Gericht.

So tritt der Viehzüchter aus dem Ausland, vom Rande der Wüste
vermutlich im Kultur- und Kirchenzentrum des Nordreichs, in Samarien oder Bethel, vor den Großstadtbürgern und reichen Patriziern auf mit dem Anspruch: 1. Der *himmlische Großkönig* erhebt
durch ihn seine Stimme. 2. *Schuld gereiht an Schuld* in unendlicher
Kette finden seine Augen an der Welt und vor ihr an der Kirche.
3. *Unabänderlicher Richterspruch* ist es, was sein Bote in seinem
Namen über solche Schuld verkündigt.

Im Gefolge dieser achtmal wiederholten einführenden Gerichts-
formel beleuchtet Gott bei jedem angeredeten Volk an *einem Beispiel*
die unübersehbare Kette seiner Verschuldungen.

Darunter setzt er achtmal hintereinander die *Ankündigung* seines
Eingreifens zum Gericht in Gestalt eines *Weltenbrandes*, der Städte
und Menschen verschlingt. *Äußerlich* betrachtet sieht es wie ein
Weltkrieg aus, wie er manchmal den Orient erfaßt hat, wenn Welt-
eroberer ihre Feldzeichen um den ganzen alten Kulturraum trugen,
oder wie er in der neuen Geschichte immer wieder die Welt in
Flammen setzt. Der Prophet aber sieht in der kommenden Völker-
katastrophe *mehr*: Ihr *Ursprung* ist *himmlisch*, ihre *Gewalt* – nicht
bloß menschlich-dämonisch, sondern *göttlich*, ihre *Wirkung* – nicht
nur unabsehbare Not, sondern *Gericht*, Auslieferung an den Zorn
Gottes Es ist Feuer vom Himmel, Einbruch des unerschöpflichen und
unwiderstehlichen Zornes Gottes in die Geschichte von Völkern und
Kirchen. Ist es letzter Einbruch? Der Advent des Königs? Die Enthüllung des wahren Zustandes der Welt und die letzte Abrechnung,
die sich unter furchtbaren Katastrophen vollzieht?

Es ist der letzte Einbruch, den der Prophet bereits sieht. Er hat
sich aber, entgegen der verkürzten menschlichen Perspektive,
zunächst nur in einem Vorspiel innerhalb der Geschichte verwirklicht. Aber in diesem Vorspiel ist der versengende Hauch des letzten
Brandes anwesend, Gericht Gottes in der Zeit vorausgenommen.

1. Die Abrechnung Gottes mit der Unbarmherzigkeit der Welt
(1, 3–8)

Zwei Gerichtsbotschaften an Damaskus und die Philister.

a) Der brutale Gebrauch der Macht (1, 3–5)

(3)　So spricht Jahwe:
„Um dreier Frevel von Damaskus,
ja, um vierer willen wend' ich's nicht ab,
weil sie gedroschen mit Dreschwalzen von Eisen Gilead.

(4)　So sende ich Feuer ins Haus Hasaels,
daß es verzehrt die Paläste Benhadads.()[a]

(5b)　Und ich rotte aus die Bewohner aus Biq'at-'Avän
und die Stabträger aus Beth 'ädän.

(5a)[a]Und ich zerbreche die Riegel von Damaskus,[a]

(5d)　und in Gefangenschaft zieht das Volk Arams nach Qir,"
spricht Jahwe.

b) Die skrupellose Verfolgung des Gewinns (1, 6–8)

(6)　So spricht Jahwe:
„Um dreier Frevel von Gaza,
ja, um vierer willen wend' ich's nicht ab,
weil sie gefangen geführt Gefangne in Vollzahl zum Verkauf an Edom.

(7)　So sende ich Feuer in die Mauern von Gaza,
daß es seine Paläste verzehrt.

(8)　Und ich rotte aus die Bewohner aus Asdod
und die Stabträger aus Askalon.
Und ich kehre meine Hand wider Ekron,
und zugrunde geht der Rest der Philister,"
spricht ()[b] Jahwe.

2. Die Abrechnung Gottes mit der Treulosigkeit und Ungerechtigkeit der Welt (1, 9–12)

Zwei Gerichtsbotschaften an Tyrus und Edom.

a) Das rücksichtslose Niedertreten des Völkerrechts (1, 9–10)

Der treulose Bruch der Bundesbruderschaft

(9)　So spricht Jahwe:
„Um dreier Frevel von Tyrus,
ja, um vierer willen wend' ich's nicht ab,
[c]weil sie ausgeliefert das Grenzgebiet Salomos an Aram[c]
und nicht gedacht haben des Bundes zwischen Brüdern.
[d]_ _[d]

(10)　So sende ich Feuer in die Mauern von Tyrus,
daß es seine Paläste verzehrt.

b) Die pietätlose Mißachtung des Naturrechts (1, 11–12)

Die unfromme Verletzung der Blutsbruderschaft

(11) So spricht Jahwe:
>„Um dreier Frevel Edoms,
>ja, um vierer willen wend' ich's nicht ab,
>weil es verfolgte mit dem Schwert seinen Bruder und erstickte
>
>>sein Erbarmen
>
>und bewahrte^e seinen Zorn auf immer
>und hütete^e seinen Grimm auf ewig.

(12) So sende ich Feuer nach Theman,
>daß es verzehrt die Paläste von Bozra."

3. Die Abrechnung Gottes mit der Pietätlosigkeit der Welt gegen das Heilige (1, 13–2, 3)

Zwei Gerichtsbotschaften an Ammon und Moab.

a) Die Schändung der Heiligkeit des werdenden Lebens (1, 13–15)

(13) So spricht Jahwe:
>„Um dreier Frevel der Kinder Ammons,
>ja, um vierer willen wend' ich's nicht ab,
>weil sie geschlitzt die Schwangeren von Gilead,
>um zu erweitern ihr Gebiet.

(14) So zünd ich Feuer an in den Mauern Rabbas,
>daß es ihre Paläste verzehrt
>unter Hurrageschrei am Tage der Schlacht,
>im Sturm am Tage der Windsbraut.

(15) Und es wandert ihr König in die Verbannung,
>er und seine Generäle allzumal,"
>spricht Jahwe.

b) Die Schändung der Heiligkeit des Todes (2, 1–3)

(1) So spricht Jahwe:
>„Um dreier Frevel von Moab,
>ja, um vierer willen wend' ich's nicht ab,
>weil es verbrannt die Gebeine
>des Königs von Edom zu Kalk.

(2) So sende ich Feuer nach Moab,
>daß es verbrennt die Paläste von Qerijjot
>und es stirbt Moab im Getümmel
>unter Hurrageschrei beim Trompetenschall.

(3) Und ich rotte aus den Richter aus seiner^f Mitte,
>und all seine^f Generäle erwürg ich mit ihm,"
>spricht Jahwe.

4. Die Abrechnung Gottes mit der Unbarmherzigkeit, Ungerechtigkeit und Pietätlosigkeit der Kirche, mit ihrer Undankbarkeit und Glaubenslosigkeit (2, 4–16)

Zwei Gerichtsbotschaften an Juda und Israel.

a) Die Versündigung an der Offenbarung Gottes, der Thora (2,4–5)

(4) So spricht Jahwe:
„Um dreier Frevel von Juda,
ja, um vierer willen wend' ich's nicht ab,
weil sie verachtet die Thora Jahwes
und seine Satzungen nicht bewahrten
und ihre Lügen sie irreführten,
hinter denen herliefen ihre Väter.

(5) So sende ich Feuer nach Juda,
daß es verzehrt die Paläste Jerusalems."

b) Die Versündigung an Gott und am Nächsten (2, 6–16)

Skrupellose Verfolgung des Gewinnes, brutale Ausübung der Macht, Ungerechtigkeit im Bruch der Bluts- und Bundesbruderschaft, Ehrfurchtslosigkeit gegen die Heiligkeit der Ehe, Pietätlosigkeit gegen die Heiligkeit des Gottesdienstes innerhalb der Gemeinde, ihr Undank für Landgabe, Erlösung und Offenbarung

(6) So spricht Jahwe:
„Um dreier Frevel von Israel,
ja, um vierer willen wend' ich's nicht ab,
weil sie verkauft um Geld den Gerechten
und den Armen um ein Paar Sandalen.

(7) gSie zertreten das Haupt der Geringeng
und räumen aush dem Wege die Armen.
Sohn und Vater wandern (zusammen) zur Dirne,
um zu entweihen meinen heiligen Namen.

(8) Gewänderi, die gepfändet, breiten sie aus
neben einem jeden Altare,
und den Wein Gebüßter schlürfen sie
in dem Hause ihres Gottes.

(9) kUnd ich war's doch, der vertilgte den Amoriter vor ihnen,
dessen Höhe gleich war der Höhe der Zeder
und der stark war wie die Eichen,
und ich vertilgte seine Frucht droben
und seine Wurzeln drunten.k

(10) Und ich war's doch, der heraufführte euch
aus dem Lande Ägypten
und ließ euch wandern in der Wüste

durch vierzig Jahre hindurch,
um einzunehmen das Land der Amoriter.

(11)   Und ich erweckte aus euren Söhnen Propheten
und aus euren Jünglingen Nasiräer.
Verhält es sich nicht also, Söhne Israels?"
lautet der Spruch Jahwes.

(12)   „Aber ihr tränktet die Nasiräer mit Wein,
und den Propheten gebotet ihr
und spracht: ,Ihr dürft nicht als Propheten reden!'

(13)   Siehe, so bin ich selbst jetzt dabei, es knistern[l] zu machen
unter euch ()[l], gleichwie es knistern macht der Dreschwagen,
wenn er faßt den Haufen der Garben.

(14)   Da vergeht dem Schnellen die Flucht,
und den Starken stärkt nicht seine Kraft,
[m]und der Held rettet nicht sein Leben,[m]

(15)   und der Bogenspanner besteht nicht,
[n]und der Schnelle rettet sich[n] nicht durch seine Füße,[n]
und der Rossereiter[o] rettet nicht sein Leben,[o]

(16)   und der Starke[q] findet nicht[q] seinen Mut,
unter den Helden flüchtet er nackt
[p]an jenem Tage[p]," lautet der Spruch Jahwes.

1. Die Abrechnung Gottes mit der Unbarmherzigkeit der Welt
(1, 3–8)

Zwei Gerichtsbotschaften an Damaskus und die Philister.

a) Der brutale Gebrauch der Macht (1, 3–5)

Als erste sind die beiden Hauptwidersacher der Gemeinde angeredet, ihr Erbfeind Aram, dessen König Hasael einst durch Gottes
Propheten zum Königtum und Werkzeug des Gerichtes an Israel berufen worden war (1. Kön. 19, 15; 2. Kön. 8, 7–15). Die aramäischen
Herrscher hatten in der Zeit der tiefsten Erniedrigung Israels
nach der Ausrottung des Hauses Ahabs in Überschreitung ihres Auf-
trages nicht nur das bundesbrüchige Israel geschlagen, sondern ihm
seine östlichen Provinzen entrissen und sein ganzes Land – besonders den Osten (Gilead) – so furchtbar verheert (2. Kön. 10, 32. 33),
wie die Eisenschienen des Dreschschlittens die Halme zerreißen und
die Ähren zermalmen (2. Kön. 13, 3 u. 7. „Der König von Syrien hatte
sie vertilgt und dem Staube beim Dreschen gleich gemacht.")
Oder haben sie gar als Sieger im Triumph den scharfen, eisen-
beschlagenen Dreschschlitten über den blanken Rücken ihrer wehr-

losen Kriegsgefangenen gezogen? Ob die Aussage bildlich oder buchstäblich gemeint ist, läßt sich nicht entscheiden. In jedem Fall ist
es ein Beispiel der *Erbarmungslosigkeit* der *Völker*, die das Wort hat,
wenn der Mensch dem Menschen ausgeliefert ist und dieser Mensch
seine Macht ungehemmt gebrauchen kann. In diesem Fall hat sich
die brutale Macht *am Augapfel Gottes* (5. Mose 32, 10; Zach. 2, 12)
ausgetobt, wie sie zu allen Zeiten sich am wütendsten gegen Gottes
Kinder richtet, besonders seitdem sie sich mit Geißel, Hohn, Marter
und Galgen an der Qual seines einzigen Sohnes berauscht hat.

Hinter dieser Brutalität, die sich am Schutzlosen und Ohnmächtigen
ausläßt, wirkt als letzter Antrieb die unbewußte *Auflehnung des ohnmächtigen Empörers* gegen seinen *Schöpfer* und *König*, dessen schutzloses Eigentum er in der Gemeinde angreift, gegen dessen ohnmächtiges und entstelltes Ebenbild er in jedem Menschenangesicht wüten darf.

Es gehört für die Gemeinde zu den Rätseln des Weltregimentes
Gottes, daß er seine Gemeinde und sein Ebenbild so der Macht und
Brutalität des zur Bestie gewordenen Menschen, des gefallenen Empörers, ausliefert.

Umgekehrt ist es ein für die gefallenen Empörer verborgenes Geheimnis, daß *ihre Zeit zu Ende eilt* und daß mit ihrer Erbarmungslosigkeit abgerechnet wird. Die Ankündigung: „Ich schicke Feuer . . .
ich vertilge . . . ich zerbreche" sagt an, daß *vor Gott* die Erbarmungslosigkeit der Mächtigen *aufgedeckt* liegt, daß er auch über die Könige
König ist und die Gewaltigen zur *Rechenschaft zieht*.

Das Gericht fängt am innersten Kreis, an der *königlichen Familie*
und ihren Prunksitzen, an dem Hause Hasaels und den Palästen
Benhadads[1] an. Es setzt sich fort an den *begüterten Bürgern* und *Würdenträgern*, den Bewohnern von „Biq'at-ʾAvän" d. h. „Greueltal"
und den Szepterträgern von „Beth-Aedän" d. h. „Lusthaus".. Die
Namen deuten die lüsterne und abgöttische Kultur Arams an. Das
Gericht vollendet sich am ausgedehntesten Kreis, am *ganzen Volke*
Arams, in seiner Deportierung nach Qir, von wo es einst ausgezogen
war (9, 7). D. h. seine ganze Geschichte wird rückgängig gemacht.
So vollzieht sich das Gericht Gottes stufenförmig von den regierenden
Spitzen, über die führenden Schichten, bis zur untersten Basis, dem
einfachen Volk, als Feuer, Ausrottung, Zertrümmerung und Verbannung.

---

[1] Hasael und Benhadad waren wiederkehrende Königsnamen im Aramäerreich, und
haben daher typische Bedeutung.

b) Die skrupellose Verfolgung des Gewinns (1, 6–8)

Genau ebenso wie Aram redet Gott den zweiten Erbfeind der Gemeinde, die Philister, verkörpert in ihren Städten Gaza, Asdod, Askalon und Ekron an: erstens als *König* und Weltenrichter, zweitens mit der Konstatierung der unendlichen Reihe ihrer *Schuld*, drittens mit der Ankündigung der *Unabwendbarkeit* seiner Richtspruches. Wieder wird aus der unendlichen Reihe von Versündigungen eine einzelne genannt, die nach dem Richter schreit. Die Philister hatten Israel in der Morgenzeit ihrer Geschichte, in den Tagen der Richter und des jungen Königtums hart bedrängt, bis David endgültig die Überlegenheit Israels herstellte.

Jetzt aber ist von frischeren Wunden, die sie der Gemeinde zufügten, die Rede, aus der Zeit, da die Aramäer das Land verheerten und die handeltreibenden Nachbarvölker ringsum aus dem Elend der schutzlosen, zum Teil vertriebenen oder flüchtigen Bevölkerung Israels ihr Geschäft machten. Damals hatten auch die Philister die Not der Gemeinde ausgenutzt, waren in das vom Schutz entblößte Land eingefallen und hatten ganze Dorfschaften mit Greisen, Frauen und Kindern gefangen fortgeschleppt. So wird es auch aus früheren Zeiten von Amalekitern (1. Sam. 30, 1–2), Philistern und Arabern (2. Chr. 21, 16) und anderen Völkern aus verschiedenen Perioden der Geschichte Israels erzählt. Sie verkauften sie als Sklaven den Edomitern, die sie vermutlich ihrerseits über die südlichen Handelsstraßen nach Ägypten weiter verschacherten auf demselben Wege, auf dem einst Joseph von den Ismaeliten nach dem Nillande verkauft wurde (1. Mose 37, 28). Autoren aus späteren Zeiten schildern uns, wie in den Kriegen des Altertums vor den Schlachten sich Sklavenhändler in Erwartung ihrer Beute bei den kämpfenden Heeren einfanden (1. Makk. 3, 41). Was in den Diadochenkriegen im großen Stil geschah, hat sich während der Aramäerkriege im kleineren Stil mit der Zivilbevölkerung Israels abgespielt.

Die Schuld der Philister heißt: Sie haben den *Menschen*, das Ebenbild Gottes, zur *Ware* gemacht, ja, mit dem *Augapfel Gottes*, *Israel*, *Handel getrieben*. „Weil sie gefangengeführt Gefangene in Vollzahl," d. h. in ganzen Dorfschaften, „um sie auszuliefern an Edom".

Neben die *blutige Bestialität* bei der Ausübung der *Macht* durch die Aramäer tritt die *kalte Brutalität* bei der Jagd nach *Gewinn* und Verfolgung des Vorteils durch die Philister. Neben die *Geringschätzung*

des *Menschenlebens* durch die einen tritt seine *Wertschätzung* als Ware
bei den andern. Die einen löschen die Persönlichkeit aus oder martern
sie im Dienste der Macht; die andern entwurzeln, knechten und ent-
ehren sie im Dienste des Gewinnes. Das eine ist die *imperialistische*,
das andere die *kapitalistische* Vergewaltigung des Menschen, des
Kindes Gottes. In beiden tobt sich die *Unbarmherzigkeit des gefallenen
Menschen* aus, dort Gefühllosigkeit gegen physischen Schmerz, hier
Gefühllosigkeit gegen seelisches Leid der ihrer Heimat und Freiheit
Beraubten. Es ist, als zeichne der Prophet eine Skizze der Welt des
zwanzigsten Jahrhunderts mit ihren Flüchtlings- und Vertriebenen-
massen, Gefangenen- und Sklavenheeren.

Gott hat dazu geschwiegen, aber er weiß darum, und die Stunde
ist da, da er nicht mehr schweigt, sondern – zunächst durch Prophe-
tenmund – redet. Zunächst ist *das Wort Gottes* die *einzige Stelle*,
die zu dieser Not und Schuld etwas zu sagen hat – und wenn Gott
sich seinen Mund vom Rande der Wüste holen müßte! Aber die
Stunde kommt, da er nicht mehr nur redet, sondern auch *eingreift*
gegen die kapitalistische wie gegen die imperialistische Vergewaltigung seiner Menschen und seiner Gemeinde. Wie das Gericht an
Aram wird dasjenige an den Philistern geschildert. Eine Kette von
stolzen Städten geht im Feuer auf und der Rest des Volkes wandert
in die Gefangenschaft, wie sie in Gefangenschaft geführt haben.

2. Die Abrechnung Gottes mit der Treulosigkeit und Ungerechtigkeit der Welt (1, 9–12)

Zwei Gerichtsbotschaften an Tyrus und Edom.

a) Das rücksichtslose Niedertreten des Völkerrechts (1, 9–10)

Der treulose Bruch der Bundesbruderschaft

Mit derselben Autorität, Anklage und Richterstrenge redet Gott
die damals noch meerumspülte[1] Inselfeste Tyrus als Vertreterin der
phönizischen Handelswelt an. Hesekiel zeichnet uns aus späterer Zeit
ein Bild von dem Fleiß, der handelspolitischen Umsicht, dem aufge-
häuften Reichtum und der kühnen Selbstsicherheit dieser Stadt, die
ihren König einen „Gott" und sich selbst einen „Gottessitz mitten
im Meere" nennt (Hes. 26–28).

---

[1] Alexander der Große machte hernach der Insellage der stolzen Feste ein Ende, indem er einen Damm vom Festlande bis zu ihr aufschüttete.

Ähnlich wie die Schuld der philistäischen Händler zeichnet Amos diejenige der Phönizier. Auch sie haben aus der Not Israels ein Geschäft, *aus Gottes Volk* eine *Handelsware* gemacht, und doch hat ihr Vergehen noch anderes Gewicht als das der Philister. Sie haben dabei Bruderbund – d. h. unter Eid vor Gott geschlossenen Vertrag, durch die Gottheit *geheiligtes* und geschütztes *Völkerrecht – gebrochen.* Ist das Bündnis zwischen Salomo und Hiram gemeint, bei dem 20 galiläische Städte an Tyrus abgetreten wurden (1. Kön. 9, 13; 2. Sam. 5, 11; 1. Kön. 5, 26)? Oder ist es das Bündnis zwischen Omri, Ahab und Etbaal, den Königen von Israel und Tyrus (1. Kön. 16, 31 vgl. Ps. 45)? („Und haben nicht gedacht des Bundes zwischen Brüdern.")

Wenn Sellin unter teilweiser Anlehnung an die griechische Übersetzung die richtige Lesart gefunden haben sollte, hätte Tyrus die von Salomo ihm abgetretenen israelitischen Städte schnöde und feige den Aramäern zur Plünderung preisgegeben. „Weil sie ausgeliefert das Grenzgebiet Salomos an Aram." Hat aber der hebräische Text das Richtige bewahrt, so haben die phönizischen Kaufleute sich mit den philistäischen Kollegen in das Geschäft geteilt, das jene aus der Not Israels mit den Edomitern machten. („Weil sie ausgeliefert Gefangene in Vollzahl an Edom.")

Was gilt schon das Völkerrecht in einer Welt, die Verträge nur so lange einhält, als sie ihr von Vorteil sind, sonst aber sie wie Papierfetzen zerreißt, wie Töpferscherben zusammenwirft oder stillschweigend vergißt! Aber hinter dieser Nichtachtung geschlossener Bündnisse birgt sich *Nichtachtung der Gottheit*, unter deren Schutz Eide geschworen wurden und alles Völkerrecht ebenso wie Treue und Glauben zwischen den Menschen standen und heute noch stehen. Diese Gottheit, die die Völker nur dunkel ahnen, ist der lebendige Gott und Weltenrichter. *Er wacht über dem Recht* und sühnt seinen Bruch. Wenn *sein Tag* anbricht, verzehrt das Feuer die Bundes- und Rechtsbrüchigen. Und *er bricht an* – lautet die Botschaft des Amos über Tyrus.

b) Die pietätlose Mißachtung des Naturrechts (1, 11–12)

Die unfromme Verletzung der Blutsbruderschaft

Zwischen den Brudervölkern Edom und Israel herrschte von je besonders bittere Feindschaft. Aus der Zeit des ersten Eindringens in Kanaan weiß die Überlieferung von Spannungen zwischen Jakob

4 *

und Esau zu erzählen (1. Mose 25, 22; 27, 40–46; 26, 35). Bei der
Einwanderung aus Ägypten hatte Edom Israel den Weg versperrt
(4. Mose 20, 14–21). David hatte es unterworfen (2. Sam. 8, 14),
doch hatte es das Joch wieder abgeschüttelt (2. Kön. 8, 20–22).
Amazja (2. Kön. 14, 7 u. 10) hatte es aufs neue gedemütigt. Uzzija
und Jerobeam II. stellten die Herrschaft Israels im Süden wieder
her bis ans Meer (2. Kön. 14, 22 u. 25). Zur Zeit des syrisch-ephrai-
mitischen Krieges erhoben sich die Edomiter und fielen wieder in
Juda ein (2. Chron. 28, 17). Als Juda über 100 Jahre nach Amos den
Babyloniern zur Beute wurde, hat Edom schadenfroh zugesehen und
sich erbarmungslos an den judäischen Flüchtlingen gerächt (Ob. 1–15;
Hes. 35, 1 ff; Mal. 1, 1–5).

Aber schon während der Demütigung Israels durch die Aramäer
muß Edom mit den Philistern und Phöniziern zusammen sich an
Israel schadlos gehalten haben. Ja, es hat wohl aktiver als jene für
erlittene Unbill aus den Jahren seiner Abhängigkeit mit dem Schwert
in der Faust an den Ohnmächtigen Rache genommen, menschliches
Fühlen erstickend, alten Groll unversöhnlich hütend. „Weil er verfolgte mit dem Schwert seinen Bruder, sein Erbarmen erstickte,
fürder seinen schnaubenden Zorn bewahrte, seines Grimmes Glut
auf ewig hütete."

Edom hatte in der Leidenszeit der Gemeinde die natürlichen Bande
des Blutes nicht über die Ressentiments und die schweren Erfahrungen
erlittenen Unrechts gestellt, sondern sie zerrissen und damit *des*
Schöpfers heiliges Naturrecht in Verfolgung seines leidenschaftlichen
Hasses *niedergetreten*. Neben Tyrus' Bruch der Bundesbruderschaft,
die durch Gottes heilige Rechtsordnung garantiert war, tritt Edoms
Bruch der Blutsbruderschaft, die durch Gottes geheiligte *Schöpfungs-*
ordnung gestiftet und geschützt war. Neben den geheiligten Ver-
trägen stehen die ungeschriebenen Gesetze, neben Völkerrecht –
Naturrecht, um das auch die außerkirchliche Völkerwelt weiß. Oder
weiß sie heute in der nach Christus datierten Zeit weniger darum
als in den Tagen des Amos? Das hebt aber nicht auf, für heute wie
für damals, daß sie darum wissen müßte und daß ein Höherer
darum weiß. Es ist *ein Wächter* auch *über Einhaltung* und Verletzung *dieser Schöpfungsordnung*. Das losbrechende Feuer seines
Tages verzehrt Land und Hauptstadt von Edom, Theman und Bozra.
„Ich schicke Feuer . . ." Dieser Wächter schickt sich an, seines Amtes
zu walten.

3. Die Abrechnung Gottes mit der Pietätlosigkeit der Welt gegen das Heilige (1, 13–2, 3)

Zwei Gerichtsbotschaften an Ammon und Moab.

a) Die Schändung der Heiligkeit des werdenden Lebens (1, 13–15)

Auch Ammon und Moab waren blutsverwandt mit Israel. Das 1. Mosebuch nennt sie ebenfalls zusammen. Der Schatten von Perversität und Blutschande lagert über ihrem Ursprung (1. Mose 19, 30–38). Israel hatte sie nach der Einwanderung in blutigen Kämpfen niedergeworfen (1. Sam. 11, 1 ff; 2. Sam. 10–12), das Davidsreich schloß sie in seinen heilsgeschichtlichen Raum ein. Nach dem Zerfall desselben machten sie sich wieder selbständig. Während der Aramäerkriege in der ersten Hälfte der Regierungszeit des Hauses Jehu haben sie sich, wie die anderen Nachbarn, blutig an Israel gerächt.

Mit derselben königlichen Autorität und richterlichen Unwiderruflichkeit redet Gott Ammon an. Aus seiner Schuld hebt er die *Pietätlosigkeit gegen das Geheimnis der Mutterschaft und des werdenden Lebens* hervor. „Weil sie die Schwangeren von Gilead geschlitzt." Grausamkeit scheint bei den Ammonitern traditionell gewesen zu sein. Schon der Ammoniterkönig Nahasch, aus dessen Händen Saul Jabesch in Gilead befreite, stellte an die israelitische Stadt die perverse Forderung, alle Männer sollten sich das rechte Auge ausstechen lassen (1. Sam. 11, 2).

Nun könnte man sagen: Es hat Krieg gegeben und dabei ist es wie in orientalischen Kriegen zugegangen. „À la guèrre comme à la guèrre" heißt es auch heute. Wenn der Krieg die Gestalt des Kampfes um Sein oder Nichtsein zwischen den Völkern annimmt, zur Ausrottung des Nachbarn und Aneignung seines Lebensraumes führt, dann kann auf die einzelnen nicht Rücksicht genommen werden. Vor allem die schutzlose Frau hat zu allen Zeiten in solchen Fällen das Opfer der entfesselten Leidenschaften abgegeben. Weh ihr, wenn sie dazu noch ein werdendes Leben unter dem Herzen trägt! Auch unsere Zeit war wieder eine Zeit des Martyriums der Frau und der Mutter.

Gott nimmt aber wohl auf den einzelnen Rücksicht, *zieht* selbst der entfesselten Kriegsleidenschaft *Grenzen* und wacht über deren Einhaltung auch wider anstürmende Massen. Solch heilige Grenze geht um das *Schwache* und *Rechtlose*, insbesondere aber um das

werdende Leben und das *Heiligtum der Mutterschaft,* um den geheiligten Bezirk seines besonderen Wirkens als Schöpfer. Wohl
können Menschen diese Grenze überrennen – plump und roh in
dieses Heiligtum einbrechen – aber er sieht es, sein Wort rügt es
und *sein Arm zieht* an seinem Tage darob *zur Verantwortung.* Welch ein Gedanke – wenn Gott alle Schändung der Mutterschaft von Anbeginn der Welt an bis in die Zeit des letzten Krieges
richtet!

Besonders temperamentvoll gestaltet sich die Ankündigung, besonders schreckenerregend das Eingreifen Gottes gegen solchen Frevel. Es richtet sich allen voran gegen die für den Krieg Verantwortlichen, König und Generäle. Gottes Feuer, sein Schlachtsturm, Hurrageschrei am Tage der Schlacht, Sturm am Tage der Windsbraut
stehen nun wider die, die sie selbst entfesselten, auf und tragen sie
als Beute gefangen fort.

Hinter dem chaotischen Schlachtenlärm der Geschichte tritt der
große Schlachttag Gottes an mit seinem unwiderstehlichen Ungestüm, verkündigt der Prophet, und Gottes Name steht als Siegel
unter seiner Ankündigung.

b) Die Schändung der Heiligkeit des Todes (2, 1–3)

Eintönig, in derselben Weise wie die vorigen redet Gott auch das
Volk der Moabiter an. Die Moabiter waren von den nordisraelitischen
Königen Omri und Ahab bedrückt worden, hatten sich aber nach dem
Sturze des Hauses Omri wieder unabhängig gemacht (2. Kön. 3, 4
und Mēša-Stein). Zur Zeit der Aramäerkriege haben sie wohl, wie
die anderen Nachbarn, Israels Not ausgenutzt. Aber Gott nennt als
ihren Frevel nicht einen, den sie am Volke Gottes verübten, sondern
eine Versündigung an Edom, dem feindlichen Bruder Israels. Gott
ist nicht ein Gott, der nur seine Gemeinde im Auge hat, sondern Herr
und *Richter der Welt,* der über allen Völkern wacht und allen gegenüber für sein Recht eintritt.

In der Totenschändung, an der Leiche eines Königs von Edom
begangen, tritt beispielhaft Moabs unendliche Masse von Verschuldung ans Licht. „Weil es verbrannt die Gebeine des Königs von
Edom zu Kalk." Neben die Schändung der Mutterschaft und des
werdenden Lebens tritt die *Schändung der Ruhe der Toten* am ober-
sten Vertreter eines Volkes, neben die Pietätlosigkeit gegen das Geheimnis der Geburt – die *Pietätlosigkeit gegen die Majestät des Todes.*

Es berühren sich Ehrfurchtslosigkeit gegen Ursprung und Ziel des Lebens (seine beiden Grenzen, Geburt und Tod), deren Unberührbarkeit und Heiligkeit (Tabucharakter) der Kirche Alten Bundes in besonderer Weise offenbart war.

Hat die Welt heute mit ihrem Massenmorden, Massengräbern und Friedhofsschändungen überhaupt noch eine Ahnung von dieser Majestät des Todes? Und wenn ja – hat sie noch Zeit oder Möglichkeit, sie zu ehren? Ist nicht die Schändung dieser beiden Geheimnisse durch die heidnischen Ammoniter und Moabiter Abbild einer Ursünde der Menschheit auch von heute, gleichviel ob sie in Krieg oder Massenlagern die Gestorbenen keiner Grabesruhe mehr würdigt oder im friedlichen, bürgerlichen Leben an den offenen Gräbern ihrer Angehörigen sich keine Zeit zur Besinnung im Tempo des Tages läßt – den geschlossenen Gräbern keine dreißig Jahre der Ruhe gönnt.

Aber es ist einer, der selbst in den entbrannten Leidenschaften eines Krieges über dieser Majestät Wache hält, ihre Verletzung bei sich registriert und an seinem Tage unerbittlich heimsucht. Was muß wohl aus unserer Welt werden, wenn alle Majestätsverletzung am Tode und an den Toten ins Gericht gezogen und vergolten wird! Ebenso leidenschaftlich und ungestüm wie bei Ammon ist Feuer, Tumult, Hurrageschrei, Hörnerblasen, Vernichtung, Morden – das Gericht, von dem Moab verschlungen wird – gezeichnet.

4. Die Abrechnung Gottes mit der Unbarmherzigkeit, Ungerechtigkeit und Pietätlosigkeit der Kirche, mit ihrer Undankbarkeit und Glaubenslosigkeit (2, 4–16)

Zwei Gerichtsbotschaften an Juda und Israel.

An drei Arten von Freveln hat der Herr in den sechs ersten Sprüchen das Wesen der Welt gezeichnet: als *Erbarmungslosigkeit* der Macht und Gewinnsucht, als *Ungerechtigkeit oder Treulosigkeit* gegen die Bindungen des Eides und Blutes und als *Pietätlosigkeit* gegen das Heiligtum des Lebens und des Todes. Zielscheibe dieser Erbarmungslosigkeit, Ungerechtigkeit oder Treulosigkeit und Pietätlosigkeit war vor allem die *Gemeinde Gottes* auf Erden. In seinem Sohn Israel, Alten Bundes damals, wie Neuen Bundes heute, begegnet Gott der Welt, die seine Offenbarung nicht hat, anders als in jedem Menschenantlitz. *Am Verhalten* der Welt *zu seiner Kirche* erprobt Gott die *innere Haltung* der Welt *ihrem* Herrn und *Schöpfer gegenüber*, dessen Heiligkeit, die versöhnt werden muß, ihr seit dem Sintflutgericht und dem Noahbunde kund ist.

Sechsmal hintereinander hat Gott seine *königliche Autorität*, die unendliche *Masse von Schuld* der Welt und die *Unabwendbarkeit* seines *Urteilsspruches* über sie verkündigt. Sechsmal hat er mit einem einzigen Strich *den Umriß dieser Schuld* nachgezogen, sechsmal eintönig „Feuer, Feuer, Feuer" gerufen und damit den Hörern den *Ausbruch eines Riesenbrandes* vor das geistige Auge gezeichnet. Er hat ihnen einen Feuerschaden gezeigt, der die ganze Welt ergreift von Volk zu Volk, sechs Länder: Aram, Philistäa, Tyrus, Edom, Ammon, Moab, 12 Ortsnamen: Damaskus, Bêth-Aedän, Biqʿat-Avän, Gaza, Asdod, Askalon, Ekron, Tyrus, Teman, Bozra, Rabba, Qᵉrijjot.

Gibt es keine Insel, die im Weltenbrand verschont wird? Bleibt nicht wenigstens Gottes Volk im Weltgericht bestehen? Ist das Vier- und damit Vollmaß der Sünde der Welt vielleicht noch nicht voll und damit der Welt noch eine Hoffnung gegeben? Erbarmungslosigkeit gegen das Geschöpf, Treulosigkeit gegen Bindungen des Eides und Blutes, Ehrfurchtslosigkeit gegen Geburt und Tod übt die Welt, der Gott noch nicht offenbar ist, am Menschen. Und wenn sie solches auch an der Kirche, seinem Sohn, übt, in dem Gott ihr begegnet, so übt sie es zwar auch an ihrem Schöpfer. Aber es mildert ihre Schuld, daß in diesem Sohn ihr doch nur die verzerrten Züge des Vaters begegnen. Und wenn ihr auch eine Erinnerung an sein Gesetz ins Herz hineingeschaffen ist, so wurde ihr doch sein Wille noch nie in Klarheit offenbart. Das Maß der Schuld, die Vierzahl der Frevel wäre erst voll und die Zeit des Gerichts gekommen, wenn das Volk, dem Gott *sich* in seiner *Barmherzigkeit*, *Gerechtigkeit* und *Frömmigkeit* offenbarte und dem er seinen barmherzigen, gerechten und frommen Willen verkündigte –, *sich an ihm versündigen* würde, wenn von diesem Volk *sein offenbartes Gesetz* gebrochen würde.

Solange Gott auf dieser Erde in Gestalt seiner Gemeinde noch ein Volk hat, das sein Sohn ist, seine Offenbarung besitzt und seinen Bund hält, hat die Welt noch eine Chance, ist das Ende noch nicht da oder – wenn es kommt – so bringt es diesem heiligen Rest der Menschheit die Erfüllung seiner Hoffnungen, die Vollendung seiner Geschichte, die ersehnte *Durchsetzung der Gerechtigkeit Gottes* gegen

Erbarmungslosigkeit, Ungerechtigkeit und Pietätlosigkeit dieser grauenhaften Welt. Das wäre Erfüllung, wie sie die Gemeinde Alten Bundes (Mal. 2, 17; 3, 14 ff) ebenso erwartet wie die Gemeinde Neuen Bundes (Matth. 5, 6). Das Gericht bringt die Königsherrschaft Gottes. Wenn der Prophet „Feuer, Feuer"! ruft, so darf darum das Volk, das im Verhältnis der Sohnschaft zu Gott steht, sein Haupt erheben; so wird die Gemeinde des Amos gedacht haben.

Da kommt das Erschütternde. Mit derselben königlichen Autorität, mit derselben Konstatierung unendlicher oder zum Vollmaß gereifter Schuld und der Unabänderlichkeit des Gerichts *redet Gott* jetzt *seine Gemeinde an.* Ja, er redet sie so an, daß alle Hoffnung zerstört wird, es könnte sich bei seinem Urteil nur um einzelne, abgefallene Teile derselben handeln und es könnte die Gemeinde als solche noch unversehrt bleiben. Gott wendet sich gegen *das Herz seiner Gemeinde,* die *Stadt, die er sich zum Sitz seiner Königsherrschaft* auf Erden erwählte, und *den Stamm,* den er sich aussuchte, um *aus ihm seinen König zu senden:* Jerusalem und Juda, die Stätte seiner Wahl, von der aus er zum Antritt seiner Herrschaft gegenwärtig wird und durch den Propheten sein Adventswort hören läßt.

a) Die Versündigung an der Offenbarung Gottes, der Thora (2, 4–5)

In Juda findet der Herr die *vierte Gestalt der Sünde,* die das Maß der Schuld der Menschheit voll macht, die *alle drei anderen Arten von Frevel* – Erbarmungslosigkeit gegen das Geschöpf Gottes und gegen seine Söhne, Ungerechtigkeit und Treulosigkeit gegen die Bruderschaft des Eides und Blutes, Pietätlosigkeit gegen Leben und Tod – *in sich schließt* und weit *hinter sich läßt.*

Das ist *Mißachtung* der Herrlichkeit und Heiligkeit des *offenbar gewordenen Gottes, seines in der Thora enthüllten Willens.* „Weil sie verschmäht haben die Thora Jahwes." Das ist Erwählung der Lüge nachdem man die Wahrheit geschaut hat. „Und ihre Lügen haben sie in die Irre geführt, denen ihre Väter nachgewandelt sind." Das ist Versündigung an dem Gott, der sich zu erkennen gab und sich seiner Gemeinde zueignete (vgl. Jes. 5, 24 und Hos. 12, 1; 7, 13 c).

So erklingt der Ruf „Feuer!" auch vor der Tür der Kirche Gottes. *Das Weltgericht* macht nicht halt vor seiner erwählten Stadt, vor dem Herzen seiner Gemeinde. Ja, *es kommt* mit dem siebenten „Feuer" – wie der Zorn Gottes mit der siebenten Schale (Offb. 15, 1; 16, 1 ff) – *an der Kirche Gottes zur Vollendung.*

b) Die Versündigung an Gott und am Nächsten (2, 6–16)

Skrupellose Verfolgung des Gewinnes, brutale Ausübung der Macht, Ungerechtigkeit im Bruch der Bluts- und Bundesbruderschaft, Ehrfurchtslosigkeit gegen die Heiligkeit der Ehe, Pietätlosigkeit gegen die Heiligkeit des
Gottesdienstes innerhalb der Gemeinde, ihr Undank für Landgabe, Erlösung
und Offenbarung

(6–8) Nachdem er über die Völker hinweg auf das Herz der Kirche,
auf das *Jerusalem jenseits der Grenzen* Nordisraels hingewiesen,
redet der Prophet jetzt mit derselben richterlichen Autorität, Konstatierung der Schuld und Ankündigung des Gerichtes auch die ihm
gegenwärtig zuhörende Gemeinde Nordisraels an. Und seine Anrede
wird jetzt besonders ausführlich und ernst. Und sie muß diese Anrede
hören. Es kann nicht politisch gefärbtes Urteil eines Draußenstehenden, des Mannes aus der Konkurrenzkirche und dem Nachbarreich
sein, hat sein Wort doch sein eigenes Volk und seine eigene Kirche,
Juda und Jerusalem, vorher gerichtet. In feiner *seelsorgerlicher Ab-
wägung*, die auch unter den furchtbarsten Anklagen die seelsorgerliche Verantwortung, das ist die Liebe, nicht vergißt, hat Amos vor
der ihm zuhörenden Gemeinde Israels Jerusalem genannt. An ihm
hat er ihr die vierte Gestalt der Versündigung aufgezeigt, die das Maß
der Menschheitsschuld voll macht, die *Verachtung der Offenbarung*
Gottes. Jetzt zeigt er Israel *an ihm selbst*, daß *diese vierte Gestalt der
Sünde alle vorangehenden in sich schließt*. Es sind wirklich – wie in den
immer wiederholten Einleitungsformeln seiner Anklage gegen die
Völker angekündigt war – dieselben drei bis vier Gestalten der Versündigung am Geschöpf und am Schöpfer, an Gott und seinen Kindern,
die die Kirche jetzt im Spiegel, den ihr der Prophet vorhält, an sich
selbst erkennen muß.

1. (6) An erster Stelle steht dieselbe brutale *Gewinnsucht*, die den
Menschen aus Haus und Hof vertreibt, ihn von seiner Sippe los-
reißt, ihn seiner Menschenwürde beraubt und zur Ware macht, die
am Verhalten der Handelsvölker der Gemeinde gegenüber gegeißelt
wurde. Jetzt zeigt Amos diese *brutale Gewinnsucht in den Herzen*
der Glieder *der Gemeinde* auf; sie tobt sich hier nicht an Fremden aus,
sondern am eigenen Fleisch und Blut, *an den Bundesbrüdern des
Gottesbundes*. Um des Geldes willen verkaufen sie den verschuldeten
„Gerechten" oder „Frommen", der sich in dieser Zeit des Gewinnertums (nach Elend und plötzlichem wirtschaftlichem Aufstieg) nicht

hat durchsetzen können oder wollen wie die andern – den Tagelöhner, Pächter oder verarmten Bauern. Es ist der Gläubige, der nicht in äußerer Unabhängigkeit, Vorankommen und Selbstdurchsetzung seine Sicherung gesucht hat, sondern in Gott, in seinem Bunde seine Heimat fand, in seiner Bundesregel Antrieb, Ausrichtung und Ziel seines Handelns behalten hat. Ja, wenn es sich bei der unbezahlten Schuld um eine Lumperei handelt im Wert von ein Paar Sandalen[1], bringen sie den Armen um Haus, Heim und Freiheit. „Weil sie verkauft um Geld den Gerechten und den Armen um ein Paar Sandalen willen" (2, 6). Beherrscht dieselbe skrupellose Gewinnsucht in Gestalt des kalten Konkurrenzkampfes im Großen und Kleinen nicht auch die kapitalistische Welt von heute, die vorgibt die Belange der christlichen Kultur des Abendlandes den heidnischen Völkern und den Gottlosen gegenüber zu vertreten, wie Israel Gottes Volk gegenüber der unreinen heidnischen Welt sein wollte?

2. (7ab) Neben der Gewinnsucht, die sich noch hinter dem Gesetz versteckt und sich mit Hilfe des Gerichtes durchsetzt, zeigt Amos das *brutale Gesicht der Macht*, die mit Gewalt ihr Ziel verfolgt und sich an den Schwachen schadlos hält, wie es uns aus den heidnischen Horden ansah, die den Rücken der Gefangenen oder das Land mit den Schienen ihres Dreschschlittens zerrissen. Nun sieht uns dieselbe *Brutalität* an im *zivilisierten Kleide* wohlgenährter Bauern, Patrizier, Kaufleute und Bankiers, vielleicht auch Beamten, *innerhalb der Gemeinde.* Sie machen nicht nur den Menschen zur Ware, gebrauchen nicht Eisen und Mordmaschinen, sondern „trampeln" mit den eigenen Füßen den Demütigen in den Staub und räumen den Armen aus dem Wege (2, 7a). So die wahrscheinliche Lesart. Oder – falls man der zerstörten heutigen Textgestalt folgen soll – verwandeln sie sich in den Urgegner des Menschen, in Schlangen. Sie lauern wie giftige Ottern den Armen auf (1. Mose 3, 15). Während der Weibessame, d. h. der Mensch, berufen war, der Schlangenbrut den Kopf zu zertreten, zertreten sie den Kopf des Weibessamens, das Ebenbild Gottes, falls zu lesen ist: „sie zertreten das Haupt der Geringen". Oder sie verwandeln sich selbst in den Schlangensamen, der den Menschen in die Ferse sticht. Dann hieße es: „Sie trachten" oder „schnappen überm Staube dem Geringen nach dem Leben", eigentlich „nach dem Haupt".

---

[1] Wohl ein sprichwörtlicher Ausdruck für eine sehr geringe Summe.

Es ist nicht gesagt, ob diese Vergewaltigung mit den Mitteln der physischen Gewalt oder des Geldes oder des moralischen Ansehens oder des Mißbrauchs der Justiz, der Verdrehung des Rechtes, geschieht. Wohl aber ist das Resultat genannt: die *Erniedrigung* des Armen, die *Zerstörung seiner Existenz.* Die Belange der Armen oder gar sie selbst werden aus dem Wege geräumt, wenn sie den Belangen der Mächtigen hinderlich sind, oder zertreten, wenn den eigenen Belangen damit gedient ist.

3. (7cd) Dieselbe *Pietätlosigkeit,* die sich mit rohen Händen am Mutterschoß des Lebens und an der Majestät des Todes vergriff auf dem Kriegsschauplatz und in der dämonisierten Luft des Heidentums, erscheint innerhalb des Volkes Gottes im zivilisierten Gewande *des Lüstlings* und in der noch perverseren Gestalt der *Blutschande,* die die Mutter und das Geheimnis des Lebens entwürdigt, Vater und Sohn in der Unzucht mit derselben Dirne auf einen Weg stellt. Und das alles wird ausgeführt *durch die Hand des Sohnes Gottes,* d. h. *Israels,* und *am Leibe der Braut Gottes,* d. h. seiner *Gemeinde,* „zur *Entweihung seines heiligen Namens",* der ja durch die Gemeinde in dieser unheiligen Welt herrlich und heilig gemacht werden soll. Hier ist außer Acht gelassen, daß in Israel solche Unzucht nach dem Vorbilde des heidnischen Orients an den gottesdienstlichen Stätten geübt wurde. Der Prophet stellt nur das Resultat ans Licht und das ist mehr als Schändung des werdenden Lebens und der Majestät des Todes, es ist *Schändung* und *Beleidigung der Majestät Gottes* selber; und zwar nicht der – wie im Heidentum – nur dunkel geahnten, sondern *der* unter der Gemeinde in seinem Wort herrlich *offenbarten Majestät Gottes,* das ist seines Namens. „Sohn und Vater wandern zusammen zur Dirne, um zu entweihen meinen heiligen Namen" (2, 7 b). Die Sünde der Prostitution als solche wird in ihrer Unmöglichkeit im Raume der Gemeinde Gottes aufgezeigt.

4. (8) Endlich zeigt der Prophet in der Gemeinde dieselbe Unbarmherzigkeit gegen die Schwachen und Armen, gepaart mit *Ehrfurchtslosigkeit gegen das Heilige.*

Wenn das vierfache Barmherzigkeitsgebot des Bundesbuches (2. Mose 22, 20–26) verbot, den Armen zu vergewaltigen oder im Fall seiner Pfändung ihm seinen Mantel über Nacht zu nehmen, so pfänden die Reichen nicht nur bedenkenlos ihre armen Brüder bis auf ihre Kleidungsstücke, sondern geben ihnen dieselben auch nicht zurück. Ja, sie bringen sogar die gepfändeten Gewänder ins Heiligtum für gottesdienstliche Zwecke oder halten auf ihnen ausgestreckt kultische Mahlzeiten, je nachdem ob zu lesen ist: „Gewänder, die gepfändet, breiten sie aus", oder: „auf Gewändern, die gepfändet, lagern sie sich".

Sie vertrinken und verjubeln die den Armen aufgelegten Straf- oder Bußzahlungen in Gestalt von Wein und scheuen sich nicht, dieses im „Hause ihres Gottes", d. h. wieder bei Sakramentsmahlzeiten, zu tun. Darin liegt zunächst *Heuchelei*. Dazu kommt aber noch das andere, daß sie Gottes Haus und Gottes Dienst *zum eigenen Haus machen*, in dem sie selber Herr sind und sich selber dienen. „Den Wein Gebüßter schlürfen sie im Hause ihres Gottes."

(9–12) Mit vier Strichen hat Gott der Gemeinde hinter ihrem eigenen Verhalten zum Bruder dasselbe brutale Gesicht der Erbarmungslosigkeit, Ungerechtigkeit, Skrupellosigkeit und Ehrfurchtslosigkeit gezeigt, das sie an der Welt gewahrten. Dabei ist der Getroffene der schwache Bruder, in dem Gott selbst der Gemeinde begegnet, wie er der Welt in seiner vergewaltigten Gemeinde greifbar wurde. Jetzt offenbart er ihr, daß wirklich *in ihrer Mitte die Sünde der Menschheit* erst *ihre vierte* und *letzte Gestalt erreicht* und ihr Maß sich erfüllt. Dazu stellt er ihr mit zweimaligem „ich aber" vor Augen, *wie er sich zu ihr verhalten*, wie er sie mit seiner Barmherzigkeit, Treue und Offenbarung überschüttet hat, und *wie mit dem Erleben* dieser *seiner Barmherzigkeit*, mit der Erfahrung *seiner Treue* und mit der Kundgabe *seines Willens* und Wesens an sie *ihre Verantwortung das Vollmaß erreicht* hat. Erst auf dem Hintergrunde der Gnade wird die Sünde ganz sündig. Erst *auf dem Hintergrunde der Erwählung* und Berufung *wird die Verwerfung Gottes* durch den Menschen *vollgültig*.

1. (9) Dem *brutalen* Einsatz i h r e r Macht und *Gewalt* gegen den schwachen Bruder stellt Gott den barmherzigen Einsatz s e i n e r Macht und *Gewalt* gegen Trotz und Gewalt des Feindes, der ihnen den Weg zu ihrem Erbe versperrte, gegenüber, dessen Höhe den Zedern und dessen Kraft den Eichen glich. Zedern und Eichen sind hier Symbol der Vermessenheit, die sich in ihrem Kraftbewußtsein selbständig macht und gegen Gott erhebt. „Und ich war's doch, der vertilgte den Amoriter vor ihnen weg, dessen Höhe gleich war wie die Höhe der Zeder und der stark war wie die Eichen." Gott hat solch ver-

messene Gewalt von Grund auf weggeräumt und der Gemeinde den
Weg frei gemacht. Diese Größe seiner Gnade in seinen Krafttaten an
ihr preist Gott ihr hier und nicht die unwiderstehliche Gewalt seines
Gerichtes. ,,Und ich vertilgte seine Frucht droben und seine Wurzeln
drunten.'' Allerdings ist der Erweis seiner Barmherzigkeit an seiner
Gemeinde im zerschmetternden Gericht an ihren vermessenen Feinden gleichzeitig auch eine ernste Warnung an alle sich regende Vermessenheit der Gemeinde selber und ihrer Mächtigen.

2. (10) Ihrer Treulosigkeit und *Ausbeutung des verschuldeten*
Bruders, dem sie die Freiheit raubten und den sie in die Knechtschaft
hinaustrieben, steht gegenüber seine *Treue*, mit der er sie *aus der
Knechtschaft* Ägyptens *erlöste* und herausführte, vierzig Jahre in der
Wüste leitete und versorgte und endlich ins verheißene Erbe brachte.
,,Und ich war's doch, der euch heraufführte aus Ägypten . . .'' Der
Treue Gottes und seinem Bunde mit seiner Gemeinde steht gegen-
über ihre *Treulosigkeit* und ihr Bundesbruch gegenüber dem Bruder,
seiner *Befreiung*, die sie erfuhr, die *Versklavung*, die sie übt, seiner
Versorgung, ihre Ausbeutung des Schwachen.

3. (11–12) Ihrem Undank und ihrer *Verschlossenheit* gegen seinen
Willen und sein Wort stellt Gott als Letztes und Größtes seine
Offenbarung gegenüber, durch die er seiner Gemeinde seinen Willen
nicht nur einmal aufgedeckt hat in der Thora, sondern auch ihr
seinen Zuspruch und seine Seelsorge ständig frisch erhalten und neu
gegeben hat durch Propheten und Nasiräer, die er ihr aus ihren Söhnen erweckte.

In diesen beiden Bundesorganen hat Gott seiner Gemeinde ständig
ein Ohr für ihn offen und ihr seine Stimme in ihrer Mitte gegenwärtig erhalten: Durch Männer, die durch seinen Anruf zum Hören
erweckt waren, – Propheten –, und durch Männer, die sich mit
ihrem ganzen Leben seinem Dienst geweiht hatten, ja, zur sichtbaren
Verkörperung seines Anspruchs in ihrer Mitte gemacht waren –,
Nasiräer. Die Nasiräer eigneten sich durch ein Gelübde Gott zu und
machten das laut seiner Einsetzung auch äußerlich kenntlich, zum
Beispiel durch Tracht des Bartes und der Haare, an die kein Scher-
messer heran durfte, oder in ihrer Lebensweise durch Enthaltung
von berauschenden Getränken (vgl. Ri. 13, 5. 7; 1. Sam. 1, 11;
4. Mose 6, 1–21). ,,Und ich erweckte aus euren Söhnen Propheten
und aus euren Jünglingen Nasiräer.''

In der Berufung der Propheten und Nasiräer ist Gott in eine so enge Verbindung mit seiner sündigen Gemeinde eingegangen, daß er mit seinem *Wort* in ihr sündiges *Fleisch* kam, es zum *Ohr für ihn* und zu *seiner Stimme* wählte und dadurch *im Wort unter ihr gegenwärtig* wurde. In noch anderer Weise hat er zu Pfingsten mit seinem Geist nicht mehr einzelne ihrer Söhne, sondern die ganze Gemeinde mit Beschlag belegt (Joel 3, 1–2), zum Ohr für ihn und zu seiner Stimme erwählt und zum aufgerichteten Wahrzeichen gemacht für seinen Willen, sich mit der ganzen Menschheit zu verbinden.

So unerhört ist dies Geschenk, das ihr dadurch gemacht, die Nähe, in die er sich damit zu ihr begeben hat, daß er an dieser Stelle seine Ausführung mit einem Zwischenruf unterbricht. „Verhält es sich etwa nicht so, Söhne Israels? lautet der Spruch Jahwes."

Aus solcher Nähe zu ihm, solcher Kenntnis seines Willens und solchem Beschenktsein mit seinem Umgang und Vertrautsein mit seinen Gedanken ist die Versündigung der Kirche geschehen. Sie hat das Geschenk des Zuspruchs seiner Stimme aus ihrem eigenen Fleisch und Blut damit beantwortet, daß sie *ihr Ohr verschloß* und *seine Stimme zum Schweigen verdammte.* Den Propheten verbot sie, zu weissagen, und seinen Geweihten gebot sie, ihr Gelübde zu brechen, wie ihre Enkel den ans Kreuz schlugen, der in ihrem Fleisch und Blut verkörpert das Wort Gottes selber war. „Aber ihr tränktet die Nasiräer mit Wein und den Propheten gebotet ihr und spracht: ‚Ihr dürft nicht als Propheten reden'!" (Amos 2, 12; 3, 8; 7, 12. 16; Jer. 11, 21; 11, 18–19; 18, 18; 20, 10).

Der Abfall der Welt vollendet sich in der Sünde der Kirche. Die Sünde der Kirche vollendet sich in der Verachtung der Thora durch Juda und in der Auflehnung gegen die Prophetie durch Israel, in der Verachtung des geschriebenen Wortes ebenso wie im Ungehorsam gegen Gottes gegenwärtigen Anruf durch die Diener seines Wortes. Im Schweigegebot gegen die Propheten begann, in der Ausweisung des Amos vollendete sich die Ablehnung der Stimme Gottes durch seine Kirche.

(13–16) Siebenmal hat der Prophet: „Ich sende Feuer" erst in die Welt, dann in die Gemeinde hineingerufen. Jetzt, nachdem er den ganzen *Umfang* der Erbarmungslosigkeit, Ungerechtigkeit und Ehrfurchtslosigkeit aufgedeckt und die *Wurzel* derselben im *Undank gegen Gottes Gnadenwahl* und im *Ungehorsam gegen seine Stimme* enthüllt hat, ruft er nicht mehr „Feuer", sondern lenkt mit einem gewaltigen: „Schau, ich bin dabei!" die gespannte Aufmerksamkeit seiner Gemeinde auf *seine Person*, die dabei ist, sich zum Gericht zu *verbergen*. Sie hüllt sich in ein *Geheimnis von solcher Furchtbarkeit*, daß es sich nur dunkel andeuten läßt. Gott gebraucht dazu ein ganz ungewöhnliches Wort: „mēᶜîq" (von ᶜûq = „stocken", Hiph. „stocken machen", „hemmen" oder „knistern" und „knistern lassen"). Heißt es: „Ich will es unter euch stocken machen, wie der Dreschwagen stockt vor dem Garbenhaufen" oder „wie der Garbenhaufen liegen- bleibt vor dem herankrachenden Dreschwagen"; oder bedeutet es: „Ich will es unter euch wanken machen, wie der Erntewagen wankt unter der Garbenfülle, die zum Gericht, d. h. zur Ernte eingebracht wird", dann wäre mēphîq für mēᶜîq zu lesen – aber Erntewagen gab es zur Zeit des Amos noch nicht; oder sagt Gott: „Ich will es unter euch knistern machen, wie es knistert, wenn der Dreschwagen die vollen Garben erfaßt und unter sich zermalmt"? Dann wäre das Wort von einem andern Stamm ᶜûq = „knistern", „knirschen", „ächzen" ab- zuleiten. Wie auch zu lesen und zu deuten sei: im Ausdruck und in seiner Seltenheit liegt *Unheimlichkeit*.

Ist es Wanken, Stocken oder Knistern, so ist es Unterbrechung des Laufes, in-Bewegung-geraten der Festigkeit, Geräusch in der Stille wie vor einem herannahenden Erdbeben. Es ist das *Überraschende, in Schrecken setzende, unsagbare Geheimnis* des Einbruchs *einer Vernich- tung, hinter der Gott selbst steht* und sich doch *verbirgt*. „Siehe, so bin ich selbst jetzt dabei, es knistern zu machen unter euch, gleichwie es knistert, wenn der Dreschwagen den Garbenhaufen faßt".

Nur in der Wirkung läßt sich das *Unsagbare* ausdrücken, läßt sich umschreiben, wie es sein wird, wenn Gott seiner Gemeinde als Richter in den Weg tritt. Um diese Wirkung zu zeichnen, läßt er die ganze Schlagkraft eines Volkes – die Schnellen, die Starken, die Helden, die Schützen und noch einmal die Starken, die Rossereiter und die Stark- herzigen – in sieben Ausdrücken als siebengliedrige Armee aufmar- schieren. An der Panik dieses höchsten Aufgebots männlicher Kraft und menschlichen Mutes malt Gott die *Furchtbarkeit*, an der Vergeb- lichkeit des Fluchtversuches der Schnellen die *Unentrinnbarkeit* des Gerichtes und dahinter die des *Richters*.

An ihren vergeblichen Anstrengungen, ihr „Leben" oder ihre „Seele" (im Hebräischen ist es dasselbe Wort) zu retten, läßt Gott uns die Kostbarkeit und *Unersetzlichkeit dessen* erleben, *was der Gerichtstag* jäh *in Frage stellt* und was es vor diesem zu retten oder zu verlieren gilt. Wir ahnen die verzweiflungsvolle Größe des Verlustes, mit dem das Gericht droht, aus dem wiederholten „er rettet nicht seine Seele" (bzw. „sein Leben"), „er rettet nicht seine Seele", (bzw. „sein Leben"). Das ist die Kostbarkeit des Lebens oder der Seele, die „meine Einzige", „meine Elende" oder „meine Geliebte" heißt (Ps. 22, 21; 35, 17 u. a.), von der ein Psalmist klagt: „Kann doch niemand einen Bruder erlösen noch Gott ein Lösegeld zahlen für seine Seele" (oder „sein Leben") (Ps. 49, 9). Und Jesus selber bezeugt: „Was hülfe es dem Menschen, wenn er die Welt gewönne und verlöre sein Leben" (seine Seele)? Oder „was kann der Mensch geben, daß er sein Leben löse"(Matth.16,26). Auf dem Hintergrunde des im Knistern angedeuteten Geheimnisses des Gerichtes zeichnet der Prophet das Geheimnis der *unentrinnbaren Auslieferung* und *unersetzlichen Kostbarkeit* der *Existenz vor Gott* in der siebenfachen vergeblichen Flucht des Heeres Israels.

„An jenem Tage" setzt der Prophet unter seine ganze Rede und zeichnet damit, ohne Gott zu nennen, der sich im Knistern, im Geheimnis, im Schrecken, im Verlassensein und im Verlorengehen verbirgt, doch den Einbruch jenes Grauens als s e i n e n Tag, als das Ziel der Geschichte und die Aufrichtung seiner Königsherrschaft. *Das ist ja das Gericht, daß Gott sich* seinem Volk *verbirgt* und es an seiner Königsherrschaft nicht teilhat.

Zweites Kapitel

Der Zusammenhang zwischen Erwählung und Gerichtspredigt.
Kp. 3, 1–8

Gottes Erlösungstat als tiefster Grund für die Gerichtspredigt.

(1) [a]Höret dieses Wort hier,
welches Jahwe geredet hat
über euch, ihr Söhne Israels,
über das ganze Geschlecht, das ich heraufgeführt habe
aus dem Lande Ägypten, also lautend:[a]
(2) [b]„Nur euch habe ich erkannt
aus allen Geschlechtern des Erdbodens,[b]
darum suche ich heim an euch
alle eure Sünden.

(3) Wandern auch zwei miteinander,
ohne daß sie sich verabredet[c] haben?
(4) Brüllt auch der Löwe im Wald,
ohne daß Beute auf ihn wartet?
Läßt auch der Leu()[d] seine Stimme erschallen,
ohne daß er Beute gefangen hat?
(5) Stürzt auch ein Vogel nieder auf die ()[e] Erde,
ohne daß ein Wurfholz ihn traf?
Springt auch das Klappnetz vom Erdboden auf,
ohne daß es ganz gewiß einen Fang tut?

(6) Wird auch das Lärmhorn in der Stadt geblasen,
ohne daß das Volk erzittert?
Geschieht auch ein Unglück in der Stadt,
ohne daß Jahwe gehandelt hat?
(7) Denn nicht tut irgend etwas[f]
der Allherr Jahwe,
ohne daß er enthüllte seinen Rat
seinen Knechten, den Propheten.
(8) Der Löwe hat gebrüllt,
wer sollte sich nicht fürchten?
Der Allherr Jahwe hat geredet,
wer sollte nicht als Prophet auftreten?"

Die Predigt vom Anbruch des Weltenmorgens zum Gericht – und nicht in erster Linie zum Gericht über die gewalttätigen, gewinnsüchtigen und gottlosen Völker, sondern zum Gericht über die Gemeinde Gottes – hat gewiß bei den einen Ratlosigkeit, bei den andern Empörung hervorgerufen. Die einen mögen gefragt haben: „Woher ist gerade das Volk Gottes die Zielscheibe des Gerichtes?" Die andern werden eingewandt haben: „Wir sind die Erwählten Gottes. Für uns kommt sein Tag nicht als Gericht, sondern als Erfüllung unserer Hoffnungen, als der „liebe jüngste Tag"!"

(1) In diese Ratlosigkeit der einen und Auflehnung der andern hinein nimmt der Prophet wiederum das Wort, um der Gemeinde den Zusammenhang zwischen Gericht und Gerichtspredigt einerseits und ihrer Erwählung andererseits aufzudecken. Feierlich leitet Amos sein Wort als Botschaft, ja Sonderbotschaft Gottes ein: „Höret dieses Wort, das Jahwe über euch geredet hat" (statt: „Hört das Wort Jahwes" oder: „So spricht Jahwe"). Noch feierlicher umreißt er die Adresse mit dem ganzen Kreis der Gemeinde aller Stämme, die sich so oft befehdet und einer gegen den andern den Anspruch erhoben haben, allein der legitime Erbe der Verheißung zu sein: hie Jerusalem! hie Samarien! (wie es heute vielfach die Konfessionen tun). Er redet sie nicht als „alle Stämme" oder „alle Geschlechter" an, sondern in der Einzahl als das ganze Geschlecht.

Vor Gott gehören sie zusammen, sind sie alle gleich und auf dieselbe Anklagebank gesetzt. Nicht relative Schlechtigkeit oder Frömmigkeit, nicht Eigenschaften, Verdienste oder Ansprüche der Geburt, sondern *eine Tat Gottes*, die sie alle in gleicher Weise an sich erfahren haben, auf der ihr ganzes Dasein beruht, *stellt sie* in *gleicher Weise* – zusammen mit ihren Vätern – *vor Gott*, unter die Anrede seines Wortes. Diese Tat ist die *Erlösung* aus dem Knechtshaus Ägyptens, *aus dem Herrschaftsbereich der Weltmacht*, ihrer *Götter* und *Dämonen zum Dienst Gottes*, zur Bürgerschaft in seinem Lande, zur Versetzung in den Raum, in dem sein Wille regiert, sein Wort tröstet und richtet. „Das ganze Geschlecht, das ich heraufgeführt habe aus dem Lande Ägypten".

Das, woran Amos die Gemeinde mit der Tat der Heraufführung aus Ägypten erinnert, ist die alttestamentliche Entsprechung zur schicksalswendenden Tat, auf der die Existenz der Gemeinde des Neuen Bundes beruht, die der Apostel rühmt: „Danksaget dem Vater . . . welcher uns errettet hat von der Obrigkeit der Finsternis und hat uns versetzt in das Reich seines lieben Sohnes" (Kol. 1, 12–13). Beide Wenden ändern nicht nur die äußere Schicksalslage, sondern auch *die innere Lage vor Gott*, die alte Wende in der *Hoffnung*, die neue in der *Erfüllung*. Wie wir alle, Sünder und Gerechte, ohne unser Verdienst

5*

und Zutun in den Lichtkreis seines Wortes gestellt sind durch eine
Tat, die für uns geschehen ist, die uns von dem Zwang der Sünde und
des Gesetzes zur Entscheidung für Gott und seinen Dienst freigemacht
hat, so war es mit der alten Gemeinde durch ihre Befreiung aus
Ägypten geschehen; sie war aus dem Herrschaftsbereich der Welt *in*
den Bereich der Gottesherrschaft und des Gotteslandes *versetzt*, in der
Hoffnung der kommenden Gottesherrschaft teilhaftig gemacht. Solche
Versetzung erfuhr die Alte Gemeinde *als Sohn, der* noch *unter dem*
Zuchtmeister des Gesetzes steht, die Neue als Sohn, der das Kindesrecht
angetreten hat.

(2) Diese Tat gleicht äußerlich einem der geschichtlichen Ereignisse,
wie andere Völker sie auch erlebt haben, wie Amos sie z. B. für die
Philister bei ihrer Heraufführung aus Kreta und für die Aramäer bei
ihrer Heraufführung aus Qir konstatiert (9, 7). – So gleicht auch der
Kreuzestod Jesu von außen gesehen dem Tode der Märtyrer und Reli-
gionsstifter. In diesem geschichtlichen Ereignis aber hat Gott an seiner
Gemeinde etwas Einzigartiges getan. Darum sagt er ihnen allen, die
von der Frucht der gleichen Tat zehren: Mit euch habe ich etwas getan, was ich mit keinem anderen Volk in den großen Stunden seiner
Geschichte tat. ,,Nur euch aus allen Geschlechtern der Erde habe ich
e r k a n n t''. Das Wort ,,erkennen'' bedeutet hier: Gott ist eine – auf
gegenseitigem Kennen beruhende – Gemeinschaft mit seinem Volk
eingegangen, die so eng wie ein Freundschafts- oder Eheverhältnis ist.
Er hat ihm Offenbarung geschenkt, d. h. sein Wesen aufgedeckt und
sich darin ihm zugeeignet (unter Besiegelung durch einen Bund); er
hat persönliche Beziehung mit ihm angeknüpft durch sein Wort,
durch das er aus seiner Verborgenheit herausgetreten, ihm zum Du
geworden ist, ihm seinen Willen bekanntgegeben hat. Und er hat ihm
die Möglichkeit geschenkt, ihn anzubeten und mit ihm zu reden. Es
besteht zwischen Gott und seiner Kirche das in der ganzen Welt einzig
dastehende Verhältnis, das auf dem Wort und damit auf ,,Erkennen''
beruht. Dies ,,Erkennen'' hat ja im Hebräischen nicht den intellektua-
listischen Klang wie im Deutschen, sondern schließt eine persönliche
Beziehung zur Person in sich, die man erkennt und der man sich zu
erkennen gibt, mit der man daher durch ,,Erkenntnis'' (,,da‘at'') verbunden ist.

Dieses Verhältnis zwischen Gott und seiner Kirche ist nun aber für
ihn nicht – wie die Gemeinde erwartet – Anlaß zur Nachsicht gegen
sie, sondern gerade Grund für die einzigartige Verantwortung, die sie

vor ihm trägt, und für die einzigartige Rechenschaft, die er von ihr fordert. „Darum vergebe ich" hatten sie erwartet – darum „suche ich heim an euch" fährt Gott statt dessen fort.

Wir sahen: In der Sünde derer, die Gottes Barmherzigkeit erfuhren, seinen Willen wissen und ihn selbst erkennen, kommt die Sünde der Welt zum Vollmaß. Jetzt sehen wir: In der Rechenschaft, die Gott von denen verlangt, die er zur Gemeinschaft mit sich auserwählt hat, nimmt das Weltgericht seinen Ausgang.

In der – allerdings nur für den Glauben faßbaren – Geschichte des Herzens und der ganzen Kirche mit Gott wurzelt ihre Versündigung und gründet ihre Heimsuchung. Die Gemeinde ist gewohnt, auf das Maß der Versündigung der Welt zu blicken, in ihrer brutalen Gewaltanwendung, ihrer rücksichtslosen Profitgier, ihrer Ehrfurchtslosigkeit vor Treue und Recht und allem Heiligen die *apokalyptischen Zeichen* der Zeit zu finden. Aber *Gott kommt* mit seinem Gericht und seiner Heimsuchung in erster Linie, *um nach der Sünde seiner Kirche und seiner Kinder zu sehen.*

Das außergewöhnliche Verhältnis, in dem die Gemeinde zu Gott steht, hat überraschende, ja unheimliche Konsequenzen. Das liegt in der Ankündigung: „Darum such ich heim an euch alle eure Sünden".

(3–5) Was das bedeutet, führt der Prophet in einer Kette von Bildern aus, die in gleicher Weise das Gesetz gedrungener Logik anschaulich machen, wie auch den Charakter der bedrängenden, mit Spannung geladenen Unheimlichkeit tragen. Diese Bilder sind alle zweiseitig angelegt, weisen in ihrer ersten Hälfte hinaus auf kommende Schrecknisse, in der zweiten zurück auf die Ursache derselben oder umgekehrt. Die Ursache ist, daß die Kirche es mit ihrem Herrn zu tun hat oder zu tun bekommt.

(3) Zunächst stellt Amos die Gemeinde vor das geheimnisgeladene Bild zweier Männer, die einträchtig miteinander einem Ziele zuwandern. Wir denken dabei an das zweimalige „und wanderten die Beiden miteinander", das den mit schwerster Spannung belasteten Gang Abrahams und Isaaks zum Opferaltar begleitet (1. Mose 22, 6. 8). Muß man nicht zwangsläufig aus diesem unheimlichen Bezogensein der Zwei aufeinander, von dem man noch nicht weiß, wo es hinausführt, auf eine Übereinkunft schließen, die stattgefunden hat, und gleichzeitig nach dem Zweck fragen, auf den sie zielt? „Gehen wohl zwei miteinander, ohne einander zu kennen" übersetzt man oft, der griechi-

schen Übersetzung folgend. Dabei ist aber das Zeitwort, das im hebräischen Text die gefolgerte Beziehung der zwei zueinander ausdrückt,
viel zu matt wiedergegeben. Derselbe Stamm liegt einer Reihe von
Worten zugrunde, die die Urbeziehung zwischen Gott und seinem
Volk ausdrücken. Die Priesterschrift beschreibt mit dem Wort, wie
Gott sich der Wüstengemeinde über dem Ladenthron stellte (2. Mose
25, 22); der prophetische Erzähler kennzeichnet damit das Zelt, zu
dem jeder, der Gott sucht, hinauswandert, und in dem Gott sich seinem Mittler stellt und sich ihm in engster Begegnung offenbart wie
einem Freunde (2. Mose 33, 11). Von demselben Stamm sind auch die
Worte für „Zeugnis" bzw. „Lade des Zeugnisses", „Gemeinde" und
„Festversammlung" abgeleitet. nōʿadtî = ich stelle mich jemandem,
ʾōhäl mōʿēd = Zelt der Zusammenkunft, ʿēdût = Zeugnis, ʾᵃrōn
hāʿēdût = Lade des Zeugnisses, miškan hāʿēdût = Hütte des Zeugnisses, ʿēdāh = Gemeinde, mōʿēd = Fest, Festversammlung, jᵉmê
mōʿēd = die Tage der Zusammenkunft Gottes mit seiner Gemeinde
in der Wüste, nō⁽ᵃ⁾dû = sie stellten sich einander, trafen einander,
oder: verabredeten sich. Das Wort bedeutet „sich jemandem stellen,
ihm begegnen, sich mit ihm verabreden, sich ihm offenbaren, mit ihm
zusammenkommen". Es wäre zu übersetzen: „Wandern auch zwei
miteinander, ohne einander getroffen, sich verabredet zu haben und
übereingekommen zu sein".

Wie Gott vorher aus der Erwählung sein bevorstehendes Erscheinen
zur Heimsuchung folgerte, so – sagt er jetzt – sollen sie aus der be-
stehenden Beziehung zwischen ihnen und Gott darauf schließen, daß
zwischen ihm und ihnen *etwas geschehen* ist. *Daraus, daß sie mit seinem Wort zu tun haben,* sein Wort sie jetzt wieder durch den Mund
des Propheten findet, aus der Ruhe stört und begleitet – *sollen sie
Rückschlüsse ziehen auf das* geheimnisvolle und unabsehbare Konsequenzen in sich schließende *Wunder der Erwählung* und Berufung,
das sie an Gott bindet und ihm ausliefert. Aus der Erwählung sollen
sie auf sein Kommen zu ihnen im Gericht schließen. Aus seinem Reden vom Gericht durch den Mund des Propheten aber sollen sie *sich*
umgekehrt *an ihre Erwählung erinnern lassen.* Daß Gottes Wort
sie nicht in Ruhe läßt, ihnen durch Amos so auf den Leib rückt,
ihnen zu schaffen macht, Angst und Not bereitet, ja, daß es durch
einen Fremdling und Laien zu ihnen spricht, soll sie zum Nach-
denken darüber bringen, daß sie *in einziger Weise mit Gott zusam-
mengehören.*

(4) Mit einem zweiten Bilde, dessen erste Hälfte wieder voraus, die andere rückwärts weist, zeichnet Amos der Gemeinde die Gestalt des Löwen vor Augen. Erst ist es das Bild des beim Sichten der Beute aufbrüllenden, der mit seinem Jagdruf sein Opfer durch Schreck auf Sekunden lähmt, um es zuspringend zu packen. Muß man aus seinem Schrei nicht auf die nahe Beute schließen oder muß seine Beute bei seinem ihr durchs Mark gehenden Aufbrüllen nicht auf sein unmittelbar *bevorstehendes Zuspringen* schließen? „Brüllt auch der Löwe im Wald, ohne daß Beute auf ihn wartet?" – Dann wieder ist es das Bild des in seiner Höhle beim Einbringen der Jagdbeute brüllenden Löwen – muß man aus dem Klang seiner Stimme nicht schließen, daß er bereits seinen *Fang getan hat*? „Läßt auch der Leu (aus seiner Höhle) seine Stimme erschallen, ohne daß er Beute gefangen (eingebracht) hat?" Das in Frage versetzende an dem Bilde ist die *Stimme des Löwen*, aus der einmal auf den *bevorstehenden*, das andere Mal auf den *vollzogenen Fang* zu schließen ist.

Das vorangehende Bild der zwei Wanderer stellte vor das beunruhigende Geheimnis der Erwählung, auf Grund dessen die Kirche in der Gerichtspredigt des Propheten und in den kommenden Ereignissen wieder in einziger Weise mit Gott zu tun hat und zu tun bekommt. Das Bild des Löwen zeigt, *worin dies Zu-tun-bekommen besteht*. Es besteht darin, daß die *Stimme Gottes wieder beunruhigend* und erschreckend *erklingt, das Wort wieder vollmächtig* und die Gewissen beunruhigend *verkündigt wird*. Muß daraus nicht geschlossen werden, daß die Kirche *auf ihrer Flucht von ihrem Herrn eingeholt ist*, daß er mit seinem Ruf seine Beute zum Stehen bringt und im nächsten Augenblick zum Gericht zuspringen kann? Muß aber daraus, daß seine Stimme wieder vollmächtig in ihrer Mitte verkündigt wird, nicht auch geschlossen werden, daß die Gemeinde *längst schon seine Beute war*, daß zwischen ihm und ihr das Verhältnis des Eigentums besteht? Sagt seine Stimme der Gemeinde, daß er *ein Recht auf sie* hat als auf sein Eigentum, so weist sie *zurück auf seine Erwählung* und Beschlagnahmung. Sagt sie, daß er sie stellt, um sein Eigentumsrecht geltend zu machen, so weist sie *voraus auf ihre Heimsuchung*. Beides macht ihre Sicherheit und Selbstherrlichkeit bis ins Mark erzittern.

(5) Die erste Hälfte des dritten Bildes weist rückwärts und die zweite, wenn nicht vorwärts auf Bevorstehendes, so doch auf Gleichzeitiges und unabänderlich Feststehendes. Vor der Gemeinde erstehen Vogelsteller und Vogelfalle. Zwingt der Vogel, der aus der Luft herab-

stürzt, nicht zum Schluß auf den *Vogelsteller*, der sein *Wurfholz ge-*
worfen hat, oder ist es der Vogel, der herabschießt, so zwingt er zum
Schluß auf den Vogelsteller, der gelockt, auf den Köder, der ihn angezogen hat – der beabsichtigte Sinn ist nicht ganz klar. „Stürzt auch
der Vogel auf die Erde, ohne daß ein Wurfholz für ihn da war?" Oder:
„Schießt auch der Vogel auf die Erde (bzw. Falle) herab, ohne daß ein
Vogelsteller ihn gelockt hat?" und umgekehrt: zwingen nicht die auf-
springenden und zusammenklappenden Rahmen des Klappnetzes zum
Schluß auf den *sich vollziehenden Fang:* „Springt auch das Klappnetz
vom Erdboden auf, ohne daß es ganz gewiß einen Fang tut?". Weist
das Bild nicht beängstigend auf die nächste *Zukunft* und zugleich un-
heimlich in eine *Gegenwart*, die vielleicht schon *Vergangenheit* ist?
Wenn im vorangegangenen Bilde die Stimme des Löwen als Bild der
erklingenden Gerichtspredigt das vorwärts- und rückwärtsweisende
Bindeglied zwischen Erwählung und Gericht bildete, so sind Klappnetz und Wurfholz oder Vogelsteller, die den Vogel anlocken und über
dem Gefangenen zusammenschlagen, einseitige Bilder des Gerichtes.
In ihnen zeichnet sich über die Ankündigung hinaus schon das In-
Aktion-treten des Gerichtes ab.

(6–8) In den folgenden Sprüchen gleitet die Darstellung aus der
Bildrede in die Sache selber über.

(6) Das vierte Bild- oder Parabelpaar läßt das Alarmhorn in der
Stadt erschallen. Es weist ebenso wie die aufbrüllende Stimme des
Löwen und die aufschnellenden Rahmen des Klappnetzes auf *unmittel-*
bar Bevorstehendes, mit so *zwingender Notwendigkeit Kommendes*, wie
die Panik auf das Alarmsignal folgt. „Wird auch das Lärmhorn in der
Stadt geblasen, ohne daß das Volk erzittert?" Mit unbestimmten Umrissen zeichnet es zugleich ein geschehenes Unglück an die Wand und
weist wie das Knurren des Löwen in der Höhle und der herabstürzende
Vogel darauf zurück, daß *Gott* – zum ersten Mal wird sein Name genannt – *bereits eingegriffen hat* und schon am Werk ist. „Geschieht
auch ein Unglück in der Stadt, ohne daß Jahwe gehandelt hat?"
Wieder ist es die merkwürdige Doppelheit: wie das Lärmhorn *auf die*
kommende Panik voraus, so weist das geschehene Unglück *auf Gott, den*
Urheber, zurück. Das eine weist auf das *Gericht*, das andere auf den
Richter, der zugleich der ist, der erwählte und berief.

Damit ist die Parabelkette am Ziel angelangt, das zugleich der Ursprung ist. Am Anfang dieser Kette von Bildern, die der Prophet wie

eine wuchtige Reihe von Felsklötzen vor die Gemeinde hinwirft, steht die Konstatierung der *Erwählung* mit der Konsequenz der *Heimsuchung*. Daran schließt sich das spannungsvolle Bild des gemeinsamen Weges der Zwei, das auf das einzigartige Geheimnis geschlossener und bestehender Verbindung zwischen Gott und Gemeinde zurückweist.

Am Ende der Parabelkette steht der erschreckende Klang des Alarmhorns, der konstatiert, daß die *Sicherheit zerstiebt* und das Unheil eingetroffen ist, mit dem zwingenden Rückschluß, daß *Gott dagewesen* ist, seine Erwählung es ist, die sich in seinem Eingriff beweist.

Die dazwischenliegenden Bilder zeichnen zuerst den *Schrecken*, dann den *startenden Angriff* in der Stimme des Löwen und in dem zusammenschlagenden Klappnetz und andererseits den Rückschluß auf den *geschehenen Angriff* aus dem Beute verzehrenden Löwen und aus dem herabstürzenden Vogel. Alle Bilder sagen: Gottes Reden und Drohen durch den Propheten, in dem sich die Fortsetzung seiner Erwählungsgemeinschaft mit der Gemeinde bekundet, weist mit zwingender Notwendigkeit auf *das Nahen des Gerichtes*; und umgekehrt: die Unheilsverkündigung, der siebenfache Ruf: ,,Feuer, Feuer", der selber schon Anfang des Gerichtes ist, weist mit zwingender Notwendigkeit zurück auf die *von Gott in der Erwählung* mit den Seinen *begonnene Gemeinschaft*. Dazu redet Gott bemerkenswerterweise einmal die Gemeinde als Ganze an, um sie an ihr gemeinsames Schicksal zu erinnern: ,,Das ganze Geschlecht". Dann aber in der Mehrzahl, um den Einzelnen die in dieser Gemeinsamkeit beschlossene Verantwortung ins Gedächtnis zu rufen: ,,Ihr Söhne Israels", ,,nur euch", ,,an euch", ,,eure Sünden".

Aus dem *unerhörten Verhältnis Gottes* zu seiner *Gemeinde*, aus der Erwählung, dem Reden gleich dem Löwen, der seiner Beute ,,halt" ruft, gleich dem Wurfholz, das sie herabholt, oder gleich dem Köder, der sie herbeizieht, oder gleich dem Alarmsignal, das das Unglück anzeigt – folgt sein Kommen zum Gericht. Eben dieses Rufen, Drohen, Anpochen Gottes, dieses ,,Seine-Stimme-hören-müssen", ,,Seine-Schläge-fühlen-müssen", dieses unbequeme ,,Mit-Gott-zu-tun-haben" hat seinen besonderen Grund. Ja, daß man – wenn Priester und Propheten einen in Ruhe lassen – ,,durch einen Schafhirten aus dem Nachbarlande beunruhigt werden muß", entspringt der einzigartigen Stellung der Gemeinde zu Gott, die mit seiner Erwählung, Selbstmitteilung und Offenbarung allein aus Gnaden begonnen hat und sich im Behüten und Bewahren seines Eigentums, im Wiedereinfangen und

Zurückholen der Fahnenflüchtigen und im Erscheinen zum Gericht über die Empörer bewährt.

(7) Das *Reden* der *Propheten* durch die ganze Geschichte der Kirche ist in besonderer Weise Zeichen dafür, daß Gott diese Verbindung mit seiner Gemeinde eingegangen ist und daß dieselbe fortbesteht. So hat er zu Beginn des Alten Bundes mit Mose geredet wie ein Mann mit seinem Freunde (2. Mose 33, 11; 4. Mose 12, 8), am Beginn des Neuen Bundes mit Jesus als der Vater mit seinem Sohn. So redet er fortwährend durch Propheten und holt sich jetzt – weil diese ihn nicht hören – einen Amos von draußen, um seine Gemeinde in sein Reden einzuweihen.

Er begibt sich so sehr seiner Souveränität, daß er nichts vornimmt in der Heilsgeschichte, *ohne sich Mitwisser zu schaffen* und mit ihnen seine Pläne zu teilen, um durch sie seine Gemeinde in seinen Willen einzuweihen. Was er später in vollem Maß an seinem Sohne verwirklicht, das tut er, die Verwirklichung vorausnehmend (antizipierend), schon im Alten Bunde an den Propheten und über sie an seinem Sohn Israel, ob auch noch nicht in voller Klarheit und Unmittelbarkeit. So steht am Anfang der Heilsgeschichte sein Wort: ,,Wie kann ich Abraham vorenthalten, was ich tue . . . denn ich habe ihn erkannt, daß er seinen Kindern . . . befehle, daß sie Jahwes Wege halten'' (1. Mose 18, 17–19) – und am Ende der Heilsgeschichte steht: ,,Ein Knecht weiß nicht, was sein Herr tut, euch aber habe ich gesagt, daß ihr Freunde seid; denn alles, was ich habe von meinem Vater gehört, habe ich euch kundgetan . . . Ich habe euch erwählt'' (Joh. 15, 15. 16). So bezeugt Amos seiner Gemeinde: ,,Nicht handelt der Allherr Jahwe in irgend einer Sache, ohne daß er enthüllte seinen Rat seinen Knechten, den Propheten''. Auch die lästige und beunruhigende und kränkende Predigt des als Prophet vor ihnen stehenden Hirten ist *Zeichen des Gemeinschaftswillens Gottes* und der einzigartigen *Sohnesstellung seiner Gemeinde* vor ihm.

(8) Der Gott, der sein Volk erwählt hat, *redet wieder* wie am Anfang *bei der Berufung. Wer sollte nicht hören*, seiner einzigartigen Stellung zu Gott und seiner einzigartigen Treulosigkeit, mit der er aus ihr ausgebrochen, eingedenk werden? Wer sollte *nicht*, wenn Gott redet, für sich selbst erschrecken und *es* den andern *weitergeben*? Wenn die Berufenen schweigen, *muß* der Laie reden, und wenn es ein Fremder und ein Arbeiter oder Hirte wäre. *Denn der große Gott*, der im Leben

der Gemeinde die Stellung des Herrn hat, *will sich zu Gehör bringen.*
Wort und *Stimme Gottes*, die Gabe und Zeichen seiner einzigartigen
Stellung im Leben der Kirche sind, pochen übermächtig an die Tore.
Gottes Gericht, das Antwort ist auf die Mißachtung dieser einzigarti-
gen Stellung seiner Gemeinde bei ihm, steht vor der Tür.

Sind wir ratlos ob dem furchtbaren Urteil über die Gemeinde?
Lehnen wir uns auf *gegen* die widrige Predigt, die uns keine Ruhe
läßt? *Beides entspringt* aus unserer *Sonderstellung* bei Gott und ist
Zeichen für sie, *erinnert* an unsere *Verantwortung* und warnt vor ihrer
Verachtung und dem Zu-spät. ,,Der Löwe hat gebrüllt, wer sollte sich
nicht fürchten? Der Allherr Jahwe hat geredet, wer sollte nicht als
Prophet auftreten?'' Diese zwei stellt der Prophet an den Schluß seiner
Rede: *Die ungeheure Realität*, mit der der Einzelne und die ganze
Kirche nicht zurechtkommen, die ihnen an die Wurzeln geht, die *Reali-
tät des lebendigen Wortes Gottes.* Und das Andere: *Die ungeheure Ver-
antwortung der Kirche* und *des Einzelnen vor dieser Realität*, sie nicht
zu unterdrücken, *das Wort weiter zu sagen.* Denn durch sie ist die
Kirche Kirche und in dieser Verantwortung besteht ihre Sendung.

Drittes Kapitel

Die Vermessenheit der Erwählten. Kp. 3, 9–4, 3

1. Das Großtun Samariens (3, 9–12d)

(9) „Laßt's hören in den Palästen zu (Assur)[a]
[b]und in den Palästen im Lande Ägypten![b]
Sprecht:[c] ,Versammelt euch auf dem Berge[d] Samariens
und schaut das gewaltige[e] Großtun in seiner Mitte
und die Bedrückung in seinem Innern!' " – [f]raunt Jahwe[f]

(10) [g]„Nicht wissen sie das Recht zu verwirklichen ()[h],
Unrecht und Gewalt häufen sich in ihren Palästen."[i]

(11) Darum spricht ()[k] Jahwe also:
„Der Feind[l] wird dein Land umzingeln[l]
und wird dein Bollwerk herunterstürzen[m]
und deine Paläste werden geplündert werden."

(12) [n]So spricht der Allherr[o] Jahwe:
„Wie herausreißt der Hirt aus dem Rachen des Löwen
zwei Beinlein oder ein Ohrläppchen,
so nur werden herausgerissen die Söhne Israels."[n]

2. Das anmaßende Bauen Samariens (3, 12e–15)

(13) [a]„Höret und bezeuget im Hause Jakobs!" –
raunt der Allherr Jahwe, der Gott der Heere –

(12ef)[a]„die (ihr) in Samarien auf der Ecke des Divans sitzt
und[b] in Damaskus auf der Lagerstätte[b].[a1]

(14) Ja, an dem Tage, da ich heimsuchen werde
die Sünden Israels an demselben,
[c]vollzieh ich Heimsuchung an Bethels Altären.[c]
Da werden abgeschlagen die Hörner des Altars
und fallen hernieder zur Erde.

(15) Und ich zerschlage das Winterhaus
zusammen mit dem Sommerhaus.
Und es gehen zugrunde die Häuser von Elfenbein
und die gewaltigen [d]Häuser schwinden dahin," –
[e]lautet die Raunung Jahwes.[e]

3. Die rücksichtslose Genußsucht der Frauen Samariens (4, 1–3)

(1) „Höret doch diese Botschaft hier,
ihr Kühe von Basan,
die ihr auf dem Gebirge Samariens (weidet),

---

[1] Oder: „und auf der in Damaskus gefertigten Lagerstätte".

die ihr die Elenden vergewaltigt
und die Armen zerbrecht,
die ihr sprecht zu euren Herren:[a]
„Schaff herbei, daß wir trinken!"

(2) Geschworen hat der Allherr[b] Jahwe bei seiner Heiligkeit:
„Fürwahr! Siehe, es kommen über euch[c] Tage,
da wird man euch[d] auflesen mit Haken
und eure Nachkommenschaft[e] mit Fischangeln.[f]
(3) Durch Ritzen[g] werdet ihr hinaussuchen[h] einzeln[i]
und verschlagen[k] werden hermonwärts[l]" – raunt Jahwe.

Der großen Verkündigung des Weltgerichts an die Völker und an
die Kirche (erste Rede) und der Aufdeckung der Wurzel der Verantwortung des Volkes Gottes (zweite Rede) folgt eine dritte Rede in drei
Teilen, die sich an die *Weltvölker*, den *Führerkreis Israels* und die
Frauen Samariens richtet. Sie behandelt den Zusammenstoß der Vermessenheit des Gottesvolkes mit Gott.

1. Das Großtun Samariens (3, 9–12d)

(9–10) *Gottes Wort wendet sich an die Tonangebenden* in der zivilisierten Welt, die Führerschicht in den Weltvölkern, in den Palästen
Assurs und Ägyptens. Der Weltenherr und Weltenrichter mobilisiert
seine himmlischen Boten (vgl. Ob. 1, 1; Joel 4, 9 ff. 13 ff). Sie sollen
die Palastbewohner der Weltstädte auf dem Berge Samariens zusam-
menrufen, daß sie herbeikommen und das unerhörte Schauspiel be-
trachten, das sich dort auf dem unbedeutenden Hügel abspielt: Ein
großsprecherisches, protzenhaftes Getue, das die Weltstädte kopieren
und übertrumpfen will, nicht nur in Üppigkeit und Verfeinerung, sondern auch in Gewalttätigkeit und Bedrückung der Schwachen. Das ist
ein Großsein des einen auf Kosten des andern. „Schaut das gewaltige
Großtun in seiner Mitte und die Bedrückung in seinem Inneren!" Die
Innenseite dieses nach außen so imponierenden Unternehmertums,
seines Handels- und Geschäftsgeistes ist Unwissenheit und Unfähig-
keit, sich im Elementarsten zurechtzufinden: in Recht und Gerechtigkeit *gegen den Bruder*. Das ist wirtschaftlicher und kultureller Aufstieg, erkauft mit der Vergewaltigung derer, die nicht auf die Sonnen-
seite des Lebens zu stehen gekommen sind. Oder, wo der Aufstieg
nicht durch Unrecht erkauft war, vollzog er sich n e b e n der Not der
andern, ohne selbst an ihrem Elend teilzunehmen oder ihnen am eigenen Glück Anteil zu geben. Das ist der Typus des Glanzes kapitalisti-

scher Länder. „Sie wissen nicht das Recht zu tun . . . Sie häufen sich
Unrecht und Gewalt in ihren Palästen."

(11) *Gottes Antwort.* – Gott läßt sich durch diesen Glanz nicht impo-
nieren. Denen, die durch Untertretung, Entrechtung oder Deklassie-
rung anderer Menschen, ja der eigenen Brüder, ihre wirtschaftliche
und kulturelle Position errichteten, wird Gott durch Menschen ihre
ganze Kultur zusammenschlagen, ihre Militärmacht zerstören, ihre
Paläste berauben und verwüsten. „Darum spricht Jahwe also: ‚Der
Feind wird dein Land umzingeln und wird dein Bollwerk herunterstürzen und deine Paläste werden geplündert werden'!" Die Völker,
die der Weltenrichter zusammenruft zu Zeugen des unerhörten
Schauspieles auf dem Berge Samariens, wird er beauftragen, sein Gericht an der Gemeinde zu vollstrecken.

(12 a–d) *Denen*, die ihren schwachen Brüdern *kein Mitleid gewähr-
ten*, wird ihr Retter, auf dessen Erbarmen sie stolz sind, *sein Erbarmen*
auf solche Weise *entziehen*, daß selbst seine Rettung eine Bestätigung
seiner Erbarmungslosigkeit sein wird. Wie muß Gottes Gericht aus-
sehen, wenn sein Erbarmen zur Erbarmungslosigkeit geworden ist!
Wie ein Hirte zum Beweis der Aufhebung seiner Haftpflicht für das
Schaf ein Stücklein des vom Löwen zerrissenen vorweist (2. Mose
22, 12), so will Gott von seiner Gemeinde nur die Zeugen ihres Todes
übriglassen als Beweisstück der Aufhebung seiner Bundes- und Haftpflicht für sie. Im Gericht, das wie ein Löwe über die Gemeinde
hereinbricht, kommt der Richter vom Sinai über sie und vollstreckt
das Bundesgericht an allen Bundesbrüchigen. Die im Gericht Geretteten sollen ein Nichts, ein geringes Häuflein und als solches nur Zeugen
der Katastrophe und der erloschenen Bundesgarantie ihres Gottes
gegenüber der abtrünnigen Gesamtheit der Gemeinde sein. „Wie
herausreißt der Hirte aus dem Rachen des Löwen zwei Beinlein oder
ein Ohrläppchen, so nur werden herausgerissen die Söhne Israels".
Gott will an ihnen vor den Weltvölkern, die sie übertrumpfen wollen, und vor denen sie sich ihrer Heilsgewißheit und Zuversicht auf
Gott rühmen, ein Exempel statuieren, das allerdings ihren Gott
rühmt, aber indem es die Unentrinnbarkeit dieses Gottes an ihnen
offenbart. Gott will wohl die Weltvölker selbst als Werkzeug zu dieser
Exekution gebrauchen. Ihre Versammlung auf dem Berge Samariens
dient nicht nur der Neugier oder ihrer Vernehmung als Zeugen, sondern der Vollstreckung des Handels, den Gott mit seiner Gemeinde hat.

2. Das anmaßende Bauen Samariens (3, 12e–15)

(13+12ef) Wurden erst die Weltvölker angeredet, so richtet sich Gottes Wort jetzt an die Patrizier Samariens selber, die die Volksversammlung Israels bilden, „das Haus Jakobs". Er redet sie an mitten in ihrem Frieden und ihrer Ruhe, auf ihren Gesellschaften, auf den gepolsterten Divans, auf denen sie zur Mahlzeit liegen: entweder geschieht es auf Lagerstätten, die aus dem Ausland eingeführt wurden (wenn zu lesen ist: „Auf den in Damaskus gefertigten Ruhelagern") oder gar: bald in Samarien, bald in Damaskus, im In- oder Auslande, wo sie ihre Kontore eröffnet haben (dann ist zu lesen: „Die in Samarien auf der Ecke des Divans sitzen oder in Damaskus auf der Lagerstätte"). Die Handelsherren sind international. Trifft das Unglück ein Land, so flüchten sie mit ihrem Kapital in das andere. Sie sind für alle Fälle gesichert.

Die Anrede wird besonders feierlich. Alle ehrenden Namen, bei denen sie Gott kennen und anrufen, sind zusammengefügt in der Selbstbezeugung dessen, der ihnen antwortet. Sie sollen seine Zeugen werden, wie sie es beanspruchen; aber nicht Zeugen seines Eintretens für sie, sondern seiner Heimsuchung an ihnen. „Höret und bezeuget dem Hause Jakobs" lautet die Raunung – (im hebräischen Text steht auch noch des „Allherrn") – Jahwes, des Gottes der himmlischen Heerscharen".

(14) Sie sollen seine Heimsuchung an der Stelle erfahren, an der sie es am wenigsten erwarten. Der Prophet Hosea bezeugt die fromme Bauwut der Gemeinde, die sich im Errichten von Altären und gottesdienstlichen Stätten beweist (Hos. 8, 11; 10, 1. 2; 4, 19; 12, 12 usw.). Amos nennt den imposantesten Ausdruck dieses frommen Bauens: Die Altäre der gottesdienstlichen Stätten von Bethel. Gerade an ihnen soll der Zusammenstoß der Vermessenheit der Gemeinde mit ihrem Gott stattfinden, am Paladium, auf das sie ihre Hoffnung setzen, an den Stätten seiner Gegenwart unter ihnen, an denen die Traditionen einer großen Kirchengeschichte hängen, an denen Jakob den Himmel offen und die Engel Gottes hinauf- und herabsteigen sah (1. Mose 28, 12–19), an den Altären ihres Zentralheiligtums. „Ja, am Tage, da ich heimsuche die Sünden Israels an ihm, vollzieh ich Heimsuchung an den Altären Bethels".

Ja, die Symbole seiner Allmacht und Allgegenwart selbst, die Hörner am Altare, sollen zertrümmert und zur Erde gestürzt werden. Die Hör-

ner des Altars bestrich man mit Blut zum Zeichen der Versöhnung
Gottes (3. Mose 16, 18). Man berührte sie im Reigen zum Zeichen für
den Empfang seiner Kräfte (Ps. 118, 27). Man ergriff sie, um vor Verfolgung geborgen zu sein (1. Kön. 2, 29; 2. Mose 21, 14). Nun sollen
die Hörner vom Altar geschlagen werden zum Zeichen, daß die Gemeinde ohne Versöhnung, ohne Hilfe und ohne Schutz, ja, ohne Zufluchtsort ist, zum Zeichen, daß Gott nicht mehr an den Altären wohnt.
,,Da werden abgeschlagen die Hörner des Altars und fallen hernieder
zur Erde''.

(15) Mit den Stätten des Gottesdienstes, dem Stolz ihres frommen
Bauens, will Gott der Gemeinde auch den Stolz ihres weltlichen Bauens
zerschlagen, die ganze Welt, in der sie Heimat, Sicherheit, Geborgenheit und Luxus genießt und pflegt: Winterhaus und Sommervilla,
elfenbeingetäfeltes Haus, Prunkgebäude und Palast, ihre ganze stolze
Baukultur wird er in Scherben schlagen. Eine Zeit, die so viel Trümmer sah, wie die unsrige, versteht dies Wort an Samarien neu. Die
Reste der von Amos mit einigen Stichworten gezeichneten Kultur
sehen uns noch an aus den aus dem Schutt Samariens gegrabenen
Elfenbeintäfelungen und Siegeln, wie sie unsere Zeit nicht so schön
hervorzubringen vermöchte. ,,Und ich zerschlage das Winterhaus zusammen mit dem Sommerhaus und es gehen zugrunde die Häuser von
Elfenbein und die zahlreichen (oder gewaltigen Prunk-)häuser (wenn
nicht zu lesen ist ,,Ebenholzhäuser'') schwinden dahin''.

3. Die rücksichtslose Genußsucht der Frauen Samariens (4, 1–3)

(1) Jetzt wendet Amos sich an die Frauen Samariens. Scheinbar sind
sie bloß passive Nutznießer dieses äußerlichen Luxus. In Wirklichkeit
stellen sie die in all ihrer Arglosigkeit brutalsten Drahtzieher dieser
egoistischen, gewinnsüchtigen und ungerechten Welt dar. Der Prophet
vergleicht diese Frauen der reichen Patrizier Samariens mit den fett-
gemästeten Kühen von den saftigen Weiden Basans, die auch sonst
Inbegriff der brutalen Kraft, Symbole der strotzenden, übermütigen
Vermessenheit sind (Ps. 22, 13). ,,Ihr Kühe von Basan, die ihr auf dem
Gebirge Samariens weidet''. Sie, die doch auf ihr Haus beschränkt ihr
glückliches Familienidyll leben, nennt er die eigentlichen Bedrücker
der Armen, die die Abhängigen vergewaltigen, ja zerbrechen. ,,Die ihr
die Elenden vergewaltigt und die Armen zerbrecht''. Treiben sie doch
mit ihrem Interessenkreis, der sich um sich selber bewegt, und ihren

naiven Ansprüchen die Männer zu immer größeren Ausgaben und immer rücksichtsloserer Jagd nach Erwerb. In der Beschränkung ihres Blickes auf ihr eigenes Glück zeigt sich ihre Sünde. Das Nicht-sehen der Not der Armen neben sich ist ihre eigentliche Sünde. Auf ihrem Hintergrunde entfaltet sich ein Leben, das leer ist. „Die sprechen zu ihren Herren: Schaff herbei, daß wir trinken".

Welch ein Gegensatz ist das zu dem Idealbild der Frau in der israelitischen Familie, die als Weinstock, Gewächs des Paradieses, im innersten Raum des Hauses präsidiert, rings um sie her der Kreis ihrer Kinder wie Setzlinge der Heilszeit oder Ölpflänzchen um den Tisch herum (Ps. 128, 3); aus der Quelle der Freude, der Mitträgerin der Verantwortung und der Gehilfin (1. Mose 2, 18), aus der Mutter der Kinder (1. Mose 1, 28) und der Erzieherin fürs Reich Gottes zum Gottessamen (Mal. 2, 15), die an ihren Brüsten die Kleinen das Vertrauen lehrt (Ps. 22, 10), aus der mütterlichen Trösterin im Leiden (Jes. 66, 13) wurde die Frau zur Verkörperung der Selbstsucht, der Jagd nach irdischer Lust, zur Belastung des Mannes mit immer neuen Forderungen, zur Verführung zu Herzlosigkeit und Unrecht. Aus dem Weibe, das zur Gehilfin des Mannes, zum Werkzeug Gottes bestimmt war, das den Gatten in seinem schöpfungsmäßigen Beruf unterstützen sollte, ist die Frau geworden, die Mann und Haus regiert und Gott die Stirne bietet.

(2–3) *Gottes Antwort.* – In der Gemeinde Gottes sind Mutter und Frau in besonderer Weise zur Hütung seines Heiligtums berufen (vgl. Mal. 2, 11. 14. 15)[1]. Gefallen entweihen sie es. Darum schwört Gott bei seiner Heiligkeit, die sich nicht inmitten seines Volkes vor den Völkern entheiligen läßt, nicht nur mit anmaßenden Bollwerken und Palästen und ebenso anmaßenden gottesdienstlichen Bauten wie auch mit Prunkbauten der Bürger Samariens aufzuräumen, sondern auch mit den Wurzeln und Quellen der Vergiftung und Entheiligung des Lebens in diesen Häusern – mit den Frauen.

Er will die feisten „Kühe" von Samarien, die sich für den Mittelpunkt der Welt halten, zu seiner Zeit – ob sie sich noch so sehr verstecken möchten – wie fette Karpfen auffinden und mit Fischerhaken herausangeln. Ob sie einsam durch Risse und Breschen ihrer Häuser und Stadtmauern sich aus der Katastrophe zu retten versuchen, sie sollen ergriffen und in die Fremde verschleppt werden. In den Bildern

---

[1] Vgl. H. Frey: „Das Buch der Kirche in der Weltwende" S. 155–156 und 158–160.

drückt sich der jähe Wechsel der Situation aus, das Zergehen der bürgerlichen Sicherheit, wenn Gott eingreift, und die Unentrinnbarkeit
seines Gerichtes. „Man wird euch auflesen mit Haken und eure Nachkommen (oder was von euch übrigbleibt) mit Fischangeln. Durch
Ritzen (oder Breschen) werdet ihr jede vor sich hin hinaussuchen und
werdet verschlagen werden hermonwärts".

So verengt sich das Gericht von Kreis zu Kreis, vom äußersten zum
innersten, vom Lande und seinen Burgen über Altäre und Villen auf
das kostbarste Gut des Mannes, seine Gehilfin, sein Weib.

DAS WERBEN GOTTES Kp. 4, 4–6, 14

Die Weise seines Werbens, das Ziel seines Werbens, die Grenze
seines Werbens.

Erstes Kapitel

Das Werben Gottes durch Natur- und Geschichtskatastrophen mit dem Ziel der Bereitung für seinen Advent. Kp. 4, 4–13

1. Die Flucht vor Gottes Werben in den religiösen Betrieb (4, 4–5)

(4) „Kommt nach Bethel und übt Treubruch,
nach Gilgal und[a] treibt es mit dem Treubruch auf die Spitze!
Bringt um die Morgenzeit eure Schlachtopfer
und am dritten Tage eure Zehnten!

(5) Verbrennt[b] vom Gesäuerten Dankopfer,
ruft zu freiwilligen Opfermahlen und posaunt es aus!
Denn so liebt ihr es ja, ihr Söhne Israels" –
lautet die Raunung des Allherrn Jahwe.

2. Die vergeblichen Bemühungen Gottes, sein Volk zur Umkehr zu führen (4, 6–13)

(6) „Auch ich gab meinerseits euch
blanke Zähne in all euren Städten
und Mangel an Brot in all euren Ortschaften.
Aber ihr kehrtet nicht um bis zu mir" –
lautet die Raunung Jahwes.

(7) [c]„Auch ich[c] enthielt meinerseits euch vor den Regen,
als es noch drei Monate bis zur Ernte war.
[d][Und ich ließ regnen über der einen Stadt,
und über der andern Stadt ließ ich nicht regnen.
Das eine Feld wurde beregnet,
und das Feld, über dem ich[f] nicht regnen ließ, dorrte.][d]

(8) [g]Und es wankten zwei und drei Städte
zu einer Stadt, um Wasser zu trinken,[g] [e][und wurden nicht satt].[e]
Aber ihr kehrtet nicht um bis zu mir" –
lautet die Raunung Jahwes.

(9) „Ich schlug euch mit Kornbrand und Gilbe
und ließ verdorren[h] eure Gärten und Weinberge.
Und eure Feigen und Ölbäume fraß die Heuschrecke.

Aber ihr kehrtet nicht um bis zu mir" –
lautet die Raunung Jahwes.

(10) „Ich sandte unter euch die Pest ()[l] Ägyptens.
Ich tötete mit dem Schwert eure Jünglinge
[k][samt der Pracht[k] eurer Rosse].[k]
Ich ließ den Gestank[l] eurer Lager in eure Nasen[m] aufsteigen.
Aber ihr kehrtet nicht um bis zu mir" –
lautet die Raunung Jahwes.

(11) „Ich kehrte es unter euch um gleich der Umkehrung
Sodoms und Gomorrhas durch Gott.
Und ihr wart wie ein Brandscheit, entrissen dem Brande.
Aber ihr kehrtet nicht um bis zu mir" –
lautet die Raunung Jahwes.

(12) „Darum will also ich dir tun, o Israel, –
dieweil ich dir also tun will,[n]
bereite dich zu begegnen deinem Gott, o Israel!

(13) Denn siehe, er formt die Berge und erschafft den Wind
[o]und macht dem Menschen kund, welches sein Rat.[o]
Er macht die Morgenröte und[p] das Dunkel,
er tritt einher auf den Höhen der Erde,
Jahwe,[q] der Gott der Heere,[q] ist sein Name.

1. Die Flucht vor Gottes Werben in den religiösen Betrieb (4, 4–5)

Bethel und Gilgal waren Wallfahrtszentren der Kirche Israels. An
Bethel haftete die Erinnerung an den Erzvater Jakob und an die Offenbarung Gottes, die ihm dort zuteil wurde, als der Himmel sich über
ihm auftat und die Engel Gottes auf Stufen herabstiegen (1. Mose
28, 13). Der prophetische Erzähler konnte Bethel als den Ort des Redens Gottes und seiner Anwesenheit bezeichnen (1. Mose 35, 15), und
der Prophet Hosea als den Ort, da Gott den Erzvater Jakob fand
(Hosea 12, 5). Dort hatte man seit Vätertagen den Zehnten dargebracht (1. Mose 28, 22). Mit der Staatsgründung Nordisraels durch
Jerobeam I. war Bethel in Konkurrenz zu Jerusalem getreten und neben Dan und Samarien zum Hauptnationalheiligtum aufgerückt.

Gilgal war vermutungsweise die Stätte, mit der die Überlieferungen
über die Landnahme Israels sich besonders verbanden. In dem am
Jordan gelegenen Gilgal hatte Josua das steinerne Mal der Erinnerung an
den Übergang über den Fluß, der die Landnahme einleitete, aufgerichtet
(vgl. zu Hosea 12, 12 und Josua 4, 1–9). Mit dem sichemitischen Gilgal
dagegen waren die stolzen Erinnerungen an die Entstehung des Königtums verknüpft. Es war die Krönungsstadt des ersten Königs (vgl. zu
Hosea 9, 15; 1. Sam. 11, 15).

Bethel und Gilgal mögen die zwei hellsten Sterne am Himmel der
Vergangenheit und der Überlieferung Israels sowie seines kirchlichen
Lebens gewesen sein. „Auf nach Bethel!" „Auf nach Gilgal!" war
wohl ein lieber, vertrauter Ruf für alle, die sich zur Wallfahrt rüste-
ten und auf das Signal zur Festreise warteten (vgl. Ps. 122, 1). Hier haben
sich die Frommen der Verbindung mit Gott neu vergewissert, sich
Sühne für ihre Vergehen geholt, für Erntesegen und persönliche
Bewahrung gedankt, der Offenbarung an die Väter und der Einführung ins Land gedacht und in sakramentalen Mahlzeiten ihr Heil
gefeiert.

Die Rede des Propheten beginnt mit lauter Freude weckenden und
Ehrfurcht umwobenen Formeln: „Kommt nach Bethel!" „Bringt
das Morgenopfer!" „Liefert den Zehnten ab!" „Lasset das Rauch-
opfer auf dem Altar aufbrennen!" „Ladet die Armen zum – freiwillig
veranstalteten – Opfermahl ein!" oder: „Ruft die Opfermahlzeit aus!"
Mit diesen vertrauten Aufforderungen, mit denen die Priester und die
am Heiligtum predigenden Propheten und die Opfernden das Volk
einzuladen pflegten, begrüßt Amos die Gemeinde. Aber er gibt jeder
einzelnen Einladung eine ironische Umkehrung ihres Sinnes. Statt:
„Gott zu suchen" heißt es in seinem Munde: „Kommt nach Bethel,
um euch von Gott loszumachen!" Das liegt im Sinne des im hebräischen Text für „sündigen" gebrauchten Wortes „pāša'", statt: „Um
Sünde zu sühnen" heißt es: „Um zu sündigen". „Und kommt nach
Gilgal, um Loslösung von Gott und Sünde auf die Spitze zu treiben!"
„Bringt" – statt im Gehorsam gegen Gott durch Morgenopfer die
Verbindung mit ihm zu suchen – eigenmächtig zur Durchsetzung des
eigenen Willens bei Gott „eure Morgenopfer"! „Gebt" – statt in
Anerkennung seines Urheber- und Eigentumsrechtes auf alles, was
euch zufloß, und statt im Dank für seine Gaben und zur Ausbreitung
seines Ruhmes Gottes Zehnten –, „nun eure Zehnten" als eigene
Leistung zur eigenen Verherrlichung! „Verbrennt eure Dankopfer
auf selbstgewählte Weise (aus Gesäuertem, das zu verwenden im
Gesetz verboten war, 2. Mose 23, 18). Veranstaltet Opfermahle, die
euch nicht befohlen sind, unter marktschreierischer Ausstellung eurer
Frömmigkeit und eurer sozialen Gesinnung für die Armen, die ihr
dazu einladet. Durch das wiederholte „eure", das Amos vor die
Schlachtopfer und Zehnten der Israeliten setzt, klingt ebenso wie in
einer seiner späteren Reden (5, 22–23) der Hinweis auf die *Eigen-
mächtigkeit* hindurch. Sie sind nicht Gottes, sondern des Menschen

Dienst. Die Botschaft des Propheten sagt der Gemeinde: *Eure Gottes-verehrung* ist *Flucht vor Gott* und seinem Gebot.

Amos lehnt damit nicht gottesdienstliche Versammlungen und Opfer an sich ab. Er trat ja gegen die Entweihung der gottesdienst-lichen Stätten des Nordreichs durch Unsittlichkeit und unsoziale Gesinnung auf (2, 8). Er lehnt auch nicht in erster Linie einen in-korrekten Gottesdienst ab, obschon er die Einbürgerung gesetzes-widriger Opferpraxis, zum Beispiel Verwendung von Gesäuertem, geißelt. Sondern Amos konstatiert: Ihr habt den Gottesdienst, der dazu da ist, G o t t zu suchen, von i h m Sühnung zu empfangen, i h m zu gehorchen und i h n zu verherrlichen – in ein Mittel verwandelt, *vor Gott zu fliehen*, durch Leistungen euch selbst ein gutes Gewissen zu verschaffen, Gott vor den eigenen Willen und vor die eigenen Wünsche zu spannen, für euch selber Reklame zu machen, *euch selbst zu suchen.*

Solcher *religiöse Betrieb* – mag er sich noch so fromm äußern, mit noch so großer Inbrunst geübt werden, noch so schön gestaltet sein, sich noch so sozial gebärden, noch so eifrig die Kirche unterhalten und die Armen speisen – *ist* Sünde, *Loslösung von Gott*, Bruch mit seinem Willen und Gebot, Übertönung seines Wortes, Betäubung des Gewissens, Entziehung des eigenen Willens und Herzens, Han-deln nach dem eigenen Gutdünken. ,,Denn so liebt ihr es ja, ihr Söhne Israels.'' Man könnte hier besser übersetzen: ,,Denn so beliebt es euch ja.''

Wie die Schuld aller Völker im Volke Gottes zum Vollmaß kommt, so kommt die *Versündigung* der *Gemeinde* in ihrem *Gottesdienst* zur vollendeten Darstellung. Und innerhalb dieses Gottesdienstes ist die schwerste Versündigung nicht Lässigkeit oder Lauheit oder Inkorrekt-heit, sondern die *Verkehrung*, durch die *der Mensch an die Stelle Gottes* tritt, sich selber sucht, sich selbst erlöst und sich selbst ver-herrlicht, für sich selbst Reklame macht. Die Ursünde ist die Flucht vor Gott in die Betriebsamkeit, vor dem Hören ins Reden, vor dem Wecken des Gewissens in die Einschläferung desselben, vor der Aus-lieferung an Gott in die Mobilisierung Gottes für den Menschen, in die *Durchsetzung des Selbst vor Gott*. Diese Ursünde vollendet sich in der Umkehrung des Verhältnisses zwischen Gott und Mensch.

Die in bitterer Ironie hervorgestoßene Einladung: ,,Kommt nach Bethel, um zu sündigen, nach Gilgal, um die Sünde auf die Spitze zu treiben!'' ist im Grunde dasselbe wie die in heißer Angst hervorgestoßene Warnung am Anfang des nächsten Kapitels: „Suchet nicht Bethel auf, geht nicht nach Gilgal!" Es ist *Ruf zur Umkehr* aus der Verkehrung des Verhältnisses zu Gott *in die ursprüngliche Beziehung zu ihm.* Es ist Auftakt zu einer großangelegten Kundgabe des *Werbens* Gottes um seine Kirche. Es ist zugleich mit der Enthüllung ihrer Bemühungen um Gott als Flucht vor ihm – ein gewaltiges „Halt!" an die Fliehenden. Es ist Aufdeckung der Rebellion hinter ihrer Flucht und Enthüllung der Gefahr, in die sie führt. Das Ziel ist, die Rebellen zurückzuholen.

Dieses „Halt!" ist nicht mehr in die Gestalt einer Warnung gekleidet, sondern in die bittere Aufforderung, fortzufahren mit dem eigenen Tun, ob sie vielleicht – nicht mehr zurückgehalten, sondern in die eigene Verantwortung entlassen – heller hören und erschrecken möchten, wenn ihnen ihr Tun, dessen sie sich selbst nicht bewußt sind, mit Namen genannt wird. „Kommt . . . übt Treubruch . . . treibt es mit dem Treubruch auf die Spitze!" Das ist ernsteste Form der Warnung. Sie sollen – wenn sie so wollen – weitertun, nur sollen sie wissen, was sie tun, daß es Desertion ist; sie sollen wissen, wieviel Warnschüsse Gott den Desertierenden während ihrer langen Geschichte nachgesandt hat, bevor er ihnen als Standrichter selbst den Weg vertritt.

2. Die vergeblichen Bemühungen Gottes, sein Volk zur Umkehr zu führen (4, 6–13)

Unter zweimaliger Voranstellung eines betonten „auch", „ich meinerseits", oder „ich selbst in eigner Person" (V. 6 u. 7) unterstreicht Gott das Gewicht und den Umfang seines persönlichen Werbens um seine Leute. Er redet im Plural die Einzelnen an. So läßt er Warnschuß um Warnschuß rückblickend an den Hörern vorüberziehen, um ihrer Flucht vor ihm sein Suchen nach ihnen gegenüberzustellen, mit dem er sie während ihrer ganzen Geschichte umgeben hat.

(6) Wenn die Glieder der Gemeinde auf der Flucht vor Gott sich Reinigung von Schuld selber zu schaffen versuchten, gab er ihnen – zum Zeichen dafür, daß ihr Tun ihre Blöße nicht verdeckt, sondern entblößt – wirklich Reinigung auf ihrem Wege. Aber das war eine Reinigung, an der der Mensch verschmachtet: Reinigung und Blankheit der Zähne, Entblößung von Gottes Hilfe; statt Entblößung von

Schuld – Entziehung von Gottes Brot. „Auch gab ich meinerseits euch blanke Zähne in all euren Städten und Mangel an Brot . . .‟

Trotzdem haben sie sich durch dieses Alarmsignal nicht fragen lassen, ob an ihrem Verhalten zu ihrem Schöpfer etwas in Unordnung wäre. Vielleicht haben sie um Hilfe gerufen, Bittgottesdienste veranstaltet; das spricht der Prophet ihnen nicht ab. Aber sie haben nicht von ihrer Flucht vor ihm gelassen und nicht ihre Grundhaltung umgeschaltet von der Flucht vor ihm zur Übergabe an ihn. Sie sind nicht über Bedauern, Beklagen der Folgen und allerlei Vorsätze und das Flehen um Gottes Beistand hinausgekommen, nicht bis zu Gott selbst zurückgekehrt. „Aber ihr kehrtet nicht um bis zu mir, lautet die Raunung Jahwes.‟

(7–8) Mit einem zweiten betonten „auch‟, „ich selbst‟ oder „ich meinerseits‟ erinnert Gott seine Gemeinde daran, wie er sie ihrer Abwendung von ihm überführte, indem er den Himmel verschloß zu einer Zeit, da die ganze Erntehoffnung auf dem Spiele stand.

Darüber hinaus ließ er sie sein wunderliches, ganz persönliches Walten erleben, indem er über dem einen Feld regnen und das andere daneben verdorren ließ. Die genaue, individuelle, seelsorgerliche Abgezieltheit seines Tuns und Werbens spricht aus dem immer wiederholten: „Ich ließ regnen und nicht regnen . . . regnen über einer Stadt und über der andern nicht regnen . . . ein Feld wurde beregnet, das andere Feld, das nicht beregnet wurde . . .‟ (So erläutert eindrucksvoll ein Zusatz.)

Gott zeigt, wie er sich mühte um die einzelne Stadt, um das einzelne Feld, um den einzelnen Bauern und wie er mit dieser seiner Mühe um den einzelnen die ganze Gemeinde umgab mit seiner Seelsorge. Die Schilderung des Zuges der vor Hunger und Durst wankenden, von Gottes Hand getroffenen Städte zur Nachbarstadt, die ihnen doch nicht helfen kann, malt der Gemeinde an den zwei elementarsten Bedürftigkeiten unseres Menschseins – an Hunger und Durst – vor Augen, wie ganz sie auf Gott angewiesen ist, wie sehr sie ihn braucht.

Der erste Warnschuß rief den Israeliten zu: Euer Weg bringt euch nicht Entlastung von Schuld, sondern Entblößung von Hilfe, der zweite erinnert sie: Ihr seid abhängig von Gott, und zwar bis ins Kleinste, und ganz in den Händen seiner Seelsorge.

Der Schluß konstatiert wieder in feierlicher Eintönigkeit ihre Beantwortung solchen Werbens mit Verschlossenheit und Weigerung zu hören und sich zu entscheiden. „Aber ihr kehrtet nicht um bis zu mir."

(9) Brachten die ersten beiden Warnschüsse Entziehung von Brot und Wasser, so ließ der dritte und vierte das Heer nationaler und geschichtlicher Schicksalsschläge auf die Gemeinde los. „Ich schlug euch" heißt es nun direkt. Gott schlug seinen Sohn Israel, wie er einst dessen Feind und Fronvogt Ägypten geschlagen hatte. In langer Reihe folgen die Plagen. Es ist deren ein ganzes Artilleriefeuer, mit dem er die Festung der Herzen seines eigenen Volkes, wie er es einst Ägypten getan, sturmreif zu schießen versucht hat: Kornbrand, den manche der Wirkung des heißen Wüstensturmes zuschreiben; Gilbe, eine Krankheit, die mit übergroßer Feuchtigkeit zusammenhängt; Verdorren über Gärten und Weinbergen; Heuschrecken über Feigen und Ölbäumen. Mit diesem Orchester von Nöten oder Hagel von Geschossen großen und kleinen Kalibers hat Gott den gesamten Umfang der natürlichen Existenzgrundlage seines Volkes getroffen: Feld, Garten, Weinberge und Baumkulturen. Vielleicht dürfen wir bei der ersten und zweiten Plage an die Dürre denken, mit der Gott den mündlichen Bußruf des Elia begleitet hat (1. Kön. 17, 1). Aber mit derselben Unbeugsamkeit haben sie die Kapitulation abgelehnt. „Aber ihr kehrtet nicht um bis zu mir."

(10) Als vierte Serie von Warnschüssen hat Gott die geschichtlichen Katastrophen über Nordisrael losgelassen, die es besonders im Gefolge der Syrernot unter Jehu und Joahas verheerten. Die Pest hat sich in den Städten ausgetobt, die junge Mannschaft ist auf den Kriegsschauplätzen geblieben, die Elite der Ritter mit ihren Rossen sind Opfer des Schwertes geworden, der Pestgestank ist aus den Kriegslagern zum Himmel gestiegen (2. Kön. 13, 7). „Ich sandte unter euch die Pest Ägyptens. Ich tötete mit dem Schwert eure Jünglinge (samt der Pracht eurer Rosse). Ich ließ den Gestank eurer Lager in eure Nasen aufsteigen."
Wiederum nahm Gott mit den schweren Kalibern seiner Artillerie, Pest und Schwert, den ganzen Umfang der Existenz Israels unter Beschuß: das Volk, seine Jungmannschaft, Kriegsrosse und Lager. Wiederum geschah es in der gleichen Weise, wie er einst Ägypten unter Trommelfeuer nahm. Bei der Pest heißt es jetzt in Erinnerung an den letzten Schlag, der die Weltmacht in die Knie zwang, ausdrücklich: „Mit der Pest Ägyptens". Aber mit größerer Unbeugsam-

keit als Ägypten, dessen Pharao, das Urbild der Verstockung, doch schließlich kapitulierte – hat Israel die Kapitulation verweigert. „Aber ihr kehrtet nicht um…" Es gibt keine Verstockung, die so schwer ist, wie die fromme Verstocktheit innerhalb der Gemeinde Gottes.

(11) Die fünfte Art von Warnschüssen hat Gott mit seiner allerschwersten Artillerie abgegeben. Wir wissen nicht, ob hier bildlich geredet und von der fast völligen Vernichtung des Volkes in der Syrernot gesprochen wird (vgl. 2. Kön. 13, 4. 7) oder ob es buchstäblich gemeint ist und Israel tatsächlich in den vorangehenden 200 Jahren von einer solchen Erdbebenkatastrophe heimgesucht worden ist, daß das ganze Volk seinen Tod vor Augen sah. Da die Bibel uns davon nicht berichtet, ist wohl die Erinnerung an die Syrerkriege das Wahrscheinlichere.

In jedem Fall hat der Herr Israel von unterst zu oberst gekehrt wie einst Sodom und Gomorrha und es hat bloß überdauert wie ein aus dem Feuer entrissenes Brandscheit, verkohlt und verbrannt, mit einem Rest von Leben, der nur dem Wunder sein Dasein verdankt. „Ich kehrte es unter euch um gleich der Umkehrung Sodoms und Gomorrhas durch Gott und ihr wart wie ein Brandscheit, entrissen der Glut."

Erdbeben sind seit den Tagen Sodoms und seit dem Wanken des Felsmassivs des Sinai vor Gottes Nahen für die Kirche Alten Bundes die furchtbarste Manifestation der Nähe Gottes und seiner richterlichen Macht. Die Syrerkriege aber hatten für Nordisrael dieselbe Bedeutung wie der Dreißigjährige Krieg oder der letzte für die deutsche Geschichte. Die Erinnerung daran zittert noch aus den Sprüchen des Amos über die Völker (Kp. 1–2).

Wie Amos haben die nachfolgenden Propheten die Gemeinde gelehrt, die immer gewaltiger anschwellenden Geschichtskatastrophen im Lichte der ägyptischen Plagen zu sehen, in ihnen einen Sinn und Plan zu erkennen, über ihnen die Hand des Herrn der Geschichte zu glauben und sie als Werben Gottes um die Kirche und um die Welt zu verstehen (vgl. Joel 1, 2 ff; 2, 1 ff; 3, 1 ff mit Offb. 6, 1–8, 1; 8, 7–9, 21; 11, 15–19). Es geht bei diesem Werben um die Herausgabe der Gemeinde durch die Welt, die sie gefangenhält, und um die Herausgabe der Herzen an Gott durch die Gemeinde, die sie ihm vorenthält – um die Buße.

Durch diese Schau tritt Gottes Ernst und Güte in ein neues Licht. Sie zeigt die Gemeinde von allen Seiten durch Gottes Ernst und Güte umgeben und Buße und Wiedergeburt als das unentwegt verfolgte, unablässig unterstrichene Ziel Gottes mit ihr, die Katastrophen der Geschichte als Begleitung zu Gottes Werben mit dem Wort.

Es ist, als wäre in diesen immer lauter erklingenden Warnsignalen und Werberufen der immer näher kommende, majestätische Schritt Gottes selber zu hören. Bei seinem letzten Tritt, der die Grundfesten des Gotteslandes ins Wanken bringt, ist es eine Minute vor zwölf. Aber seine Kirche bleibt unbewegt, verweigert die Umkehr. Alle Aufregung, Klage, Steigerung der Frömmigkeitsübungen, alle Veranstaltung von Bußfeiern und Wallfahrten an die Heiligtümer registriert der Herr garnicht, da sie doch Flucht sind vor der Auslieferung des Gewissens an ihn, ein Beharren auf dem Wege, den er seiner Kirche als Weg der Empörung, der Desertion und des Todes bezeichnet hat.

(12) Gott hat den Weg der Kirche als Weg des eigenen Willens und der Flucht vor Gott gebrandmarkt. Er hat ihr sein fünffältiges Werben und ihre fünffältige Verstocktheit und Verweigerung der Umkehr vor Augen gestellt. Er ließ sie dahinter seinen Schritt hören, der durch die Geschichte hallt und immer näher kommt. Jetzt setzt er mit gewaltigem „darum" den Schlußpunkt. Entsprechend seinem Anklopfen in der Vergangenheit, unter dem der Boden unter ihren Füßen wankte, stellt er mit einem geheimnisvollen Ausdruck seinen unabänderlichen Beschluß fest, jetzt vollends nach dem Gesetz der Vergeltung mit denen zu verfahren, die sein Werben ausschlagen und die Buße verweigern. „Also will ich dir tun, Israel, ja, dieweil ich dir also tun will, mach dich bereit." Wie will er jetzt mit seiner Gemeinde verfahren? Man hat schon gemeint, hier sei der Vers ausgefallen, der das angekündigte Gericht enthielt. Aber Gott spricht nicht aus, was er tun will. Er sagt nur, was er vorhat zu tun, soll sich in Übereinstimmung erweisen mit der Kette seiner Gerichte in der Vergangenheit. Aber es soll nicht mehr beschreibbar sein, wie Hunger, Durst, Plagen, Seuchen und Umkehrung. Es soll unbeschreibbar sein wie Gottes Advent selbst zum Gericht unsagbar ist und wie von der letzten Nacht mit ihren unausdenklichen Schrecken nur in Bildern geredet werden kann (5, 18 ff; 8, 4 ff).

Wie das Beben der Erde in der jüngsten Vergangenheit oder wie die letzte Geschichtskatastrophe gleich dem Umsturz Sodoms und dem Zittern des Sinai anzeigte, daß Gott persönlich herbeigekommen war und als Richter seinen Fuß aufs Land gesetzt hatte – so heißt es jetzt zur Gemeinde ebenso wie einst zu dem Volk, das am Sinai vor dem Posauenenschall der Stimme Gottes erzitterte: „Entgegen deinem Gott!" Am Sinai hieß es: „Und er sprach zu ihnen: Seid bereit auf den dritten Tag . . . Da erhob sich ein Donnern und Blitzen . . . und ein Ton einer sehr starken Posaune. Das ganze Volk aber, das im Lager war, erzitterte. Mose aber führte das Volk aus dem Lager Gott entgegen" (2. Mose 19, 15–17). So war es damals, so soll es wieder sein.

Nur war es damals unter der Führung des Mose ein Marsch dem Heiligen entgegen, unternommen von Sündern, die sich seinem Rufe beugten, ehe sie noch die volle Offenbarung seiner Güte und die eidliche Verpflichtung seiner Treue erlebt hatten. Jetzt dagegen wird es ein Marsch von Rebellen, die sich als Gottes Eigentum wissen, ihn kennengelernt und doch zum Nahenden „nein" gesagt haben, die auf der Flucht gestellt und in der Sackgasse festgerannt sind und nun sich dem Richter stellen müssen. „Schicke dich, Israel, deinem Gott entgegen!" oder: „Bereite dich, Israel, deinem Gott zu begegnen."

Aber eben damit, daß ihnen dies „Bereite dich!" zugerufen wird, ist ihnen auch noch die Buße als Chance angeboten.

(13) Diesem „deinem Gott entgegen" kann nichts mehr an Warnungen hinzugefügt werden. Es liegt jenseits der Grenze dessen, was mit menschlichen Worten und irdischen Gleichnissen ausgedrückt werden kann (vgl. Herntrich). Es bleibt nur noch übrig, den Zuhörern den Wolkenschleier vor den Augen zu zerstreuen und den Blick für die Größe dessen, dem sie entgegen müssen, zu öffnen. Das ist nur möglich in Anbetung und Lobpreis. So beschließt der Prophet seine Rede mit dem Hymnus auf die Größe Gottes.

Er offenbart der Gemeinde an Schöpfung, Geschichte und Heilsgeschichte die Größe des Schöpfers, des Herrn der Geschichte·und des Richters. Die gewaltigen Gebirgsketten der Schöpfung sind Ausdruck *der Kraft seiner formenden Hände*, das geheimnisvolle Wehen des Windes Ausdruck *der geheimnisvollen Macht seines Schöpferwortes*. Das Wort der Prophetie in Werben und Drohen ist Offenbarung *seiner unergründlichen Herablassung zu den Menschen*, mit der er sie in seinen großen Heilsplan hineinblicken läßt. Morgenröte und Dunkel sind Abglanz und *Mantel seiner Herrlichkeit*, damit er sich umgibt als Erschaffer und Vernichter, Erlöser und Richter. Die unübersteiglichen Gipfel der Berge mit ihrer himmelan ragenden Höhe, die kein Fuß erklomm, sind *Pfad für seinen nahenden Fuß*.

Er ist *der Kommende*, der heißt „ich werde sein, der ich sein werde",
Jahwe, *dessen Rat bleibt* und *zum Ziel kommt*. Ihm folgt und gehorcht
das Himmelsheer: „Denn siehe, er formt die Berge und erschafft
den Wind (aus dem Nichts) und macht dem Menschen offenbar,
welches sein Heilsrat ist. Er macht die Morgenröte und die Finsternis und tritt einher auf den Höhen der Erde, (zum Weltgericht und
zur Aufrichtung seiner Königsherrschaft) Jahwe, (ich werde sein, der
ich sein werde, ich werde erfüllen, was ich verheißen habe), der Gott
der Heerscharen (des Kosmos), ist sein Name."

Zweites Kapitel

Das Werben Gottes durchs Wort mit dem Ziel der Umkehr und des Lebens. Kp. 5, 1–17

Das Gericht, dem Gott sein Volk entreißen will –
das Leben, zu dem er es retten will –
die Verkehrung, von der er es umwenden will.

1. Der bevorstehende Tod ohne Auferstehung (5, 1–3)

Die Leichenklage um die Kirche.

(1) Höret diese Botschaft hier,
   welche ich selbst
erhebe über euch als Totenklage,
   Haus Israel:
(2) Gefallen ist, nicht steht mehr auf
   · die Jungfrau Israel.
Hingestreckt ist sie auf ihrem Lande,
   nicht gibt's einen Auferwecker.
(3) Denn so spricht der Allherr Jahwe
   ᵃübers Haus Israel:ᵃ
,,Die Stadt, die ausrückte mit tausend,
   behält als Rest hundert,
und die Stadt,ᵇ die ausrückte mit hundert,
   behält als Rest zehn."

2. Die Einladung aus dem Tode ohne Auferstehung ins Leben (5, 4–6)

Der Ruf aus der Flucht in die Frömmigkeit: Zurück zu Gott.
Ein Bußwort an die Kirche.

(4) Denn also spricht Jahwe
zu dem Hause Israels:
,,Suchet mich und lebet!
(5) Aber suchet nicht Bethel!
Und nach Gilgal kommt nicht
und nach Beer-scheba wandert nicht!
ᶜDenn Gilgal geht ganz in Gefangenschaft
und Beth-El wird zum Greuel."ᶜ
(6) ᵈSuchet Jahwe und lebet,
daß er nicht ᵉsendeᵉ Feuer ins Haus Josephsᵉ

und es verzehre und sei kein Löscher
für das Haus Israels.[fd]

3. Die Verkehrung der Bundesordnung durch die Gemeinde
(5, 7–13)

Die Verkehrung der Natur- und Geschichtsordnung durch Gott. –
Ein Scheltwort an die Kirche.

(7) [g]Sie v e r k e h r e n das Recht in Wermut
und die Gerechtigkeit beugen sie zu Boden.

(8) [h]Er schafft das Siebengestirn und den Orion,
er v e r k e h r t die Todesfinsternis in den Morgen,
und den Tag verfinstert er zur Nacht.
Er ruft den Fluten des Meeres
und schüttet sie aus über dem Erdboden.
Jahwe ist sein Name.

(9) [i]Er läßt aufblitzen[k] Zerbruch[l] über dem Starken,[m]
und Zerstörung bringt[o] er über die Festung.[n] [ih]

(10) Sie hassen im Tor den, der Recht spricht,
und den, der Wahrheit redet, verabscheuen sie.

(11) D a r u m , weil ihr niedertretet[p] den Geringen
und Getreidelast[q] nehmt von demselben,
ob ihr gleich Häuser von Quadersteinen bautet,
sollt ihr nicht in ihnen wohnen,
ob ihr gleich Weinberge der Lust pflanzet,
sollt ihr nicht ihren Wein trinken.

(12) Ja, ich kenne eure Frevel, daß[r] sie zahlreich,
und eure Verfehlungen, daß[r] sie gar mächtig.
Sie befehden den Gerechten und nehmen Bestechung
und die Armen beugen sie im Tor.

(13) [s]D a r u m , wer weise[t] ist in dieser Zeit,
der schweigt, denn böse Zeit ist dies."[s]

4. Der Ruf aus der verkehrten Heilssicherheit in die rechte
Gottverbundenheit (5, 14–15)

Einladung vom Bösen zum Guten, vom Unrecht zu Gott.
Ein Bußwort an die Kirche.

(14) [u]Suchet das Gute und nicht das Böse,
auf daß ihr lebet
und daß sei Jahwe[v] (der Gott der Heere)[v] mit euch,
also wie ihr saget.

(15) Hasset das Böse und liebet das Gute!
Und richtet auf im Tor das Recht!
Vielleicht erbarmt sich Jahwe, [w]der Gott der Heere,[w]
über den Rest Josephs.[u]

5. Der Ausblick auf den Advent des Richters (5, 16–17)

Die große Totenklage der Kirche.

(16) Darum so spricht Jahwe,
       der Gott der Heere, der Allherr:[x]
       „Auf allen Plätzen gibt's Totenklage
       und auf allen Straßen sagt man: ‚Weh! Weh!'
       Man ruft den Landmann zur Trauer
       und zur[y] Totenklage die Klagekundigen.
(17) Und auf allen Weinbergen gibt's Totenklage,
       wenn ich hindurchgehe durch dich" – spricht Jahwe.

Kapitel 5, 1–17 bildet eine große Einheit. Der Aufbau des Gedichtes ist ganz regelmäßig. Im Kernstück, V. 7–13, ist die Verkehrung der Bundesordnung durch die Gemeinde dem Richter gegenübergestellt. Diese Gegenüberstellung ist am Anfang und am Ende von einem Bußruf umrahmt, V. 4–6 und V. 14–15. Ein Leichenlied ist dem Ganzen vorangestellt und ein Ausblick auf kommende Leichenklage dem Ganzen hintennach gesetzt, V. 1–3 und V. 16–17.

Dieser Aufbau gibt uns ein lebendiges Bild davon, wie die ersten Schriftpropheten mitunter aufgetreten sind. Als Schauplatz sind des öfteren die großen Heiligtümer anzusehen. Die Gelegenheit geben die Wallfahrtsfeste, an denen sich das Volk dort sammelt. Die Weise des Auftretens trägt – auch wo dasselbe nicht von sichtbaren Zeichenhandlungen begleitet ist – oft den expressionistischen Charakter der Plakatmission. Die unbegrenzte Phantasie Gottes gibt den Propheten nicht nur mannigfaltige Zeichen ein zur Begleitung ihrer Rede, sondern auch überraschende und weckende Formen und Weisen des Redens selbst.

Oft verbinden sie – aus einem Stil in den andern und einer Weise in die andere übergehend – verschiedene Redeformen in einer. zusammenhängenden Predigt. So beginnt Amos hier mit einem Leichenlied. Vielleicht singt er es zur Zither. Dann geht er jäh in Alarm- oder Bußruf über, um sich darauf in heftiger Scheltrede zu verbreiten. Aber schon gleich zu Beginn unterbricht er die Anklage durch einen Hymnus auf Gottes Herrlichkeit, der wieder gesungen gedacht werden kann. Nach dieser Unterbrechung geht er wieder in den Stil der Scheltrede über, um auf dem Hintergrunde der soeben bezeugten Erhabenheit des Weltenrichters die Anklage gegen die Ungerechtigkeit des Volkes fortzusetzen und endlich wieder mit Buß- und Alarmrufen, die Posauenenstößen gleichen, die eigentliche Rede abzuschließen. Diesem Schluß folgt aber noch ein Ausklang, der auf den Anfang zurückgreift und die Botschaft wiederum in Totenklage aushallen läßt.

1. Der bevorstehende Tod ohne Auferstehung (5, 1–3)

Die Leichenklage um die Kirche.

(1) Vielleicht auf einem Siegesfest, wahrscheinlicher aber auf einem der großen Jahres- und Wallfahrtsfeste – vielleicht im Zyklus des Herbst- und Thronbesteigungsfestes, in dem die Gedanken der Ernte mit denen der Gesetzesverkündigung und Gotteserscheinung zusammenflossen – tritt Amos auf, wohl mit einem Musikinstrument in der Hand. Im Rhythmus des Klageliedes stimmt er, vermutlich zum Saitenspiel, eine Totenklage an. Nach damaliger Auffassung galt die Hausgemeinde, die einen Toten in ihrer Mitte hatte, als unrein, d. h. ihre Glieder durften nicht zum Heiligtum kommen, erst recht nicht am Fest teilnehmen, bis die Zeit ihrer Trauerbräuche und damit ihrer Unreinheit vorüber war (vgl. 4. Mose 5, 2c; 6, 6–12; 19, 11ff. 14). Nun aber stimmt der Prophet, wahrscheinlich am Heiligtum selber inmitten der Festgemeinde, eine Leichenklage an und dazu noch über die versammelte Festgemeinde. Ist das nicht Beleidigung der Festteilnehmer, des Gottesdienstes, des Heiligtums, ja, Gottes selber, Verunreinigung der Gemeinde, Entweihung des Ortes? Oder – wenn es im Auftrage Gottes geschieht – sagt es der Gemeinde: Ihr dürft nach Gottes Gesetz eben gar nicht feiern, dem Heiligtum nicht einmal nahen. Ihr habt ja einen Toten in eurer Mitte. Ihr müßt eigentlich klagen.

(2) Die Tote, um die er öffentlich das Klagelied anstimmt, nennt Amos „*Jungfrau*" in der Blüte und Vollkraft des Lebens. Braucht er das Bild im Gedanken daran, daß die Gemeinde Gottes Verlobte ist (nicht kraft des Mythos, auf Grund dessen die Heiden alljährlich die heilige Hochzeit zwischen dem Lande und der Gottheit feiern, sondern *kraft der Verlobung Gottes mit seinem Volk* in *der Wüste* beim Bundesschluß, kraft seiner Berufung und Erwählung)? Denn um Israel handelt es sich bei der Klage. Oder braucht er den Vergleich mit der Jungfrau in Vollkraft und Blüte, weil das Volk nach Überwindung der Syrernot unter Joas und Jerobeam II. zu seiner Vollkraft erblüht war?

Die Gemeinde muß sich beim Klang des Klageliedes über die verstorbene Jungfrau an die aus dem Heidentum übernommenen Klagefeiern erinnern, bei denen man das Sterben der Vegetation (in Gestalt der Vegetationsgötter Tammuz-Osiris-Hadad-Ramman-Adonis) beklagte mit dem Ausblick auf ihr Wiedererstehen aus der Unterwelt im Frühling (vgl. Zach. 12, 11; Hosea 6, 1 ff; 2. Chr. 35, 24–25; Jer. 22, 18). Im selben Stil, nur umgekehrt, besingt der Prophet vor der erschrockenen Gemeinde nicht ein sterbendes, sondern das aus dem geschichtlichen Tode wunderbar wieder *erblühte Israel* als *gestorben*, mit dem Ausblick auf *einen Tod ohne Auferstehung*. „Gefallen ist . . . nicht wird wieder auferstehen," „hingestreckt auf das Land", aus dem die Vegetation zu ihrer Zeit wieder aufsteigt; sie hat Hoffnung, Israel aber keine (vgl. Hi. 14, 7–12). Ihm bleibt keine Aussicht auf Auferweckung, weil der, der allein es zum Leben erwecken könnte, eben der ist, der die Blühende fällt. „Sie ist hingestreckt auf den Erdboden, nicht gibt es für sie einen, der sie auferweckt."

(3) Aus dem Bilde des kleinen *persönlichen* Lebens und *Sterbens* und aus dem größeren des *kosmischen Kreislaufs* von Leben und *Tod* geht der Prophet – nachdem er die naturhafte Hoffnung auf Wiederherstellung jäh abgeschnitten hat – in direkte Rede Gottes über. Mit der feierlichen Einführung: „So spricht Jahwe" nimmt der, der der Gemeinde den Todesstoß versetzt, selbst das Wort und gibt dem drohenden Unheil die festen Umrisse *einmaligen geschichtlichen Ereignisses*, das dem Leben Israels als Volk und Kirche ein Ende macht. Er läßt das Land mit seinen Städten und Dörfern, mit ihren Heeresaufgeboten in Tausendschaften und Hundertschaften, d. h. die ganze Jugend und Blüte Israels vor dem geistigen Auge der Hörer erstehen, um an dieser Kraft und Blüte den bevorstehenden Einbruch des Gerichtes in seiner Furchtbarkeit zu veranschaulichen. Wir sehen Stadt um Stadt ihre Tausend- und Hundertschaften in den Kampf senden. Und wir hören – ohne zu erfahren was geschehen ist – nur stereotyp die Meldung: „behält als Rest übrig," „behält als Rest übrig", für tausend – hundert, für hundert – zehn. Von dem ganzen Frühling der aufgebrochenen Jugend und Wehrkraft bleibt nichts als vernichtete Jugend und aufgeriebene Wehrkraft.

Ist es bloß der Umriß einer neuen Geschichtskatastrophe gleich der durchlittenen Syrernot, die Israel fast das Leben gekostet hatte? Oder steigt bei dieser beängstigenden Zählung, die von den großen

Zahlen anhebend immer tiefer und tiefer bei den kleinsten ankommt, über den Horizont der Saum eines *endgeschichtlichen Geschehens?*

Hinter dem Naturgeschehen und seinem ewigen Kreislauf von Leben und Tod blickte die Geschichte mit ihrer Einmaligkeit herein, hinter dem Bilde des Sterbens der Jungfrau Israel auf ihrem Lande – das Bild seiner vernichteten Mannschaft. Aber hinter dem zeitlichen Unglück, das Land und Volk bedroht, erhebt sich jetzt der Schatten der großen Gottesschlacht vom Ende der Tage. Doch sie bringt nicht das Eintreten Gottes für sein bedrängtes Volk, sondern das *Auftreten* des *Richters gegen dasselbe;* den Tag Jahwes, der den Kosmos in Mitleidenschaft zieht und der Geschichte ein Ende setzt. Es wird aber noch nicht ausdrücklich ausgesprochen. An dieser Stelle setzt der Prophet mit dem Bußruf ein.

2. Die Einladung aus dem Tode ohne Auferstehung ins Leben
(5, 4–6)

Der Ruf aus der Flucht in die Frömmigkeit: Zurück zu Gott.
Ein Bußwort an die Kirche.

Mit dem Bilde des Todes ohne Auferstehung, des Gerichtes ohne Gnade und der Niederlage ohne Entrinnen in ihrer geschichtlichen Einmaligkeit hat der Herr seiner Gemeinde in wenigen Strichen den furchtbar ernsten Hintergrund vor Augen gezeichnet, auf dem er jetzt noch einmal die zum Tode Bestimmten zum Leben ruft.

(4) Noch einmal, und jetzt mit einem beteuernden „ja" oder „fürwahr", setzt er mit der feierlichen Einführungsformel: „So spricht Jahwe zum Hause Israels" ein. Er gibt so die hohe *Vollmacht* an, die hinter dem Rufe steht, und die *Weite*, in die er trifft. Gott selbst hat das Wort und die ganze Kirche geht es an.

Angesichts des einbrechenden Todes, ja, in den von Gott aus gesehen schon eingetretenen Tod hinein – den Ton der Klage und Drohung fallen lassend – ruft Amos urplötzlich mit gewaltigen Imperativen ein dreifaches: „Suchet!" in die Gemeinde hinein. „Suchet mich, . . . suchet nicht Bethel . . . suchet Jahwe!" Es klingt wie: „Rette sich, wer kann!" Aber er ruft nicht wie Menschen, die angesichts einer Katastrophe – im Eingeständnis ihrer eigenen Ohnmacht zu helfen – den anderen den Weg zur Selbsthilfe freigeben, indem sie zur Flucht ins Ungewisse auffordern. Sondern bei aller katastrophenhaften Dringlichkeit weist sein Ruf fest und bestimmt den

7*

Weg zur Rettung und warnt vor dem Weg in den Untergang. Es ist, wie wenn in einer ausgebrochenen Panik mit einem Mal jemand da ist, der sachgemäße Befehle erteilt, dem man in Ruhe folgen kann.

Das Rettungsziel, das dieser sachliche Warnruf zeigt, ist nicht ein Ort, eine Sache, ein menschlicher Führer oder ein menschlicher Zusammenschluß, eine menschliche Willensanspannung. Diese Ziele lägen alle viel zu niedrig, sie lägen im Katastrophenbereich. Der Ruf weist *auf Gott selbst, der* nicht nur das Leben gibt, sondern selbst *das Leben ist.* Der Prophet fordert nicht auf, von ihm das Leben zu erbetteln, sondern *ihn selbst* und damit auch das Leben wiederzugewinnen. Und das ist keine rhetorische Aufforderung, die der Gemeinde ihre unwiederbringlichen Versäumnisse vorhält: „Hättet ihr mich gesucht, so würdet ihr leben, aber ihr habt es ja nicht getan, darum müßt ihr sterben" (so deutet ein Ausleger). Sondern es ist ganz *ernst gemeinte Einladung*, zu suchen, und ebenso *ernst gemeintes Angebot des Lebens.* Es schließt in sich die *Möglichkeit zur Umkehr* für Kirche und Einzelne, die Möglichkeit der Aufhebung des Gerichtes für Alle und die offene Tür für jeden Hörenden. Es ist Gottes Ruf, und indem Gott ruft, *schließt er die Tür auf,* indem er zu leben befiehlt, *gibt er das Leben.* Indem er sein Heilsangebot hineinspricht in die heillose Zeit, wird diese erfüllt mit Heil und Ewigkeit. (Das ist es, was man den kairologischen Charakter des Prophetischen Wortes nennt.)

Modernen Auslegern ist es unbegreiflich erschienen, daß Gott der Gemeinde den beschlossenen und herbeieilenden Tod vor Augen zeichnen und im selben Augenblick sie zum Leben einladen kann. Aber hier spricht der, der tötet und lebendig macht, der dem, das nicht ist, ruft, daß es sei, für dessen Willen und Können es keine Grenzen gibt. Er sagt seiner Kirche ein Dreifaches: 1. *Leben* und Existenz sind *verloren*, darum muß gesucht werden. 2. *Leben* und Existenz sind *zu haben*, darum muß genommen werden. 3. *Gott suchen* ist *Leben* und Existenz – wunderbar heißt es im Hebräischen, nicht: „Suchet mich, so werdet ihr leben," sondern: „Suchet mich und lebet!" Die zwei Imperative drücken die zwangsläufige Folge aus, mit der das eine aus dem andern kommt, weil das eine mit dem andern identisch ist, Gott suchen mit Leben. 4. Gott sagt der Gemeinde hinter diesen Dreien aber noch ein Viertes und Wichtigstes: *Gott will* das *Suchen*, die Existenz und das *Leben* der Gemeinde mit der ganzen *Unbändigkeit* und Zielstrebigkeit *seines Heilswillens*, der sie sucht. Er wiederholt jetzt mit den immer neuen Imperativen „suchet"

in positiver Form, was er mit dem immer neuen „aber ihr kehrtet
nicht um bis zu mir" in negativer Form ausgesprochen hat. Beides
sagt: *Gottes* mit unerhörter Einlinigkeit mit seinem Werben im
Schicksal wie durchs Wort verfolgtes *Ziel* mit seinen Kindern ist die
Buße.

(5) Die Kirche des Amos und aller Zeiten hört aus diesem Ruf
immer wieder zunächst die Aufforderung heraus: Auf zu den heiligen Stätten, zu den Gottesdiensten und Sühnemitteln, zu eifrigerer
Wallfahrt, regelmäßigerer Teilnahme an Feierstunden, treuerem
Gebrauch der Gnadenmittel, rührigerem religiösem Betrieb! Erschütternd ist, daß Gott seiner Gemeinde das Gegenteil sagt. Mit
derselben Dringlichkeit, mit der er sie zu sich einlud, beschwört
er sie nun dreimal hintereinander, die *kirchlichen Orte, Gottesdienste*
und *Gnadenmittel zu meiden:* „Suchet nicht . . . geht nicht . . . wandert nicht . . ." Wieder nennt er die drei berühmtesten heiligen
Stätten, mit denen sich die Erinnerungen an die Väter Abraham,
Isaak und Jakob (1. Mose 21, 37. 31; 26, 33; 28, 12–19) und an die
Verleihung des Landes durch Josua (Jos. 10, 15) verknüpfen, die
Erinnerungen an die größten Heiligen und die größten Ereignisse
der Heilsgeschichte: Beer-Scheba, Beth-El und Gilgal.

Zur Begründung dieser alle kirchliche Logik auf den Kopf stellen-
den Warnung zieht Gott mit e i n e m Strich die innere *Verkehrung*
im Verhältnis zwischen ihm und *seiner Kirche* ans Licht; die Verkehrung, die sich mit jenen Stätten verbindet, und die er nun am
Schicksal dieser Stätten auch äußerlich sichtbar machen wird. Er
tut es mit einem Wortspiel, das ein Ausleger etwas frei wiederzugeben
versucht hat mit: „Gilgal wird zum Galgen und Beth-El geht zum
Teufel", wörtlich: „Gilgal geht ganz und gar in die Gefangenschaft
und das Haus G o t t e s wird zum (Haus) „Unheil" oder: „Haus Greuel".

Wie die Sünde der Menschheit zum Vollmaß kommt in der Sünde
der Gemeinde, die Sünde der Gemeinde ihren vollendeten Ausdruck
findet im verkehrten Gottesdienst, so können Gottesdienst, gottesdienstliche Stätten und Feiern aus dem Wege zur Rettung *zum Weg*
in den Untergang werden, aus Stätten der Gegenwart Gottes zu
Stätten des Geistes von unten. Die Gottesdienste, die an diesen Stätten
stattfinden, können das Ohr für Gottes Wort taub machen, das Gewissen schläfrig und zur Entscheidung unfähig und den Willen
schlaff. Sie können die Erlösung für das Auge verbergen. Mit
einem Wort: Stätten und Gottesdienste können solcher Verkehrung

verfallen, daß sie aufsuchen zum Wege von Gott fort und das *Verlassen der Gottesdienste* zum *Wege zu Gott zurück* werden kann.

Es braucht nicht wiederholt zu werden, daß Amos nicht den Gottesdienst als solchen ablehnt, sondern d i e s e n Gottesdienst, der Flucht vor der Auslieferung an Gott, vor dem Hören seines Anrufs ans Gewissen und vor dem Gehorsam geworden ist; er warnt vor dem Gottesdienst, der Betäubung des Gewissens, Versuch der Selbsterlösung, Zurschaustellung der eigenen Frömmigkeit und damit Heuchelei ist; das ist Gottesdienst, der nicht wirklich Gott dient, sondern Gott zum Diener des Menschen machen will.

(6) Aus der direkten Gottesrede: ,,Suchet mich!'' geht der Bußruf – die Einladung Gottes wiederholend und unterstreichend – in die Prophetenrede über: ,,Suchet Jahwe, auf daß ihr lebet!'' In diesem Übergang aus dem Ich ins Er zeigt sich das Geheimnis der Vollmacht und Menschlichkeit des prophetischen Amtes und Wortes (ja, allen Amtes und Wortes in der Kirche). Das Ich des Propheten und das Ich Gottes verschmelzen nicht wie bei den Mystikern, sondern bleiben getrennt und bleiben beide erhalten, indem das Ich Gottes sich an der Stelle des menschlichen Ich durchsetzt und durch das menschliche redet. Darin bekundet sich das Geheimnis, daß Gott es ist, der durch diesen Viehhirten redet, und daß doch gleichzeitig das Ich dieses Mannes aus Thekoa weder ausgelöscht noch vergottet wird. Sondern Gott bleibt Gott und der Mensch Mensch und zwischen beiden eine Spannung wie zwischen Ich und Du.

Die noch einmal in die Menge hineingerufene Einladung, Jahwe zu suchen und das Leben zu gewinnen, unterstreicht der Prophet jetzt mit dem *Ausblick* auf jenen *Riesenbrand*, dessen Ausbruch er in der ersten Rede mit dem siebenfachen Ruf ,,Feuer!'' ,,Feuer!'' angekündigt hatte. Jetzt nennt er das *Haus Josephs* als *Ausbruchsstelle des Feuerschadens*. Wie er am Anfang den herbeigleitenden Schatten eines Todes ohne Auferstehung an die Wand zeichnete, so kündigt er jetzt die *Glut eines Großfeuers ohne Löscher* an, der es zu entrinnen gilt. In zwölfter Stunde *bietet* Gott noch einmal *Entrinnen* aus diesem Brande *an*. Vor das ausbrechende Feuer des Gerichts setzt er das angstvolle, affektbestimmte, mit Willen zur Abwendung gefüllte ,,daß nicht''. ,,Daß er nicht sende Feuer . . . (und daß nicht) es verzehre . . . (und daß nicht) sei kein Löscher.'' Wieder wie in den immer wiederholten Imperativen leuchtet auch hier Gottes *unbändiger Rettungswille* hindurch.

Der Prophet sagt: *Gott muß gesucht werden*, weil das Leben verloren ist und weil es *nur bei ihm* wiedergefunden werden kann; es
muß schnell geschehen, weil *Gottes Zorn dabei ist*, das Feuer des
Jüngsten Gerichtes zu entzünden; und es *muß notwendig gesucht*
werden, weil es im Feuer des Gerichtes *keinen Löscher mehr gibt*,
da der einzige, der löschen könnte, Gott selber ist, der es anzündet.
Darum heißt es ja auch von diesem Feuer: „Furchtbar ist es in die
Hände des lebendigen Gottes zu fallen" (Hebr. 10, 31). Er sagt aber
über dieses alles hinaus: Es *muß* und *darf sofort gesucht werden*, weil
Gottes unbändiger Wille die Rettung und das Leben will, weil der
Löscher noch da ist, der den Brand stillt, *weil Gott*, indem er auffordert, *das Leben anbietet*. Sein *Gebot* ist *Angebot*.

Darum sind alle Überschriften, die diese Verse überschreiben:
„Der Weg zum Glück" oder: „Der Weg zur Existenz" viel zu matt.
Es geht ja darum, *Gott zurückzugewinnen*, seinen Zorn zu versöhnen,
den Frieden mit ihm zu erjagen und damit ins Leben zu dringen.
Das Wort „Glück" ist zu stimmungsflüchtig, das Wort „Existenz"
zu blutleer um auszusagen, was die Kirche Alten Bundes in dem
gewaltigen Wort „*Leben*" befaßt. Leben ist für sie *schauen* Gottes,
empfangen seiner *Vergebung*, teilhaben an seinem *Sakrament*, hören
seines *Wortes*, *Vereinigung mit ihm*, Hingabe an ihn, An- und Hingenommensein von ihm, Geborgenheit bei ihm, Freude an ihm bis
hin zum Sattsein vom Loben und Schauen seiner Herrlichkeit, wandeln vor ihm, handeln aus ihm. Existieren im vollen geistigen, moralischen und physischen Sinne des Wortes ist Gespräch mit ihm, Partnerschaft mit dem gnädigen Gott und, wenn auch zunächst nur von
wenigen erfaßt, Gewißheit künftigen Schauens in Unverhülltheit
(Ps. 17, 15; 49, 16) und Gewißheit ewigen Anteils an seiner Herrschaft.

Dieses Leben ist verwirkt und muß wiedergewonnen werden. Es
gibt aber eine *Grenze*, an der *Gottes Angebot aufhört*, die Tür zum
Leben zufällt und das Gericht das Wort hat, ein „zu spät", da Gott
sich aus dem Leben in den Tod, aus dem Auferwecker, Sühner und
Retter in den Richter verwandelt und damit die schrecklichste aller
Verkehrungen eintritt, mit der Gott auf die Verkehrung im Verhalten seiner Gemeinde antwortet.

Von den Worten des Alten Testamentes über das Leben aus verstehen wir, was der Apostel aussagt mit dem Zeugnis, daß er das Leben
geschaut und betastet hat, und von diesem Zeugnis des Apostels und

von dem Bilde aus, das er uns von Jesus zeichnet, verstehen wir erst
voll, was Gott noch verhüllt durch den Propheten seiner Gemeinde
mit dem Leben anbietet –, zu einem Teil noch in der Hoffnung. In
der eigenen Lebens-Beziehung zu Jesus erschließt sich uns der tiefste
Inhalt des Lebensangebotes, das Gott der Kirche durch Amos macht.

3. Die Verkehrung der Bundesordnung durch die Gemeinde
(5, 7–13)
Die Verkehrung der Natur- und Geschichtsordnung durch Gott.
Ein Scheltwort an die Kirche.

Jetzt zieht Amos denen, die nicht verstehen können, warum er sie
aus vermeintlichem Tode ins Leben ruft, die Maske ihrer vermeint-
lichen Rechtschaffenheit vom Gesicht und zeigt ihnen dahinter die
Verkehrung ihres tiefsten Lebensbezuges, ihrer Beziehung zu Gott.
Diese letzte Verkehrung wird offenbar an ihrem Verhältnis zum
Nächsten.

(7) *Die Grundverkehrung* im *Verhalten der Gemeinde.* – Die zwei
Quellen, durch die Gottes Heilandswille ordnend in die Unordnung
dieser Welt eingreift und gottesgemäßes Leben in dieser gottwidrigen
Welt gestaltet, heißen „Recht" und „Gerechtigkeit". Sie werden
von der eigenen Gemeinde vergiftet und abgeriegelt. Das Werkzeug
seines ordnenden Heilswillens wird zum Instrument des Unordnung
stiftenden menschlichen Selbstbehauptungswillens verfälscht; dem
gottgemäßen Leben, wo es Gestalt gewinnen will, wird gewehrt, so
daß es an Raumnot zugrundegeht.

Es geht um das *Gottesrecht*, das sein Gesetz und dessen Verwirklichung in der Rechtsprechung umschließt und um seine *Gerechtigkeit* in der Kirche, in der Gottes Bundestreue ihre Entsprechung
findet in der Bundestreue des Menschen gegen Gott, die sich im
Verhalten zum Mitmenschen bewährt. Wo *der Wille* des *Menschen*
sich *an die Stelle* des *Gotteswillens* setzt, da können die Lebensver-
hältnisse nicht mehr an der Rechtsprechung genesen, sondern werden
von ihr zerrüttet. Im Zusammenleben wird dem Mitmenschen nicht
Achtung, sondern Mißachtung seiner Belange zuteil, für Solidarität –
Versagung der Bundestreue. In der Rechtsprechung wird Gottes
Urteil überhört, im Zusammenleben wird der Bruder übersehen.
Die Frucht ist Vergewaltigung des Menschen, Zerstörung des Lebens,
Auflösung der Ordnung.

Damit ist *Gottes Bundesordnung*, in der sein Heilswille sich inmitten der heillosen Welt an der Beziehung zwischen Mensch und Mensch, Bundesglied und Bundesglied, Bruder und Bruder verwirklichen will, *in ihr Gegenteil verkehrt*, Heil in Gift, Ordnung in Unordnung, Verbindung in Zertrennung, Solidarität in Verleugnung der Solidarität. „Sie verkehren das Recht in Wermut und die Gerechtigkeit beugen sie zu Boden." So sieht die Innenseite einer frommen und bürgerlichen Welt aus, die vor der heidnischen und gottlosen Welt die Himmelsgabe des Rechts und der Frömmigkeit voraus hat.

(8) *Die Verkehrung im Verhalten Gottes.* – Erwacht die Gemeinde nicht am Ansehen ihres eigenen verkehrten Gesichtes zu Gerechtigkeit und Recht, so soll sie in das *Gesicht* ihres *Richters* sehen, vor dessen Advent der Prophet sie gewarnt hat. Unmittelbar nach der Anrede, seine Anklage schon wieder unterbrechend, *richtet* Amos *ihren Blick auf Gott*. Er stimmt eine jener Lobpreisungen an, die in ihrer wie Donnerstöße anmutenden Wucht für Amos so charakteristisch sind. Der Hymnus besteht aus einer Aufzählung von Schöpfer und Richtertaten, die einer aus ehernen Gliedern zusammengeschmiedeten Kette gleicht. Die einzelnen Glieder werden durch den e i n e n Gedanken der Umkehrung zusammengehalten. Den Verkehrten zeigt der Prophet das Gesicht des Schöpfers, das sich ihnen gegenüber in das des Richters verkehrt.

In *zwei Bildern* umreißt Amos die Gestalt des *Schaffenden*, der Nichtsein in Sein kehrt: im Bilde des Schöpfers, der das *kosmische Heer* mit seinen Sternbildern in seiner wunderbaren Ordnung erschafft und im Bilde dessen, der sein: „Es werde *Licht*!" in die finstere Chaosnacht ruft, das den ersten Morgen herbeiführt. Für den Kosmos sind die zwei schönsten Sternbilder genannt, für die Chaosnacht ein Wort, das die dichteste Verhülltheit in sich schließt. Der Hebräer hört darin, ohne daß der Stamm es ausdrückt, „Schatten" und „Tod", d. h. Todesfinsternis. „Er erschafft das Siebengestirn und den Orion und verkehrt die Todesfinsternis in den Morgen."

Die zwei unmittelbar anschließenden *Bilder* zeichnen den *Vernichtenden* als den, der die Schöpfung des Lichtes rückgängig macht, der den Tag, der die ganze übrige Schöpfung einleitet, wieder *verfinstert* zur Nacht; und als den, der die Schöpfung selbst, die er aus der brausenden Urflut ins Dasein rief, wieder *in Sintflutwassern versenkt*, die Schöpfung rückgängig macht und das Chaos wiederkehren

läßt. „Er verfinstert den Tag wieder zur Nacht und ruft den Fluten
des Meeres und schüttet sie wieder über dem Antlitz der Erde aus."

In beidem, seinem schaffenden wie seinem richtenden Tun, preist
der Prophet die *Bewährung des Namens Gottes* als dessen, der sich als
der Beständige und Wirkende erweist, *als Jahwe*, d. h. „ich werde
sein, der ich sein werde." Gerade *im Wandel* aus dem *Schöpfer* in den
Richter beweist er sich *als der Unwandelbare*, Beständige, der seiner
Gerechtigkeit treu bleibt und *seinen Heilsrat durchführt* gegen die
Menschen und wider die Gemeinde. „Jahwe ist sein Name."

(9) Mit einem Schlußsatz von beängstigender Aktualität konfron-
tiert der Lobpreis *menschliche Vermessenheit* und Sicherheit mit dem
Angesicht dieser *schaffenden* und *umkehrenden Majestät Gottes*. Ihr
Angesicht begegnet der menschlichen Hybris wie Aufblitzen von
Wetterschein und Treffen von Wetterschlag, als Hereinbrechen von
Krieg und Verheerung über alles Wehrhafte und alle Wehrveranstal-
tung, d. h. über alle Sicherheit und alle Selbstbehauptung. *Zerbruch*
und *Zermalmung* ist das Ergebnis des Zusammenprallens zwischen
menschlicher Verkehrung in Gestalt von Selbstdurchsetzung und
Selbstbehauptung und Gottes Majestät, die sich beweist in seiner Verkehrung aus dem Schaffenden in den Vernichtenden. „Er läßt aufblitzen (wie Morgenrot oder Wetterschein) (oder fallen oder treffen
wie Geschoß oder Sturmangriff – je nach der Lesart) Zerbruch über
den Starken und bringt über Befestigung Zertrümmerung."

(10–13) *Die Verkehrung im Verhalten der Gemeinde.* – Der Hymnus hat das Bild Gottes gezeichnet als Majestät dessen, der Nicht-Sein
in Sein und Sein in Nicht-Sein verkehrt. Von dieser Zeichnung kehrt
der Prophet wieder zurück in die erregten Anklagesätze des Scheltwortes, das die Verkehrung des Weges der Gemeinde durch sie selbst
ins Licht zieht. In *je zwei Zeilen* zeichnet er ihr *Verhalten* am *Nächsten*,
um dann *zweimal* mit „*darum*" – „*lākhēn*" (V. 11a u. 13a) den
Schluß anzuzeigen, den *Gott* aus ihrer Haltung *zieht*.

(10) Die Gemeinde verfälscht nicht nur selber Gottes Willen, sondern *widersteht* auch *denen*, die als Richter oder als Zeugen *seinem
Heilandswillen ihren* Arm oder ihre Zunge *leihen*. „Sie hassen den,
der im Tore Schiedspruch gibt, und verabscheuen den, der Wahrheit
redet." Sie halten nicht nur selbst durch ihr Leben Gottes Gerechtigkeit auf in Ungerechtigkeit, sondern verurteilen auch die, die Gottes
Licht und Wahrheit in den Raum des Fluches und der Lüge herein-

lassen, statt wenigstens zu ihnen aufzuschauen. Es kann keine Rede davon sein, daß sie die Wenigen, die ihre Existenz im Dienst der Wahrheit und des Rechtes einzusetzen wagen, unterstützen würden. Sie empfinden sie vielmehr als unbequem, als Friedensstörer, als Vertreter einer Feindmacht.

(11) *Gottes Schlußfolgerung aus dieser Verkehrung.* – Der Prophet führt die Zeichnung der Ungerechten noch weiter aus. Statt den Schwachen und Abhängigen zu helfen, benutzen sie deren niedrige Stellung, um sie ihrerseits zu erniedrigen. Sie mißbrauchen deren schutzlose Stellung, um aus ihnen Vorteil zu ziehen, sie mit hohen Pachten und Abgaben auszusaugen. „Darum weil ihr tretet auf den Geringen und Getreidelasten nehmt von demselben." Weil sie Barmherzigkeit in Unbarmherzigkeit, Verpflichtung gegenüber dem Bruder in Selbstdurchsetzung gegen ihn verkehren, d. h. die *Bundesordnung auf den Kopf* stellen, „darum" zieht Gott aus ihrem Verhalten die Schlußfolgerung, daß er auch seinerseits sein Verhalten zu ihnen umkehrt, *seine Schöpferordnung* in ihrer Mitte *auf den Kopf stellt.* Ihr Bauen verkehrt er in Obdachlosigkeit, ihr Pflanzen in Fruchtlosigkeit, ihre Sicherung in Unsicherheit, ihre Freude in Traurigkeit, ihr Heil in Heillosigkeit. Schöpfungsordnung ist es, daß dem Bauen, erst recht dem Bauen mit Quadersteinen, gesichertes Wohnen, dem Pflanzen von Weinbergen, erst recht zur Lust gepflanzten, das fröhliche Trinken folgt. Aber „ob ihr gleich Häuser aus Quadern baut" sagt Gott, „sollt ihr doch nicht in ihnen wohnen. Ob ihr gleich Weinberge der Lust pflanzt, sollt ihr doch nicht ihren Wein trinken." Die Satzkonstruktion drückt die Logik der Verkehrung aus.

Das Bauen von Häusern aus Quadersteinen statt aus Lehm oder Brandziegeln und die Anpflanzung von Weinbergen der Lust zeichnet trotziges und angestrengtes Mühen um Dauer und Verewigung auf ferne Geschlechter; es ist ein Mühen nicht nur um Fristung, sondern auch um Verschönerung und Verklärung des Lebens zum Vorgeschmack der kommenden Heilszeit. Gott aber beantwortet solches Ringen und Mühen unlogischerweise mit Vernichtung und Elend. Das ist die *göttliche Logik hinter der Sinnlosigkeit,* die alles Bauen und Pflanzen überfällt, und das göttliche Gesetz von Ursache und Folge auf den Kopf stellt, wo die göttlichen Gebote mit Füßen getreten werden. Wo die Gesetze des Sollens zerbrochen werden, zerbrechen auch die Gesetze des Seins.

Das ist der Grund, warum Heimatlosigkeit, Teuerung, Hunger und Auflösung des Sinnes aller Arbeit auf Erden durch alle menschlichen Anstrengungen nicht abgewendet werden können; denn solche Verkehrungen der Grundordnungen des Seins sind Boten des Zornes Gottes über sein Volk, auch da, wo die einzelnen, die davon mitgetroffen werden, nicht schuldig sind.

(12) *Noch einmal Verkehrung des Willens Gottes durch seine Gemeinde.* – Gott richtet seinen Blick noch einmal auf die Verkehrung seines Bundeswillens als „Treubruch", d. h. Loslösung von ihm, und als „Verfehlung", d. h. Abweichung von dem durch sein Gebot abgesteckten Wege. Er legt jetzt den Nachdruck auf die Zahl und Wirkungsmächtigkeit der Treubrüche und Übertretungen. „Ich kenne eure Treubrüche, daß sie zahlreich sind, und eure Verfehlungen, daß sie gar mächtig sind."

Ihr Umfang und ihre Wirkung zeigen sich wiederum im Zusammenleben mit dem Mitmenschen. Die Entlassung des Gewissens aus der Bindung an Gott zeugt eine Feindschaft nicht nur gegen die göttlichen Normen, die den Willen einengen, d. h. gegen die Gerechtigkeit als solche – sondern auch gegen die Menschen, die durch ihre Haltung aufgerichtete Zeichen sind, die an das Bestehen göttlicher Normen erinnern, ja, ein Beweis sind für die Realität des gerechten Gotteswillens.

Solche Feindschaft gegen die „Gerechten" ist die Kehrseite der eigenen Versklavung unter die Ungerechtigkeit. Die *Hörigkeit gegen sich selbst* folgt der Entfremdung gegenüber dem Anspruch Gottes, liefert im Zusammenleben dem beständigen Schielen nach dem eigenen Vorteil aus und macht der Bestechung in feiner und grober Gestalt zugänglich. Eben damit macht Gebundenheit an sich selbst aber *Menschen gegenüber hörig*, liefert dem Einfluß und dem Druck der Macht und des Reichtums aus, der Meinung und dem Gelde der Maßgeblichen.

Diese Abhängigkeit treibt auf der einen Seite in eine noch *tiefere Feindschaft gegen den*, der von Menschen innerlich unabhängig, weil *von Gott bestimmt ist*, d. h. gegen den Gerechten. Auf der andern Seite führt die Menschenhörigkeit dazu, die eigene Schwäche den Mächtigen gegenüber und die eigene Abhängigkeit von den Reichen *zu kompensieren durch Stärke* und Brutalität *gegen die Schwachen*, Unabhängigkeit und Rücksichtslosigkeit gegenüber den äußerlich Abhängigen und Unvermögenden. Das ergibt im öffentlichen Leben das Ausweichen nach der Seite des schwächeren Widerstandes. Die Belange des Schwachen werden nicht nur übersehen, sein Recht wird mit Füßen getreten.

Das *Schielen* auf den *eigenen Vorteil*, das sich Aufschließen für Bestechung aller Art und das *Schauen auf* den *Menschen treibt in den Schein* und *macht blind für* die *Wahrheit* und das *Recht*. Und weil das Recht immer das Recht des Menschen ist, macht das auch *blind für den Menschen*. Das *Sehen* auf *Gott* macht *sehend gegenüber dem Menschen* und das Sehen auf Menschen macht blind für den Menschen, taub für seine Belange, ja, hart und ungerecht.

Solche Bestimmtheit durch den Blick auf Menschen *zerreißt die Gemeinschaft* in Klassen, Welten und Gruppen; in solche, die *Macht* haben, auf der einen Seite, und die *Armen*, Geringen und Demütigen, d. h. die ʾäbjônîm, dallîm, ʿanāvîm auf der andern Seite. Hinter diesen Scheidungen verbirgt sich aber ein noch viel *tieferer Riß* – der aufbrechende *Gegensatz* zu den *von Gott Bestimmten*, den Gerechten oder ṣaddîqîm. Sie decken sich in der Zeit des Amos mit den Armen, Geringen und Demütigen – aber nicht nur zur Zeit des Amos. In allen Zeiten hat das Leben ein *Gefälle, daß die, die sich vom Willen Gottes bestimmen lassen, in die Minorität* und auf die untere Seite *bringt*, und damit in die Front der Demütigen, Geringen und Armen versetzt.

So zerreißt die Gemeinschaft in Klassen, aber durch all diese Klassen hindurch *in die zwei großen Gruppen* der „rᵉšāʿîm" und „ṣaddîqîm", der *Gottlosen* und der *Gerechten*. Und was sich im Zusammenleben tausendfältig ereignet, verdichtet sich auf engem Raum im Gericht in der Haltung der *Richter* und *Zeugen*. „Sie befehden die Gerechten und nehmen Bestechung und stoßen den Armen beiseite im Tor."

(13) *Die zweite Schlußfolgerung Gottes aus dieser Verkehrung*. – Mit einem zweiten „darum" zieht Gott in noch anderer Weise die Schlußfolgerung aus der Verkehrung seines Bundeswillens und seiner Bundesordnung. Er antwortet nicht nur mit *Verkehrung* seiner *äußeren Schöpfungsordnung* in ihrer Mitte, sondern auch mit *Verkehrung* seiner *inneren moralischen Lebensordnung*. Gottes normale sittliche Ordnung ist es, daß *Weisheit* Gewicht hat in der Menschengemeinschaft, und *Moral* Autorität hat in der Gemeinde. Es gibt aber *Zeiten*, in denen es *keine Führer* und keinen Rat, *keine sittliche öffentliche Meinungsbildung* und Moral mehr gibt. Das kommt nicht daher, daß

keine Klugen und Guten mehr da wären, sondern daher, daß *Gott den Klugen und Guten die Vollmacht entzogen hat.* Auf Untreue und Ungehorsam, die Gottes Heilswillen und Bundesordnung verkehren, antwortet Gott mit einer anderen, einer unheimlicheren Verkehrung, nach der die Toren, die schweigen sollten, entbunden werden zum Reden und die moralisch Haltlosen, die folgen sollten, führen müssen. Die Edlen und Weisen aber, die führen und reden sollten, müssen folgen und schweigen. Das ist *die böse Zeit der Verkehrung* der *sittlichen Ordnung*, die Gott – zusammen mit der Umkehrung seiner Schöpfungsordnung, mit der Aufhebung des Sinnes von Pflanzen und Bauen – über seine Gemeinde verhängt als *Zeichen des Gerichtes.* „Darum, wer weise ist in dieser Zeit, der schweigt, denn böse Zeit ist dies". Das ist Vorgeschmack der Stunde, da die Finsternis selbst Vollmacht bekommt und der Gottessohn schweigt, von der Jesus in Gethsemane bei seiner Verhaftung zeugt (Luk. 22, 53).

Die Anklage redete die Gemeinde auf die Verkehrung des gerechten Gotteswillens an. Sie ließ die Gemeinde darauf ins Angesicht Gottes sehen, der sich aus dem Schöpfer in den Richter verkehrt. Alsdann zeigte Gott ihr zweimal die Gestalt ihrer Verkehrung des Gotteswillens im Verhältnis zum Schwachen und zweimal die Verkehrung der Schöpfungsordnung und der sittlichen Weltordnung, mit der Gott die Verkehrtheit der Gemeinde beantwortet: das Schwinden des Sinnes aus der Arbeit und die Aufhebung der Autorität von Sittlichkeit und Weisheit.

4. Der Ruf aus der verkehrten Heilssicherheit in die rechte Gottverbundenheit (5, 14–15)

Einladung vom Bösen zum Guten, vom Unrecht zu Gott.
Ein Bußwort an die Kirche.

Gott ist ein Gott nicht nur der Schöpfung, sondern auch der Umkehrung. Die Umkehrung seiner Schöpfungsordnung wie seiner sittlichen Weltordnung inmitten seiner Gemeinde steht vor der Tür. So schloß Amos seine Scheltrede. Jetzt ruft er noch einmal wie am Anfang mit gewaltigen Imperativen wie mit Trompetenstößen zur Umkehr, zum Leben, zu Gott und zu seinem Erbarmen. Auf dem Hintergrunde der aufgerichteten Zeichen des Zornes und der sichtbar gewordenen Umrisse des nahenden Gerichtes wirbt Gott noch einmal und jetzt noch dringlicher durch den Propheten.

Moderne Auslegung hat die Echtheit dieses Werbens nach der vorangehenden Verkündigung des Gerichtes in Zweifel gezogen. Dadurch hat sie uns aus der gewohnheitsmäßigen Hinnahme der Barmherzigkeit Gottes aufgerüttelt und hat uns wieder für die atemberaubende, alle menschliche Logik sprengende Art, Intensität und Größe seines Erbarmens hellhörig gemacht. Ja, sie hat unser Auge wieder für Gott selbst in seiner irrationalen Güte aufgeschlossen.

(14) „Suchet!" klingt wieder der erste Trompetenstoß. Auffallenderweise heißt es als Fortsetzung nicht „mich" oder „Jahwe", sondern „*das Gute*". So formuliert der Prophet das Ziel der Umkehr, weil er soeben der Gemeinde gezeigt hat, daß *ihr inbrünstiges Suchen Gottes* mit Opfern, Liedern und Gebeten an den Heiligtümern in Wahrheit kein Suchen Gottes, sondern *Flucht vor ihm ist*, indem es den Bruder, in dem Gott uns begegnet, und Recht und Barmherzigkeit an ihm vergißt. Darum ruft Amos jetzt auf, *Gott dort* zu suchen, *wo er uns am ersten entgegenkommt* und *seinerseits unsern Dienst sucht*: Im *Bruder* und in der *Barmherzigkeit*, die von uns gefordert wird, der Gott sich in Gestalt der Schwachheiten des Mitmenschen anvertraut.

So ist „Gott suchen" identisch mit „das Gute suchen". Das ist aber nicht im Sinne der moralistischen Auffassung zu verstehen, die ein Moralprinzip an die Stelle Gottes setzt, sondern in jenem tiefen Sinn, daß in der *Begegnung mit dem Bruder* sich die *Begegnung mit Gott* ereignet, *im Bruder Gott* selbst *gedient wird*. Im Ja oder Nein zu diesem Dienst fällt die Entscheidung für Gut oder Böse, für Gott oder Gottlosigkeit. In der Begegnung mit dem Bruder wird uns von Gott die „*große Möglichkeit*" geschenkt.

Diese Möglichkeit heißt „*Leben*". „Daß ihr lebet!" Noch einmal stellt der Prophet das Leben groß vor die Sterbenden hin, die es nicht wissen, daß sie Sterbende sind, über die er aber bereits vor ihren Ohren die Totenklage angestimmt hat. Jetzt deutet er ihnen das Leben in seinem tiefsten Sinn als *Wandeln mit Gott*, zu dem der Mensch von sich aus nicht fähig ist. Darum ist Leben in dem Sinne, wie Gott es seiner Gemeinde anbietet, das *Geschenk der Herablassung Gottes*. Es erschließt sich im Mitgehen Gottes mit den Seinen; es ist sein *Bekenntnis zu denen, die*, von sich aus nicht imstande ihm recht zu dienen, *ihn dort suchen, wo er sich erniedrigt ihnen in Fleischesgestalt zu begegnen*, zu denen die ihm *im Bruder* dienen. Man kann auch formulieren: Leben ist die Liebe, in die Gott uns hineinnimmt, wenn wir *uns* der *Liebe*, mit der er sich uns verbunden hat, aufschließen und ihn in unserm Bruder wiederlieben, seine Herablassung, mit der er sich uns im Bruder zueignet, schlecht und recht ergreifen.

Dies Leben ist identisch nicht nur mit einer Gewißheit, sondern mit einem *Faktum*, das heißt: „*Gott für sich haben*", und dazu mit der tröstenden Gewißheit der Herablassung und *Zugesellung des Gottes der Himmelsheere zu dem sündigen Geschöpf*, das er berufen hat, seinen Krieg auf Erden zu führen und den Namen seines Heeres „Israel" zu tragen. „Daß ihr lebet", d. h.: „Daß auf solche Weise wirklich mit euch sei Jahwe, der Gott der Himmelsheere, wie ihr es (heute) behauptet (oder: euch anmaßt)."

Leben ist solche Gewißheit auf Grund seiner Zusage, im Eingehen auf seine Einladung, im Ergreifen seines Angebotes, in der Hingabe an seine Begegnung. Leben ist nicht die Sicherheit, Gott mit sich zu haben, auf Grund einer sich selber eingeredeten Illusion auf dem selbsterwählten Wege, die eines Tages der Ernüchterung Platz macht. Das ist das Leben, mit dem die Gemeinde sich tröstet, das in Wirklichkeit der Tod ist. „Wie ihr ja behauptet (oder euch anmaßt)."

(15) Ein zweiter Trompetenstoß ruft dieselbe werbende Einladung noch einmal in die Gemeinde hinein; aber nun heißt es nicht mehr positiv: „Suchet!" und negativ: „Lasset!", sondern in letzter Steigerung: „*Liebet!*" und: „*Hasset!*", in dem brennenden, *mit aller Aktivität geladenen* und zugleich warmen, *aller persönlichen Affekte vollen* Sinne, den das Wort „*lieben*" in der Bibel hat. Noch einmal stellt Gott den Menschen *in die Entscheidung* zwischen Gut und Böse. Er stellt ihn vor den vergewaltigten Bruder als den Vertreter Gottes, vor die *Hinwendung zum Bruder* als die *herrliche Möglichkeit der Begegnung mit Gott* und des Ergreifens seines heilvollen Bundeswillens. „Suchet das Gute und nicht das Böse!" hieß es zuerst, „hasset das Böse und liebet das Gute!" heißt es jetzt in letzter Steigerung der persönlichen Entscheidung und Hingabe.

„Und richtet im Tore das Recht auf!" lautet die Fortsetzung. Gott stellt damit noch einmal unmißverständlich klar, daß dies Suchen Gottes *über den Nächsten gehen muß*. Dies Recht, mit dem jetzt „das Gute" noch präziser umrissen wird, ist wiederum weder ein unserer Vernunft entnommener sittlicher Maßstab, noch ein tief ins Gewissen gegrabenes Gesetz in unserer Brust, sondern *der gute, gnädige Gotteswille*, der die Sünde straft und den Sünder sucht, wie er in der Thora Gottes offenbart ist.

In zwei Gruppen von Kreisen, die sich konzentrisch um zwei Mittelpunkte schließen, zeichnet Amos vor die Gemeinde *zwei Welten*, zwischen denen sie sich entscheiden muß: *Auf der einen Seite: Blindheit* für den Mitmenschen und Selbstdurchsetzung gegen ihn; *Feindschaft* gegen die, die die göttlichen Normen leben, – und im tiefsten Feindschaft gegen den heiligen Gotteswillen selber; *Flucht* vor dem lebendigen Gott in den religiösen Betrieb und dabei die *Einbildung*, Gott auf seiner Seite zu haben. Das bringt mit sich Vergewaltigung des Armen und Gerechten, Befehdung des gerechten Schiedsrichters, Verabscheuung des wahrhaftigen Zeugen, Haß gegen das Recht und das Gute, Suchen der Heiligtümer statt Gottes und die Behauptung: „Jahwe, der Gott der Heerscharen ist mit uns." *Auf der andern Seite:* die *Ausrichtung* des Auges auf den *Mitmenschen*; die *Solidarität* mit dem *Schwachen* und die Gemeinschaft mit dem Gerechten; die *Entscheidung* für das *Recht* und das Bekenntnis zu denen, die es verkörpern und tragen. Das ist Leben in der Entscheidung, *in der Abwendung* von *sich selbst*, von der Vermessenheit und von der Selbstdurchsetzung und statt dessen *in der leidenschaftlichen Zuwendung* zum *andern* und zum offenbarten *Gotteswillen*; das ist die *Flucht* aus dem religiösen Betrieb *zu Gott selber*. Das bedeutet das Eintreten für den Armen und Gerechten, das Aufrichten des Rechtes im Tor als Richter und Zeuge, das Lieben des Guten, das Verlassen der Heiligtümer und das Suchen Gottes. In alledem ist es die echte *Gewißheit*, Gott mit sich zu haben. Im *Mittelpunkt* des einen Bündels von Kreisen steht das *Böse*, im *Mittelpunkt* des andern *Gott*. Im Mittelpunkt des einen der *Tod*, im Mittelpunkt des andern das *Leben*.

Über die Aufforderung aus dem Todes- in den Lebenskreis hinüberzuwechseln, die jetzt in der letzten werbenden Dringlichkeit geschieht, setzt der Prophet erschreckenderweise ein „*Vielleicht*"; es ist nicht mehr eine Verheißung für die ganze Gemeinde, sondern nur noch für eine durch Entscheidung und Scheidung entstehende Auslese, für „einen Rest". – Es ist nicht eine Möglichkeit, sich das Leben zu erringen, sondern eine Hoffnung auf Gnade vor Recht. „Vielleicht erbarmt sich Jahwe, der Gott der Heere, des Restes Josephs". Wie erschütternd klingt dieses „vielleicht" und „erbarmt sich" auf dem Hintergrunde der Sicherheit der Gemeinde: „Jahwe, der Gott der Heere, ist mit uns" (V. 14c).

Darin liegt vierfache Zuspitzung des letzten Werbens und der letzten Einladung durch den Propheten. 1. Es liegt darin, daß gesteigerte

Nähe und Größe der Gefahr auch die *Dringlichkeit* steigert, *die angebotene Chance zu ergreifen*, aus dem Tode ins Leben zu flüchten. – 2. Es ergibt sich, daß solche Rettung nicht Lohn oder Verdienst noch überhaupt eine menschliche Möglichkeit oder Frucht menschlicher Bemühungen ist, sondern allemal *unverdiente Herablassung*, Gnade des Richters, die es gilt zu ergreifen. – 3. Es zeigt sich, daß solche Herablassung und Gnade nicht allen zuteil wird, die sich trotzig auf Gott berufen und sich seiner Gnade sicher wähnen, sondern nur denen, die sich *in die Buße rufen lassen.* Das sind die, die sich aus einem Haß in den andern, aus einer Liebe in die entgegengesetzte ziehen lassen; aus dem Haß gegen den heiligen Willen Gottes in den Haß gegen sich selbst und das Böse, aus der Liebe zu sich selbst in die Liebe zu ihm in Gestalt des Anderen, des Mitmenschen, des Bruders, des Gliedes der Bundesgemeinde, des Ebenbildes Gottes. – 4. Und endlich enthüllt sich, daß die *vorgerückte Stunde* nur noch ein „*vielleicht*" und nur noch für „einen Rest" Hoffnung läßt, daß das Angebot der Gnade nur solange es noch nicht zu spät ist, gilt.

Eine ergreifende *Innigkeit* und *Schmerzlichkeit* klingt durch die Anknüpfung an den Heilsglauben der Kirche „daß sei Jahwe, der Gott der Heere, mit euch, wie ihr meint", durch das „Vielleicht" („vielleicht erbarmt sich Jahwe") mit seiner erschütternden Unsicherheit und durch das Wörtlein „Rest", das an eine in Fluten versinkende Gesamtheit erinnert und das Bild eines geretteten Noah-Häufleins vor die Seele zeichnet. Dazu spricht aus den Wiederholungen „suchet", „suchet nicht", „liebet", „hasset" die Unergründlichkeit und Unerschöpflichkeit, die *Intensität* und Dringlichkeit, *mit der Gott* erst um seine ganze *Kirche wirbt* und danach die *Einzelnen* aus ihr *herauswirbt.* Und der Prophet ist ganz Organ dieses Werbens.

Es ist nicht ausnahmsweises Weichwerden des granitenen Mannes aus der Wüste, wie manche Ausleger meinen, daß Amos hier so spricht. Diese Deutung schwächt die Majestät seines Werberufes ab. Sondern durch die Innigkeit und Schmerzlichkeit der Worte des Hirten aus Thekoa klingt die *Innigkeit* und *Schmerzlichkeit, mit der Gott selbst wirbt* und die Gewalt und Majestät der Trompetenstöße seines Bußrufs begleitet.

Die immer wiederholte Versicherung: „Ich wend es nicht ab" am Anfang des Amosbuches wird erst verständlich auf dem Hintergrund der immer wiederholten, aus tiefstem Schmerz gesprochenen Feststellung: „Aber ihr kehrtet nicht um bis zu mir" und im Licht der letz-

ten Intensität des immer wiederholten Werbens mit dem Angebot des
Lebens in unserer Rede.

5. Der Ausblick auf den Advent des Richters (5, 16–17)
Die große Totenklage der Kirche.

Am Ende dieser letzten, ergreifenden Einladung nimmt der Prophet
feierlich im Namen Gottes in all seiner Macht und Herrlichkeit das
Wort. „Darum so spricht Jahwe, der Gott der Heere, der Allherr". Er
stellt noch einmal *das Bild des Todes* vor die Gemeinde wie am Anfang
seiner Rede. Es ist aber nicht mehr das Bild einer einzelnen Leichen-
feier, das ja auch schon aufs Ganze zielte; auch nicht das Bild einer
liturgischen Totenklage – wie angesichts des Kreislaufs von Leben und
Tod in der Natur; auch nicht das Bild eines geschichtlichen oder nationalen Unglücks – wie nach einer verlorenen Schlacht, wie Amos es am
Anfang hinzeichnete. Sondern jetzt malt er vor die Gemeinde das *Bild
eines Gerichtes*, das *über das ganze* Land und *Volk* geht, auf allen
Plätzen und Straßen, Häusern und Weinbergen lauter Totenklage
zurückläßt. Es ist das Bild eines Gerichtes, das alle Menschen klagend
vereint, über alle Unterschiede des Alters und des Standes hinweg.
Der stolze Bauer gesellt sich selbst zu den Klageweibern und wird
ihnen gleich.

Ein Meer des Jammers schlägt zum stummen Himmel aus dem einmaligen „Trauer", „Klage", dem zweimaligen „ach", „ach" und dem
dreimaligen „Totenklage", „Totenklage", „Totenklage". „Auf allen
Pätzen gibt's Totenklage, auf allen Straßen sagt man: Ach! Ach!
Man ruft den Landmann zur Trauer und zur Totenklage die Klage-
kundigen. Auf allen Weinbergen gibt's Totenklage". Am nahen Horizont zeichnet sich ein Sterben und Klagen ab, zu dem das Leichenlied, das der Prophet eingangs anstimmte, nur ein Präludium darstellte.

Der Grund aber dieser Klage, die Ursache dieses Sterbens ist nicht
Hunger, Seuche, Erdbeben, Krieg oder Sintflut, sondern *Gottes Advent.*
Der Grund ist, daß *Gott selbst durch seine Kirche hindurchgeht,* wie er
in der Urzeit durch die Weltmacht hindurchging, die die Kirche verfolgte
und vergewaltigte (2. Mose 12, 12. 23. 29). „Schicke dich, Israel, dei-
nem Gott entgegen!" (wie am Sinai) schloß die vorangehende Rede.
„Wenn ich hindurchgehe durch dich" (wie in der Passahnacht durch
Ägypten) schließt hier Gott sein Werben. Damit bekommt das Werben
Gottes seine letzte Dringlichkeit. Es ist Werben vor dem Advent.

8 *

Drittes Kapitel

Die Grenze des Werbens Gottes: Der Tag Jahwes. Kp. 5, 18–6, 14

Zwei Weherufe, zwei Haßworte, ein Ausruf des Staunens
aus dem Munde Gottes.

Mit dem Blick auf den Advent Gottes mündeten die zwei vorangehenden Werberufe (4, 4–13 und 5, 1–17). Den Advent, der allem
ein Ziel setzt, haben die fünf folgenden, hier zusammengeschlossenen
Prophetenworte zum Thema (5, 18–20; 5, 21–27; 6, 1–7; 6, 8–10;
6, 11–14).

1. Der erste Weheruf (5, 18–20)

Der Zusammenstoß Gottes mit der Zukunftsbegeisterung der Gemeinde. –
Der Tag Gottes als Finsternis. – Die Gefahr der Zukunftserwartung.

(18) „Wehe denen, die heranbeten
        den Tag Jahwes!
        Was soll euch denn nun
        der Tag Jahwes?
        [a]Ist doch Finsternis er
        und nicht Licht.[a]
(19) Gleichwie einer entflieht
        vor dem Angesicht des Löwen
        und es trifft auf ihn der Bär,
        und wenn er ins Haus kommt
        und sich stützt mit der Hand auf die Wand,
        so beißt ihn die Schlange.
(20) Ist etwa nicht Finsternis
        der Tag Jahwes
        und nicht Licht,
        dichtes Dunkel ohne Lichtglanz?

2. Das erste Haßwort (5, 21–27)

Der Zusammenstoß Gottes mit der gottesdienstlichen Begeisterung der
Gemeinde. – Der Tag Gottes als Entwurzelung und Verbannung. – Die
Gefahr des Gottesdienstes.

(21) „Ich hasse, ich lehne ab eure Wallfahrtsfeste,
        ich mag nicht riechen eure Festversammlungen.

(22) Und wenn ihr mir darbringt Brandopfer,
      a_ _ _ _ _ _ _ _ _ _ _ _ _ _ _ _ _a
      und an euren Gaben hab ich kein Gefallen,
      und eure Mahlopfer vom Mastvieh sehe ich nicht an.

(23) Weg von mir mit dem Brausen deiner[b] Lieder!
      Und die Musik deiner[b] Harfen mag ich nicht hören.
(24) Es flute wie Wasser Recht einher
      und Gerechtigkeit wie ein ständig fließender Bach!

(25) Habt Schlachtopfer und Gaben ihr mir dargebracht
      in der Wüste die vierzig Jahre, Haus Israel,
(26) [c]und herumgetragen [d]das Zelt eures Königs[d]
      und (den Greuel)[e] eurer Bilder, ()[e] die ihr euch machtet?[c]

(27) Ich werde euch über Damaskus hinaus verschleppen" –
      spricht Jahwe, [f]Gott der Heere ist sein Name.[f]

3. Der zweite Weheruf (6, 1–7)

Der Zusammenstoß Gottes mit der Gegenwartsseligkeit der Gemeinde. –
Der Tag Gottes als Entwurzelung und Verbannung. – Die Gefahr der Kultur.

(1) „Wehe den Selbstsicheren auf dem Zion
      und den Vertrauensseligen auf dem Berge von Samarien,
      ‚den Vornehmsten[a] des Erstlings der Völker',
      [b]die, wenn Israels Volksversammlung bei ihnen einkommt,[b]
(2) (sprechen)[b]: ‚Geht nach Kalne und schaut es euch an,
      und geht von dort nach Hamath Rabba,
      und steigt hinab nach Gath der Philister!
      Sind sie etwa besser[c] als diese Königreiche?[d]
      Oder ist [e]ihr Gebiet größer als euer[e] Gebiet?'

(3) Die fortschieben den Tag des Unglücks
      [f]und herbeiziehen Zertrümmerung und Gewalt;[f]
(4) die lagern auf Lagerstätten von Elfenbein
      und sich räkeln auf ihren Polstern;
      die verzehren Lämmer von den Herden
      und Kälber, herausgeholt aus dem Maststall;

(5) die trillern zum Klang der Harfe,
      [g]wie David ersinnen sie sich Musikstücke[h];[g]
(6) die schlürfen aus Sprengschalen den Wein,
      und das köstlichste Öl versalben sie.
      [i]Aber nicht kränken sie sich um die Zertrümmerung Josephs[i].

(7) [k]Darum wohlan! Sie sollen an der Spitze von Gefangenen in Ge-
                              fangenschaft wandern,
      und weichen wird die Lustbarkeit[l] der Sich-räkelnden."[k]

4. Das zweite Haßwort (6, 8–10)

Der Zusammenstoß Gottes mit dem Stolz und der Üppigkeit der Gemeinde. –
Der Tag Gottes als Pest und Vernichtung. – Die Gefahr der Prosperität.

(8)   Geschworen hat der Allherr[a] Jahwe bei seiner Seele;
      [b]so lautet die Raunung Jahwes, des Gottes der Heerscharen.[b]
      „Ich verabscheue[c] fort und fort die Hoffart Jakobs,
      und ich hasse seine Palastbauten,
      und ich gebe preis die Stadt und was sie erfüllt.

(9)   Es wird geschehen, wenn überbleiben zehn an Männern
      in einem Hause, so müssen sie dennoch sterben.

(10) [d](Und ist noch ein Übriger übrig),[d] liest ihn auf sein Vetter,
      sein Verbrenner, um seine[e] Gebeine aus dem Hause zu schaffen.

      Und sagt man zu einem, der im innersten Versteck des Hauses:
      ‚Ist etwa noch einer bei dir?‘, so sagt er: ‚Keiner‘,
      [f]und man sagt: ‚Still‘! Denn ja nicht
      darf ausgesprochen werden der Name Jahwes."[f]

5. Die Gerichtsankündigung (6, 11–14)

Der Zusammenstoß Gottes mit der Verkehrtheit der Gemeinde. – Der
Tag Gottes als Bedrängnis durch übermächtigen Feind. – Die Gefahr des
Sich-vermessens.

(11) Denn siehe, Jahwe [a]ist dabei und heißt[a]
      in Trümmer schlagen das große Haus
      und das kleine Haus in Splitter.

(12) Laufen auch Rosse über Felsen,
      [b]oder pflügt man mit Rindern das Meer,[b]
      daß ihr umkehrt in Gift das Recht
      und die Frucht der Gerechtigkeit zu Wermut?

(13) Die sich freuen an [c]„Nicht-Nennenswert"[c]
      [d](und sich nicht grämen um den Bruch Josephs)[d],
      die da sprechen: ‚Haben nicht aus eigner Kraft
      wir uns wiedergenommen Hörnlein‘[e]"?

(14) „Denn siehe, ich bin dabei zu erwecken ein Volk[f]
      über euch, o Haus Israel!"
      [g]lautet die Raunung Jahwes, des Gottes der Heere.[g] ()[h]
      „Das wird euch bedrängen von da, wo's nach Hamath geht,
      bis zum Bach der Araba[i]."

1. Der erste Weheruf (5, 18–20)

Der Zusammenstoß Gottes mit der Zukunftsbegeisterung der Gemeinde. –
Der Tag Gottes als Finsternis. – Die Gefahr der Zukunftserwartung.

(18) Hatte der Prophet sein Werben um die Buße der Gemeinde
immer wieder auf die gemeinsame Zukunftserwartung zugespitzt, die

ihn mit der Gemeinde verband, so mußte er sich jetzt mit der Zukunftserwartung seiner Zeitgenossen auseinandersetzen und sie ins Licht der Offenbarung Gottes rücken. Immer wieder haben sie ja gesehen, daß der Prophet andere Schlußfolgerungen aus ihrer Zukunftserwartung zog als sie.

Die Kirche des Amos unterscheidet sich in einer Hinsicht beschämend von derjenigen unserer Zeit. In einer Epoche politischen, wirtschaftlichen, kulturellen und religiösen Hochstandes bleibt ihr Herz und Blick nicht am Heute haften, sondern richtet sich mit Inbrunst dem Kommen der Königsherrschaft Gottes entgegen.

Dazu ist diese Wendung von Auge und Herz in die Zukunft nicht aus der Entbehrung und dem Leiden der Gegenwart geboren, wie in hinter uns liegenden Krisenzeiten, sondern aus der Erfahrung der Segnung und Verherrlichung der Kirche durch Gott. Aus solcher Erfahrung schöpft sie eine große Zuversicht auf die Erfüllung der Verheißungen über die Zukunft. Sie liest aus der gegenwärtigen Erfahrung das Ja des kommenden Herrn zu seiner Kirche ab und gewinnt selber ein rundes Ja zu seinem Advent. Sie ist eine Kirche des Adventsglaubens und der Adventsfreude.

Advent Gottes ist dieser Kirche sein Erscheinen zur Einnahme des Thrones über die Welt, wie sie es alljährlich (vermutlich besonders eindrucksvoll beim Neujahrsfest) feiert, von dem sie einen Vorgeschmack erlebt in der Herrlichkeit ihres Festgottesdienstes, in der Verkündigung des Gesetzes, im Loben seines Namens, im Erleben seiner Gegenwart unter seiner anbetenden Gemeinde und im Sakramentsmahl der Glaubensgenossen.

Muß von hier aus das Reden des Propheten vom Advent Gottes als von einer Katastrophe diese Gemeinde nicht befremden? Konnte sie sich unter solche Botschaft beugen, mit ihr etwas anfangen?

Amos redet seine Kirche mit seinem Weheruf gerade *auf die Lebensader ihrer Frömmigkeit* an, auf ihre Hoffnung. Er hält ihr vor, daß sie die Königsherrschaft, den Tag Jahwes, herbeisehnt und heranbetet. Er verurteilt das Heranbeten dieses Tages durch die Gemeinde, bestreitet ihren Anteil am Heil dieses Tages und behauptet ihre *totale Täuschung über den Charakter dieses Tages.* Er beschreibt ihr den Anbruch dieses Tages als Hereinbrechen der Weltennacht statt des ersehnten Weltenmorgens; als Nacht, wie sie über die Täler des palästinensischen Berglandes mit unheimlicher Plötzlichkeit hereinbricht und tausend Geheimnisse und Schrecknisse aus ihrem Schoße gebiert,

Wegelagerer und reißende Tiere aus ihren Schlupfwinkeln entläßt
(Ps. 104, 20f). „Wehe denen, die heranbeten den Tag Jahwes! Was
soll euch denn nun der Tag Jahwes? Ist doch Finsternis er und nicht
Licht."

(19) Der Prophet zeigt, wie aus dem Schoß dieser Nacht sich Schrek-
ken um Schrecken lösen und über den Bestürzten hereinstürzen. Plötzlich erschallendes Löwengebrüll treibt den von der Nacht überrasch-
ten in die Flucht. Bärenpranken empfangen den Fliehenden und jagen
ihn wiederum zurück. Schlangenbiß trifft den, der, dem Dunkel, dem
Löwen und Bären entronnen, erschöpft seine Hand an die Wand
stützt. Noch am gesicherten Zufluchtsort faßt ihn der Tod.

Mit der Definition: „Von einem Schrecken dem andern entgegen-
gejagt" oder: „Von einem Tode dem andern zugeworfen" ist noch
nicht der Vollgehalt der Botschaft dieser jäh einander ablösenden Bilder wiedergegeben. Mit kinematographischer Geschwindigkeit stür-
men sie über den Hörer her als Momenteindrücke von der über-
raschenden *Plötzlichkeit*, von der mit allen Geheimnissen und Schrek-
ken geladenen *Dunkelheit* und von der mit allen Toden bedrängenden
Feindseligkeit, mit der der Tag Gottes die Kirche überfällt.

(20) Ist solcher Tag nicht Weltnacht statt Weltmorgen, Finsternis
und nicht Licht? – fragt Amos, die Schlußsumme ziehend, die be-
troffene Gemeinde. D. h. dieser Tag ist nicht Fortsetzung unserer Tage
oder gar Krönung derselben, sondern *Unterbrechung*, *Aufhebung*, ja
Verkehrung unserer Zeit in ihr Widerspiel: Nacht, Dunkel, ja Steigerung und Zusammenfassung aller Dunkelheiten dieser Zeit.

Ja, diese mit aller Plötzlichkeit der Überraschung, aller Schrecklichkeit der Verdunkelung und aller Tödlichkeit der Bedrängnis des Lebens geladene Nacht *ist erst wirklich dunkel*, d. h. in einem Sinne *wie
es in dieser Zeit* und *dieser Welt kein Dunkel gibt*, von allen Sternen
verlassen, gegen allen Lichtglanz hermetisch abgeschlossen. Es ist totale Finsternis, die sich nur durch die zwei einander widersprechenden
Sätze umschreiben läßt: „Schrecklich ist es, in die Hände des lebendigen Gottes zu fallen" (Hebr. 10, 31) und „Schrecklich ist es, vom
lebendigen Gott verlassen zu sein" (Ps. 22, 2; 77, 8–10). D. h. dieses
Dunkel ist *Auslieferung* und *Verlassenheit* in einem, Auslieferung
an Gott den Richter, Verlassenheit von Gott, dem Helfer. „Ist etwa
nicht Finsternis der Tag Jahwes und nicht Licht? Dichtes Dunkel und
nicht gibt es einen Lichtschimmer für ihn?"

Aber ist dieses furchtbare Bild vom „lieben jüngsten Tag" richtig?
Läßt es sich mit den Verheißungen Gottes vereinigen? Besteht nicht
tatsächlich eine besondere Beziehung zwischen dem kommenden
Reich und der Gemeinde? Lautete nicht der Ruf der christlichen
Urgemeinde: „Maran atha" – „der Herr kommt?" Und hat nicht der
Herr selbst uns gelehrt, zu beten: „Dein Reich komme!", und die
kommende Königsherrschaft mit dem Freudenmahl verglichen? Und
liegt die Hoffnung auf die Verklärung der Gemeinde durch das Kom-
men Gottes zu seinem Thron nicht auch für die alttestamentliche
Kirche auf der Linie ihrer Erwählung zum priesterlichen Königreich
(2. Mose 19, 6)? Ist sie nicht die Konsequenz der Selbstoffenbarung
Gottes am Sinai?

Ja, viel zu Herrliches weiß Amos selber von Gottes erwählender und
werbender Treue, viel zu Gewaltiges von seiner Größe zu sagen, viel
zu heiß weiß er in Gottes Namen zu werben und das Leben anzubie-
ten, als daß der Tag, da der Wille dieses Gottes sich durchsetzt, nicht
auch ihm lauter Herrlichkeit sein müßte. Vollends zeugt davon der
Schluß seines Buches (9, 11–15).

Aber was ist unter dieser Herrlichkeit zu verstehen? Jedenfalls etwas
ganz anderes, als seine Zeitgenossen sich darunter vorstellen, wiederholt der Prophet immer wieder.

Diese Herrlichkeit ist nicht Emanzipation des Menschen; nicht ein
Tag, an dem alle Fesseln, die seinen Willen binden, von ihm abfallen, alle
Schranken, die seine Persönlichkeit einengen, gesprengt werden, alle
Autoritäten, die ihn demütigen und mit Furcht erfüllen, gestürzt
werden. Es ist nicht ein Tag, da alles Verzichten und aller Tod, den
unser selbstisches Ich stirbt, endlich aufgehoben wird und der Mensch
– vielleicht im tiefsten und vergeistigsten Sinne – sich selbst entfaltet,
auslebt oder durchsetzt, als Einzelner oder als nationale, religiöse oder
übervölkische Gemeinschaft.

Diese Herrlichkeit ist vielmehr *der* Tag, an dem *Gottes* königlicher,
heiliger und *barmherziger Wille sich auf dieser Erde durchsetzt*, seine
gewaltige *Stimme* sich zu Gehör bringt; der Tag, da er seine zerfallene
und verschandelte Kirche wieder heiligt und reinigt und auch über
den *Völkern* seine Herrschaft aufrichtet. Es ist der Tag, an dem Trümmer wieder gebaut, die *Schöpfung* wieder in ihre ursprüngliche Herrlichkeit verwandelt, der *Friede Gottes* in ihr verwirklicht wird. Es ist
aber auch der Tag, an dem die *Widersacher* Gottes *vernichtet* werden.
Es ist der Tag, da *Gott siegt* und nicht der Mensch.

Gottes Herrlichkeit ist für Gute und Böse herrlich, aber für die
einen herrlich im schrecklichen Sinne des Entsetzens v o r dem Herrn,
für die andern herrlich im erlösenden Sinne der Begnadigung und vollen Beschlagnahme d u r c h den Herrn.

Weil die Herrlichkeit seines Tages Aufrichtung des Thrones und
Durchsetzung des Willens Gottes ist, darum ist es vermessene Verkehrung, wenn u n s e r e Wünsche sich der Weltwende bemächtigen, ihr
u n s e r e Termine vorschreiben, sie gegen u n s e r e Sorgen, Wider-
stände und Widersacher für u n s mobilisieren wollen. Es ist verhängnisvolle Täuschung, wenn wir als Menschen von dieser Zeitenwende
das *Ja* zu *unserm Selbstbehauptungswillen* erwarten, die Herstellung
eines Weltzustandes erträumen, in *dessen Mittelpunkt* der *Mensch* steht.

S o l c h ein Heranbeten des Termins, s o l c h ein Herantragen unserer
Wünsche an diesen Tag und s o l c h ein Denken über den Tag Gottes
befindet sich *im Aufruhr gegen Gott.* Der Anbruch seines Tages bedeutet für dasselbe den *Zusammenstoß der Aufrührer mit dem König.*
Und von solchem Zusammenstoß ist für die Aufrührer nichts anderes
zu erwarten als Zerschmetterung — jenes Dunkel, jene Angst, jener Tod,
davon der Prophet spricht.

Darum müßte die nüchterne Haltung des um die Behauptung seiner
selbst ringenden Menschen dem Tage Gottes gegenüber die Angst ums
Leben sein, Angst vor dem Versinken in der unergründlichen Finsternis,
Angst vor dem Zorne Gottes, Angst vor Auslieferung und Verlassenheit.

Aber gerade derjenige unter den späteren Propheten, der am tiefsten in den ungeheuren Gegensatz zwischen Gott und der gefallenen
Welt und damit in diese Finsternis hineingesehen hat, hat auch im
Geist den einzigen erblickt, der *wirklich* nicht sich, sondern *Gottes
Willen und Herrschaft wollte* und *an unserer Stelle in diese Finsternis
eintrat.* Er sah, wie die ganze Finsternis des Zornes Gottes, des Gegen-
satzes zwischen Gott und Mensch, sich über diesem Einen entlud.
„Jahwe ließ aufprallen auf ihn unser aller Schuld insgesamt" (Jes.
53, 6b). Und er fordert alle, die im Dunkel sind, auf, *aus dem Blick
auf diesen Einen in der Finsternis* für sich den *Frieden mit Gott zu
schöpfen.* „Wer ist unter euch, der Jahwe fürchtet? Der höre auf die
Stimme seines Knechtes, der in Finsternis wandelte und dem kein
Lichtschein leuchtete. Er hoffte aber auf den Namen Jahwes und
stützte sich auf seinen Gott" (Jes. 50, 10). „Strafe lag auf ihm uns
zum Frieden" (Jes. 53, 5b). So redet jener Prophet von der glanzlosen
Finsternis (vgl. Jes. 42, 6. 7; 49, 6. 9).

Ein anderer Prophet schaut, wie mit diesem Verheißenen *das Licht
in die Finsternis eindringt* zu denen, die in dem Lande der Todes-
schatten wohnen. „Das Volk, so im Finstern wandelt, siehet ein großes
Licht . . . denn ein Kind ist uns geboren" (Jes. 9, 1. 5). Und der, der
selbst durch diese Tiefe der völligen Auslieferung an Gott und der
totalen Verlassenheit von Gott gegangen ist (Matth. 27, 46; Luk. 22, 53 b),
hat von sich gesagt, daß die, *die ihm nachfolgen, nicht in der Finsternis*
zu wandeln brauchen, sondern das Licht des Lebens haben (Joh. 8, 12),
vom Tode zum Leben hindurchgedrungen sind (Joh. 5, 24).

So *verwandelt sich für* diejenigen, *die vor Gott kapitulieren* – ob er
ihnen im Wort des Propheten oder im Fleisch gewordenen Wort begegnet – *der furchtbare Tag* Jahwes in den „*lieben Jüngsten Tag*",
dessen Nahen sie mit erhobenen Häuptern erwarten dürfen (Luk.
21, 28). Denn sie sind nicht mehr in Empörung, im Krieg, sondern
versöhnt mit Gott. Sie *ersehnen* von diesem Tag das *endgültige Sterben
ihres aufrührerischen Selbstbehauptungswillens* und *freuen* sich darauf,
daß *Gottes Wille* sich in ihrem Herzen völlig *durchsetzen* wird.

2. Das erste Haßwort (5, 21–27)

Der Zusammenstoß Gottes mit der gottesdienstlichen Begeisterung der
Gemeinde. – Der Tag Gottes als Entwurzelung und Verbannung. –
Die Gefahr des Gottesdienstes.

Kommt die Sünde der Welt zum Vollmaß in der Gemeinde, so
kommt die Sünde der Gemeinde in ihrer Zukunftshoffnung und ihrem
Gottesdienst zur vollen Enthüllung. Beides hängt eng miteinander
zusammen.

Erst klang es so, als verwerfe Gott grundsätzlich die Zukunftshoffnung seiner Kirche, jetzt klingt es fast so, als verwerfe er überhaupt
ihren Gottesdienst, ob er mit Opfer oder Musik, Liturgie oder Sakrament verbunden ist.

Gegen diesen Gottesdienst wendet sich Gott mit zwei erschreckend
scharfen Worten: „Ich hasse" und: „Ich verwerfe ein-für-allemal".
Eine Kette von Ausdrücken der Ablehnung folgt: „Ich mag nicht
riechen . . . ich hab kein Gefallen . . . ich sehe nicht an . . . ich will
nicht hören . . . weg von mir! . . .".

Hat Amos einen besonders entstellten Gottesdienst im Auge? Wir
wissen aus Hoseas leidenschaftlicher Kritik, daß die Kirche sich damals
Gottesbilder in Stiergestalt angefertigt und nach heidnischen Vorbil-
dern Unzucht sich an den Heiligtümern Israels angesiedelt hatte.

Aber zunächst geißelt Amos hier keinen dieser Mißbräuche. Nur am Ende nennt er die Bilder und Kap. 2 und 6 einige der genannten Übelstände. Hier dagegen geht es ihm nicht bloß um Auswüchse, sondern ums Ganze. Gott lehnt – so sagt Amos – das Ganze der im Gottesdienst zusammengefaßten Bemühungen seiner Gemeinde von damals ab.

1. (21) An erster Stelle nennt Amos die Wallfahrtsorte und Festversammlungen, deren wichtigste das Thronbesteigungsfest am Jahresanfang war, mit dem sich insbesondere die Zukunftshoffnung der Gemeinde verband. Man feierte an ihm die alljährlich wiederkehrende Thronbesteigung Gottes als Angeld seines Advents zur ewigen Königsherrschaft. „Ich hasse . . . , ich lehne ab eure Wallfahrtsfeste, und eure Festversammlungen mag ich nicht riechen."

2. (22) An zweiter Stelle folgen die Opfer: Brandopfer, der Ausdruck der Anbetung; Opfermahle, der Ausdruck der Gemeinschaft zwischen Gott und Gemeinde, wie zwischen den Kultgenossen untereinander; und zwar nicht Opfer, die mit Nachlässigkeit gebracht werden wie zu Maleachis Zeit (vgl. Mal. 1, 8), sondern solche, die mit Inbrunst hergerichtet sind, vom Besten, was Stall und Herde hergaben: „Die Mahlopfer von eurem Mastvieh seh ich nicht an".

3. (23) An dritter Stelle weist Gott auf das dem Branden des Meeres gleichende Brausen des Gemeindechorals und die Musik ihrer Instrumente hin. Die im Alten Testament überlieferten Psalmen geben uns noch einen Begriff von der königlichen Gewalt des Liedes und der Instrumentalmusik im Gottesdienst der alttestamentlichen Gemeinde. Wir brauchen uns bloß an den sechsundzwanzigmal wiederholten Jubelruf: „Seine Gnade währet auf ewig" im 136. Psalm zu erinnern und an die Beschreibung des Jauchzens bei der Grundsteinlegung des Tempels (Esra 3, 8–13). „Weg von mir mit dem Brausen deiner Lieder und die Musik deiner Harfen will ich nicht hören!" – ist Gottes Antwort.

4. (25–26) An letzter Stelle ist wahrscheinlich die große Prozession mit dem Gotteszelt und -thron am Thronbesteigungsfest genannt. Zelt und Gottesbilder wurden als Symbole seines Königstums umhergetragen. „Habt ihr mir Opfer dargebracht die vierzig Jahre in der Wüste und herumgetragen das Zelt eures Königs und den Greuel eurer Bilder, die ihr euch selbst gemacht habt?". Hier stößt der Prophet an eine besonders wunde Stelle im Gottesdienst Samariens. Aber so sehr ist ihm das Ganze wichtig, daß er auf eine Polemik gegen die entwürdigende Gestalt dieser Bilder sich gar nicht näher einläßt.

Der Durchblick durch die Bemühungen, mit denen die Gemeinde
Gott dienen wollte und die doch der Prophet eine nach der andern
ablehnt, mündet auf den Höhepunkt ihres gottesdienstlichen und
kirchlichen Lebens, an dem das Volk die Nähe Gottes und die Berufung zu seinem Volk durch feierlichen Umzug mit seinem Zelt und
einem Gottesbilde (statt der Lade, die in Jerusalem stand) feierte. Auf
diesem Hintergrund der Prachtentfaltung des gegenwärtigen Gottesdienstes erinnert Amos an das hohe Glück der Urgemeinde, das keiner
religiösen Opferzeremonien bedurfte, weil Gott selbst Israels Retter
und Israel sein Volk war.

Ist dann aber jedes gottesdienstliche Bemühen Sünde? Nein, der
Prophet zeigt der Gemeinde klar an, daß er ihr keine grundsätzliche
Abhandlung über Wesen und Wert des Gottesdienstes an sich geben
will, sondern konkret von dem spricht, was sich da eben vor Gottes
Augen abspielt.

1. Mit den Ausdrücken, deren sich der Priester bediente, wenn er
bei der Opferschau Gültigkeit oder Ungültigkeit eines Opfers fest-
stellte,[1] erklärt Gott die Veranstaltung der Gemeinde, ihm zu dienen,
für ungültig: „Ich lehne ab, verwerfe . . . ich mag nicht riechen . . .
ich hab nicht Gefallen . . . ich sehe nicht an . . .“ Das bedeutet: als
Wächter des reinen Gottesdienstes verurteilt er d i e s e n Gottesdienst.
Gott nimmt die Stelle des Priesters ein, der seine Pflicht versäumt,
und übernimmt sein Amt.

2. Mit den immer neu vorangesetzten besitzanzeigenden Für-
worten der zweiten Person („e u r e Wallfahrtsfeste . . . e u r e Festversammlungen . . . e u r e Gaben . . . e u e r Mastvieh . . . d e i n e Lieder . . . d e i n e Harfen . . . e u e r König . . . e u r e Bilder . . . d i e i h r
e u c h gemacht habt“) bezeichnet Gott diese Veranstaltungen als
spezielle Bemühungen der vor ihm stehenden Menschen der Kirche
Samariens aus dem Jahre 760 ff; sie lehnt er ab. Er macht damit
deutlich, daß er nicht vom Gottesdienst an sich, sondern von d i e s e m
Gottesdienst redet.

3. Mit diesem immer wiederkehrenden „euer“ und „dein“ werden diese gottesdienstlichen Bemühungen zugleich herausgestellt als
eigene Leistungen, mit denen die Beter *sich selbst erlösen wollen*, als
Bemühungen vom Menschen aus, von unten her, mit eigenen Leistungen Gott zu versöhnen. Diese eigenmächtigen Bemühungen ver-

---

[1] Vgl. Würthwein, a. a. O.

kehren den Gottesdienst aus einem gehorsamen *Ergreifen seiner Gnade*, Hören seines Wortes, Feiern seines Sakraments und Preisen seiner Herrlichkeit – in menschliche Anstrengungen, ihn zu beeinflussen, über ihn Gewalt zu gewinnen, ihn in Dienst zu nehmen, *sich selbst vor ihm durchzusetzen.*

(24) Der Ablehnung von solchen Wallfahrtsfesten und Festversammlungen, Anbetungsopfern und Gemeinschaftsmahlen, Gesang und Musik – stellt Gott die *Forderung nach Recht und Gerechtigkeit* entgegen. Damit setzt er erstere als menschliche Bemühungen in Gegensatz zur Verwirklichung des Gotteswillens durch Solidarität mit dem Bruder und Beistand gegenüber dem Schwachen, zur Forderung nach Gottgemäßheit des Lebens. Die Verwirklichung des in der Thora offenbarten Gotteswillens ist d i e Religion und d e r Gottesdienst. ,,Es flute wie Wasser Recht einher und Gerechtigkeit wie ein ständig fließender Bach.''

Eindrucksvoll wird der Gegensatz der beiden Arten des Gottesdienstes gezeichnet als das Widereinander zweier Willensrichtungen, deren eine die *Verwirklichung* des *menschlichen* und deren andere die *Verwirklichung* des *göttlichen Willens* darstellt, deren eine sich selber und deren andere Gott und den Bruder zu seinem Recht kommen läßt. Die grundverschiedene A r t dieser beiden Frömmigkeiten oder Weisen Gott zu dienen, tritt dabei ins Licht. Die erstere läßt Amos an uns vorüberziehen in großartigen und massenhaften, mühseligen oder verdienstvollen, lärmenden oder künstlerisch stilvollen Leistungen, die doch eines Tages versiegen. Letztere vergleicht er dem *unversieglich* und *mühelos von selber fließenden Bach*, der nicht nur im Winter und zur Regenzeit, sondern auch im Sommer und in der Dürre rinnt, weil ihn Quellen aus der Tiefe speisen. Er ist das Bild der *freien Mühelosigkeit* und *unergründlichen Unerschöpflichkeit* eines *von Gott* selbst *gespeisten* und *gelenkten Lebens* und *Lobens, Gebens* und *Dienens*, das darum auch die Art Gottes, seine Freiheit, Unerschöpflichkeit und Unaufhaltsamkeit an sich hat. Es ist die *Unerschöpflichkeit* der *göttlichen, tätigen Liebe.*

Im Bilde des Baches liegt die Betonung nicht so sehr auf der überfließenden Gewalt, wie man manchmal gemeint hat, als vielmehr auf der *Unerschöpflichkeit* und *Beständigkeit* des Wassers, das aus der Quelle Nachschub hat. Welch tiefer Gegensatz tut sich damit auf: dort der laut aufbrausende und schnell verrinnende Strom der menschlichen Frömmigkeit, die den Nächsten vergißt und vor der Verantwortung vor

Gott in der Stille flieht in Begeisterung oder Berauschung; hier der *still daherfließende*, nie versiegende, *dem Nächsten zugewandte* Fluß *des Glaubensgehorsams*, der *aus den tiefen Grundwassern* der *Verantwortung* vor Gott und der *Verbundenheit mit Gott* sich erneuert. Der eine ist vom Nächsten fort-, der andere ihm zugewandt. Der eine ist Flucht vor Gott, der andere – Auslieferung an ihn. Der eine macht unnüchtern und berauscht, der andere ernüchtert und macht wach. Der eine lenkt ab und interessiert oder erhebt, der andere läßt zu sich selber kommen und macht still.

In diesem Fluß verwirklicht sich *göttliches Recht* und *göttliche Gerechtigkeit* in *Solidarität* mit dem *Menschen* und *Hingabe an Gott*, Beistand gegenüber dem Schwachen und gottgemäßem Leben. Die Worte „Recht" und „Gerechtigkeit" haben doppelsinnige Bedeutung. Sie bedeuten G o t t e s Recht schaffenden Willen und s e i n gerechtes Verhalten – und zugleich des M e n s c h e n Recht schaffenden Willen und gerechtes Verhalten. Im Glaubensgehorsam gewinnt Gottes Recht schaffender Wille und sein Verhalten Gestalt im menschlichen Willen und dessen Verhalten. Der Glaube ist die Tür, durch die Gottes Recht und Gerechtigkeit in diese Welt hineinkommt. So ist „ṣᵉdaqāh" hier von der menschlichen Gerechtigkeit gebraucht.

(26) Nicht zufällig, sondern mit Bedacht stellt Gott zum Schluß die *glanzvollste Gipfelung* menschlichen Gottesdienstes – Opfer und Festprozession des Thronbesteigungstages (Gottes) – *der an gottesdienstlicher Entfaltung so armen* vierzigjährigen *Wüstenzeit* gegenüber. In ihr war die Gemeinde *allein* auf *Gottes Gnade* angewiesen, lebte sie *allein* aus seiner *Offenbarung* oder Thora und erlebte sie recht eigentlich seinen *Retterwillen* und seine Macht, sein *Recht* und seine Gerechtigkeit – jenes tiefste, bräutliche Glück der Verbindung mit Gott in der großen, seligen Urzeit. Das ist das, was Jesaja und der Erzähler von 1. Mose 15 „Glauben" nennen.

Mit dieser Gegenüberstellung enthüllt Gott abschließend die Wirkungsunmächtigkeit und Seligkeitsarmut dieser berauschenden und eindrucksvollen menschlichen Veranstaltungen gegenüber der *Wirkungskraft* und *Seligkeit des Lebens aus dem Glaubensgehorsam* in der Gemeinschaft mit Gott, die zugleich Gemeinschaft mit dem Bruder ist, die die Gemeinde in den vierzig schwersten Jahren ihrer Geschichte besessen hat, ohne der Vermittlung jener sichtbaren Veranstaltungen zu bedürfen. Aus ihr kam die Kraft, die die Gemeinde durch die Wüste getragen und in das Gelobte Land gebracht hat.

(27) Darunter setzt Gott seinen Beschluß, die Gemeinde mit ihrem
gottesdienstlichen Betrieb aus diesem Lande hinauszuwerfen. „Über
Damaskus hinaus" – wir würden sagen: „Bis ans Ende der Welt."
Er will sie in Gefangenschaft, Fremde und Heimatlosigkeit verban-
nen und sie dadurch aus ihrem gesamten gottesdienstlichen Leben
herausbrechen.

Damit offenbart Gott über die Fruchtlosigkeit hinaus die Un-
seligkeit, die Unheilsfrucht dieses Gottesdienstes. Im Glaubensgehorsam ist sie vierzig Jahre durch die Wüste bewahrt und ins Land
Gottes eingebracht worden, durch ihr Selbsterlösungsstreben wird
sie aus dem Lande hinaus in die Wüste gestoßen werden. „Ich führ
euch über Damaskus hinaus gefangen fort, spricht Jahwe der Gott
der Heere, das ist sein Name."

3. Der zweite Weheruf (6, 1–7)

Der Zusammenstoß Gottes mit der Gegenwartsseligkeit der Gemeinde. –
Der Tag Gottes als Entwurzelung und Verbannung. – Die Gefahr der Kultur.

Wer in der Dämmerung durchs Land wandert, wenn die Umrisse
von Häusern und Städten im Nebel verschwinden, ahnt nicht wie
dasselbe Land aussieht, wenn es im Wetterschein aufleuchtet und
Umrisse von Städten und Türmen sich plötzlich scharf abzeichnen,
ja, die Fassaden der Häuser zum Greifen nah und deutlich im Far-
benschmuck aus der Nacht tauchen. Die äußeren Umrisse der Land-
schaft, wie er sie in der Vorstellung sah, verblassen plötzlich vor
neuen Linien, die nun als die wesentlichen hervortreten.

So hätte ein Geschichtsschreiber oder Kulturhistoriker uns von der
Zeit des Amos wahrscheinlich ein anderes Bild gekennzeichnet als das,
welches der Prophet uns im Lichte des Wortes Gottes sehen läßt.
Der Kulturhistoriker hätte uns das Bild einer von der Hoffnung auf
das Reich Gottes beseelten Kirche beschert, eines reichen gottesdienstlichen und liturgischen Lebens, einer aufblühenden Kultur
und Gesellschaft, die – über die Primitivität und Materialität des
nackten Daseinskampfes hinausgewachsen – zur Freude an Zivilisation, Kunst und verfeinertem Lebensgenuß erwachte; das Bild eines
Geschlechtes, das mit gesundem Selbstbewußtsein auf das Erreichte,
mit fröhlichem Optimismus in die Zukunft sieht. Erfolgreiche Kriege,
Wiedervereinigung verlorener Gebiete, Zurückgewinnung wichtiger
Handelsstützpunkte, Friedensjahre, die die Wunden, die der Krieg

schlug, wieder heilten, dazu eine gut organisierte Verwaltung, mit dem Handel neu ins Land fließendes Kapital, mit den neugeknüpften Beziehungen zum Ausland hereinströmende Kultureinflüsse und Anregungen, das Bekanntwerden mit dem verfeinerten Lebensgeschmack der großen Weltstädte Assurs und Ägyptens sowie der Handelsstädte Arams, Phöniziens und Philistäas – das alles gab dem Lande, vor allem der Stadt, ein neues Gesicht.

Großgrundbesitzer – nach unseren Begriffen Großbauern – und Patrizier arbeiteten sich hoch zu behäbigem Wohlstand. Die Städter bauten sich neben ihren Häusern in der Stadt Sommervillen auf dem Lande; oder umgekehrt: die Grundbesitzer bauten sich Winterhäuser in der Stadt, vielleicht aus Ebenholz oder aus Quadersteinen statt Lehm, täfelten sie inwendig mit Elfenbeinreliefs, statteten sie mit Divans und Polsterlagern aus, richteten darin Gesellschaftsräume ein, in denen sie – nach ausländischem Vorbild – liegend auf gepolsterten Elfenbeinlagern ihre Mahlzeiten einnahmen und fröhliche Geselligkeit pflegten, an der auch die Frauen beteiligt waren.

Das war eine Geselligkeit, die nicht nur durch feinste Tafelgenüsse, sondern auch durch Musik und Gesang, edelste Weine in vornehmster Auftragung und feinstes Parfüm verschönt war. Die Kunst durfte sich entfalten, die Phantasie der Komponisten und Dichter aufblühen, die Musik ihre Diener und Jünger finden.

Der Wortlaut des Textes läßt keine sicheren Schlüsse zu, wie weit dieses fröhliche Leben – losgelöst von Religion und Kultus – einen aufgeklärten, rein weltlichen Charakter angenommen hatte und neben dem gottesdienstlichen Leben herlief, oder ob es – mit diesem verwoben – im Rahmen religiöser Opfermahlzeiten sich abspielte. Für beides finden sich Anhaltspunkte. Kp. 4, 1 ff ist von einfacher Hausgesellschaft die Rede, in 2, 8 von Opfermahlzeiten im Heiligtum, in 6, 1–7 könnte eines oder das andere gemeint sein, wahrscheinlich aber das erstere.

In jedem Fall ist mit alledem nichts anderes geschildert, als das, was sich in kapitalistischen Ländern nach Siegen und in Zeiten des Aufstiegs und Gewinnertums abspielt, nichts anderes, als was auch besiegte Länder kennen, in denen nach Not und Elend Kapital und Kultur wieder zurückkehren und – wenn auch zunächst in begrenztem Kreise – ihre Pflege finden. Nur ist die Kluft zwischen den Drinnen- und Draußenstehenden das eine Mal kleiner, das andere Mal größer.

Im Wetterschein des Wortes Gottes erscheinen nun aber im Antlitz dieser aufblühenden Gesellschaft die verzerrten Züge grausiger Verkehrung, die sich im Gebaren der Führerschicht – speziell der Hauptstädte Jerusalems und Samariens – konzentriert. Mit Gottes Augen gesehen ist diese aufblühende Welt eine *todgeweihte*, über der der Prophet bereits die Totenklage anstimmt. „Wehe! Wehe!".

Wie uns im Alter ein vorgehaltener Spiegel im ergrauten Haar und der sich faltenden Haut die ersten Vorboten des Sterbens zeigt, so deckt Gott der aufblühenden Führerschicht Jerusalems und Samariens im Spiegel seines Wortes die *Zeichen* des *geistlichen Todes* in ihrem stolzen Antlitz auf und zugleich damit die *Vorboten* des *Gerichtes*.

(1–2) Mit einem Ausdruck, der die vermessene Sicherheit einer kultursatten, heidnischen Welt zeichnet, beklagt das „Wehe" als erstes *Sicherheit* und *Selbstvertrauen*, die in die führende Schicht der Kirche eingezogen sind. Vielleicht greift Gott sogar eine Selbstbezeichnung des Volkes auf und formt die Anrede in bitterer Ironie, wenn er die Führenden „die Vornehmsten des Erstlings der Völker" nennt.

Die Bezeichnung ist so verwundend, weil sie nicht bloß Hohn ist auf die *tatsächliche Kleinheit* und *Bedeutungslosigkeit* Israels den Weltvölkern gegenüber. Vielmehr weist sie gleichzeitig in Form einer Karikatur auf eine *wirkliche Vorrangstellung* dieses Volkes vor allen andern hin: Seine Stellung als *von Gott erwähltes Erstlingsopfer*, das Gottes Besitzrecht auf den ganzen Völkerkreis anzeigt (vgl. 2. Mose 19, 5; 4, 22–23; 13, 11–16)[1]. Die ganze Verkehrtheit liegt darin, daß Israel in Wirklichkeit seine *Vorrangstellung einzig* seiner *Erwählung*, *Bestimmung* und *Hingabe* zum *Erstlingsopfer* verdankt – also nur in der Hingabe an Gott und in der Gemeinschaft mit ihm etwas ist – *statt dessen* aber *selber etwas sein* will, auf sich selber vertraut und seinen Vorrang aufbaut.

An sich selber eines der letzten unter den Völkern, beansprucht Israel doch Führerstellung des „Erstlings unter den Nationen". Damit aber *höhnen* die Kinder Israel zugleich *ihre wunderbare Bestimmung*. Ihr leeres Selbstbewußtsein ist Hohn auf das, was sie tatsächlich sind,

---

[1] Vgl. Frey: „Das Buch des Auszuges" zu 2. Mose 12; 13 und 19. Das alttestamentliche Opfer wird leider oft heidnisch gesehen als Leistung. Das alttestamentliche Opfer ist primär eine Einsetzung Gottes, eine Heilsveranstaltung. Gott schenkt Israel das Opferlamm, den Völkern Israel zur Lösung vor Gott und zur Verkündigung seines Anspruchs auf sie als Erstgeburtsopfer.

und Schändung dessen, was sie sein sollten. „Wehe den Selbstsicheren
zu Zion und den Vertrauensseligen auf dem Berge Samariens, den
Vornehmsten des Erstlings unter den Völkern."

Diese Selbstsicherheit der Führenden wird noch schuldvoller dadurch, daß sie nicht nur sich selber in Illusionen einwiegen, sondern
auch *die, die ihrem Einfluß anvertraut sind, in Täuschung verstricken.*
Sie belasten sich dadurch mit der Verantwortung für das Schicksal
des ganzen Volkes. Hat doch ihre Stimme entscheidendes Gewicht in
der offiziellen Volksversammlung. Zu ihnen kommt man, sich Rat
zu holen angesichts der Sorgen, die trotz aller Prosperität und Blüte
des Staats- und Kirchenwesens sich einstellen.

Ist es, daß Unbilden der Witterung wirtschaftliche Rückschläge
bringen? Gibt es soziale Krankheitsherde im Inneren, Seufzen und
Murren unter dem in Armut lebenden Teil des Volkes? Oder hat die
Botschaft des Propheten inmitten der allgemeinen Sicherheit bis
hinauf in die Kreise der offiziellen Volksvertretung Unruhe erweckt?
Wenn Amos auch nicht wie Hosea vor der Volksvertretung, sondern
nur auf freien Plätzen und vor den Heiligtümern, vielleicht auch im
Heiligtum gesprochen haben wird, so ist sein Wort doch in alle Kreise
des Volkes eingedrungen und hat sie vor das nahende Gericht gestellt.
„Das Land kann seine Botschaft nicht ertragen" heißt es im 7. Kapitel.

In ihrer Unruhe holt die Volksvertretung sich Rat von denen,
deren Stimme durch Klugheit, ausländische Beziehungen, soziale
Stellung oder Kapital entscheidendes Gewicht hat.

Gerade diese aber, die den weiteren Blick und die tiefere Einsicht
haben sollten, versagen. *Was Gottes Wort an Ansätzen zu einem
Erwachen* und einer Neubesinnung *geweckt hat, schlagen sie wieder
tot durch die leichtfertige Sicherheit,* mit der sie ihre Landsleute be-
ruhigen. Sie verweisen letztere auf ihre ausländischen Beziehungen,
ihre Kenntnis der Weltlage, auf Ruhe und Optimismus bei Völkern
und Städten, die geringer sind als die – zusammengenommen – zu
imposanter Machtstellung aufgerückten oder Großmachtstellung
beanspruchenden Königreiche Juda und Israel. „Wehe denen, die –
wenn die Volksversammlung Israels bei ihnen einkommt um Rat –
antworten: ‚Begebt euch hinüber nach Kalne und schaut es euch an,
und geht von dort nach Hamath Rabba und steigt hinab nach Gath
der Philister. Sind sie besser als diese (unsere Königreiche)? Oder ist
ihr Gebiet größer als euer Gebiet?"

9•

Die Antwort besagt: „Man muß in die Welt hinausgekommen sein und wissen, wie die Weltlage vom Gesichtswinkel von Völkern her aussieht, die mehr Grund haben, sie ängstlich zu beobachten. Dann weiß man, daß *alles* Hirngespinst ist, *was der Hirte vom Wüstenrand behauptet* über drohende Gefahren und einen kommenden „Tag des Unheils", von einem nahen Krieg, einer drohenden feindlichen Invasion, von Verschleppung des Volkes, Sturz des Königshauses, Untergang in einem Weltenbrand. Wenn diejenigen Völker, die es zuerst treffen müßte wie Hamath, wenn es von Norden kommt, oder wie Gath, wenn es von Süden kommt, ruhig in die Welt sehen, wieviel mehr dürfen wir es! Die Politiker und Wirtschaftler sehen noch nichts, wie kann dann der Schafhirte etwas sehen, zumal auch die Priester und Propheten schweigen?

So machen sich die Führenden Zions und Samariens dreifältig schuldig: 1. Ihre eingebildete Sicherheit ist *Hohn auf ihre* wirkliche *Bedeutungslosigkeit*, 2. ihr weltmännisches Selbstbewußtsein ist *Schändung ihrer* hohen heilsgeschichtlichen oder *geistlichen Bestimmung*, 3. ihr Optimismus ist *Verantwortungslosigkeit, gegenüber der* auf ihren Rat hörenden *Gemeinde*. Ihre Sicherheit macht sie zu blinden Blindenleitern, die nicht nur sich selbst, sondern auch ihre Opfer in den Abgrund stürzen. So „schieben sie den Tag des Unheils fort".

(3) Über die Sorglosigkeit hinaus, mit der die Führenden die Gefahr leugnen, gilt das „Wehe" des Propheten dem *Eifer*, mit dem sie – ohne es zu wollen – *die Gefahr selbst herbeiziehen*.

Die Worte sind zweideutig gewählt. Gott klagt die Hüter der Ordnung und Führer der Kirche an, daß sie Zertrümmerung und Gewalt über diese herbeiziehen. Er zeigt ihnen damit hinter ihrem Aufstieg und ihrer sozialen Stellung den Umriß der Not und Armut ihrer Brüder, auf der sich ihre soziale Position und Autorität aufbaut, d. h. die Zertrümmerung des Glückes und Vergewaltigung des Rechtes ihrer Brüder. Das ist „der Riß (oder Bruch) Josephs", der wiederum Zertrümmerung und Vergewaltigung über die Ungerechten und Gewalttätigen herbeizieht. Mit ihrer eigenen Vernichtung ziehen sie aber wiederum Zertrümmerung und Vergewaltigung über das ganze Land herbei und beschleunigen das Gericht Gottes. „Wehe denen, die fortschieben den Tag des Unheils und ziehen herbei Zertrümmerung und Gewalt."

(4 ab) Zum Dritten gilt Gottes „Wehe" der *weichlichen Gesellig-keit,* bei der die Städter – statt nach alter Vätersitte sitzend – in Nach-ahmung des Auslandes auf Polstern liegend ihr Mahl einnehmen. Ihr „hingegossenes Daliegen" ist symbolischer Ausdruck für ihre passive Verantwortungslosigkeit. „Wehe denen, die sich lagern auf elfenbeinernen Lagerstätten und sich räkeln (sich hingießen) auf ihren Polstern."

(4 cd) Zum Vierten geißelt Gottes „Wehe" die *Üppigkeit des Schlemmerlebens,* mit der die Genußsüchtigen sich Lämmer und Kälber, ehe sie erwachsen, verschwenderisch im zartesten Lebensalter aus Herde und Hürde herausholen und verzehren. Das Beste vom Besten, aus dem Gemästeten nur Lämmer und Kälber, ist gerade noch fein genug für sie. „Wehe denen, die verzehren Lämmer aus der Herde und Kälbchen mitten aus dem Maststall."

(5) Zum Fünften trifft das Wehe das *verfeinerte ästhetische Ge-nießertum,* das die heilige und gewaltige Musika Davids in den Dienst der Sinnenfreude stellt. „Wehe denen, die tremolieren zum Klang der Harfe und wie David ersinnen sie sich Musikstücke." Sie vergleichen sich selbst mit David, während sie seine heilige Muse herabwürdigen. Mit der Säkularisierung, d. h. Verweltlichung der Musik geht Hand in Hand die Erniedrigung der Kunst zum Genußmittel.

(6 ab) Zum Sechsten endlich zeichnet das „Wehe" die *Ehrfurchts-losigkeit,* mit der entweder solches alles im Heiligtum getrieben, Sakraments- und Liebesmahl in weltliche Geselligkeit verwandelt wird; oder aber umgekehrt – das ist das Wahrscheinlichere – die *Frechheit,* mit der heilige Geräte – wie die kunstvoll für die Opfer-spende am Altar hergestellte Sprengschale – zum Zechpokal, das fürs Heiligtum bestimmte Öl – zum Parfüm mißbraucht wird. In jedem Fall ist es ehrfurchtslose Verwischung der Grenzen zwischen dem, was Gott gehört, und dem, was dem Menschen gehört, Gottesdienst und Menschendienst. „Die schlürfen aus Sprengschalen den Wein und das köstliche Öl versalben sie[1]."

So sehen wir hinter dem verheißungsvollen, frohen Fortschritt und kulturellen Aufstieg den dunklen Schatten 1. einer sich von Gott lösenden Selbstsicherheit, 2. einer unnüchternen Blindheit, die sich

---

[1] Vielleicht ist hier daran zu erinnern, wie streng im priesterlichen Gesetz der welt-liche und private Gebrauch des heiligen Salböls verboten wird (2. Mose 30, 31–33).

und der Gemeinde mit dem Spaten der Ungerechtigkeit selber das
Grab gräbt, 3. einer üppigen Weichlichkeit, die gute alte Sitte auflöst, 4. eines unvernünftigen Luxus, der sinnwidrig junges Leben
aus der Herde vernichtet, 5. einer Verweltlichung und Herabniedrigung der Kunst aus dem Dienst Gottes zum feilen Dienst menschlicher Feinschmeckerei, 6. einer ehrfurchtslosen Nichtachtung des
Heiligen selber, das zum Diener menschlicher Bedürfnisse gemacht
wird. Aus der am Anfang gerügten Loslösung von Gott erwächst alles
weitere, es ist Symptom, Zeichen für sie.

Haben diese Anklagen des Amos auch dem sogenannten Christlichen Abendland oder gar auch der Kirche Neuen Bundes in ihrer
Verfeinerung noch etwas zu sagen? Hört sie es?

(6 c) So zeichnet Gott den dunklen Umriß einer Kultur und Kirche,
die ihren Schwerpunkt nicht mehr in Gott, sondern in sich selber hat.
Sieben Partizipien entfalten ihre scheinbare Unschuld und die blühende Üppigkeit ihres Lebens. Dahinter aber zieht ein einziger
Satz die tiefste Schuld dieser frommen Welt ans Licht. In ihrem
Denken, Tun und Treiben eingesponnen, weiß sie nichts von oder
kränkt sich nicht um den *Schaden einer Welt, die sich* unmittelbar
neben ihr befindet, eines zertretenen und entrechteten zweiten Volkes: „Den Schaden Josephs." Oder ist dies ein Schade, der sie noch
viel unmittelbarer angeht, an ihr selber frißt? Ist dieser Schaden *der
Riß*, der innerlich im Verborgenen mitten durch die Führerschicht
geht, *ihre Verbindung mit Gott zertrennt*? Sie sehen nicht, daß ein
Riß oder Bruch durch das Gefüge des nach außen so eindrucksvollen
Lebens der Gemeinde geht, ein Riß, der tödlich ist.

(7) Mit einem „darum" zieht Gott die Schlußfolgerung aus solchem
Tun und mit einem „nun" setzt er den Schlußpunkt darunter. Die,
die sich selbst an die Spitze der Völker stellten, stellt Gott nun wirklich an die Spitze – aber an die Spitze eines Zuges von Verschleppten.
„Sie müssen an der Spitze der Verschleppten in die Verschleppung
wandern."

So löscht Gott mit einem Zuge eine ganze Kultur aus, die die Verantwortung vor ihm ablehnte oder vergaß: „Und es schwindet das
Gelage der sich Räkelnden." Greller läßt sich der Gegensatz nicht
malen als in dem Bilde der auf den Liegepolstern Hingegossenen und
dem anderen der heimatlos, ruhelos, abgearbeitet dem Vertriebenen-
los Preisgegebenen.

4. Das zweite Haßwort (6, 8–10)

Der Zusammenstoß Gottes mit dem Stolz und der Üppigkeit der Gemeinde. –
Der Tag Gottes als Pest und Vernichtung. – Die Gefahr der Prosperität.

(8) Noch feierlicher als beim „Wehe" über den Illusionismus derer,
die den Tag Jahwes herbeibeten, und noch unabänderlicher als bei der
Beteuerung des Hasses gegen den Gottesdienst, mit dem sie sich
betäuben, nimmt Gott jetzt das Wort gegen den „Stolz" der Gemeinde.

Gott schwört, d. h. bekräftigt mit einem Schwur bei sich selbst,
d. h. bei dem Gewissesten und Unwandelbarsten, was es gibt, seine
Ablehnung des Stolzes, in dem die Gemeinde gefangen ist, und seinen
Haß gegen das, woran sich der Stolz entzündet: Die Paläste als stei-
nerne Zeugen oder steinerner Ausdruck ihrer Kulturseligkeit und
Sicherheit.

Dabei bleibt ein feiner Unterschied im Verhalten Gottes: Über die
Illusionisten und Sicheren k l a g t e er, den Gottesdienst dagegen, der
sie betäubt, und den Stolz, der sie in Illusionen einwiegt, *haßt er*
(5, 21 und 6, 8b). „Geschworen hat der Allherr Jahwe bei seinem
Leben: ‚Ich verabscheue den Stolz Jakobs und seine Paläste hasse
ich'!"

Diese eidliche Bekräftigung gilt auch dem Beschluß Gottes, die von
diesem Stolz gefangene und von dieser Kultur bezauberte Welt, die
Stadt und was sie erfüllt, auszuliefern, d. h. *aus der immer noch
schützenden* und bewahrenden *Hand Gottes*, ohne die alles längst ein
Trümmerhaufen wäre, *heraus* – sie *dem ehernen Gesetz der Vergeltung
preiszugeben.* Es wird nicht ausgesprochen an wen, an welche geschichtliche Macht Gott seine Stadt ausliefert. Durch die dunkle
Namenlosigkeit wird die geahnte Majestät, die hinter dem Unheil
sich birgt, noch furchtbarer. Nur die Wirkung der Auslieferung wird
geschildert. „Ich liefere aus die Stadt und was sie erfüllt."

(9) Diese Schilderung gibt dem Bilde des als Nacht hereinbrechenden Tages Jahwes (5, 18) nichts nach. Jenes Bild und unseres stellen
die beiden unheimlichsten Abschnitte des Alten Testamentes dar.
Beide zeichnen *denselben Tag, der im Kommen ist:* Der eine im Bilde
der nächtlichen Schrecken der Wildnis, der andere im Bilde der
Schrecken der Pest in der Stadt. Gesetzt die Maschen des Gerichtes
wären noch so weit, daß ein ganzes Haus hindurchschlüpfte – ja, ein
Großhaus mit zehn Männern, vielleicht gar mit ihren Familien –

so wären sie doch nicht entronnen. Es ereilte sie doch noch der Tod
in anderer Gestalt.

Ist Kriegsnot gemeint, die die festen Städte bricht, Verschleppung
durch die Sieger, der vor allem die führenden Männer verfallen, oder
Pest, die mit den Zurückbleibenden aufräumt? Es wird nicht ausgesprochen. Die Phantasie kann es sich selber ausmalen. „Und gesetzt,
es blieben übrig ganze zehn Männer in einem Hause, so müssen sie
doch sterben.“

(10) „Und bleibt übrig ein Übriggebliebener“, d. h. ein Einziger,
„so wird auch dieser aufgelesen“. (Der im Anschluß an die griechische
Übersetzung vielleicht zu erratende ursprüngliche Text drückt im
Wortspiel die Kümmerlichkeit und Einsamkeit des Zurückgebliebenen
aus). Der der Verschleppung Entronnene wird von seinem Ver-
wandten, dem es oblag, den in Schuldgefangenschaft geratenen aus-
zulösen, nun aus seinem Hause ins Gefängnis, nämlich des Todes,
abgeholt. Sein „gōʾēl“, d. h. „sein Löser“ wird damit zu seinem
„Verbrenner“, der sein Gebein aus dem Hause schafft. „Und bleibt
einer übrig, so liest ihn sein Vetter auf und sein Verbrenner, um die
Gebeine aus dem Hause zu schaffen.“

Weil das Sterben so groß und die Seuche so ansteckend ist, beerdigt
man nicht mehr wie in der Gemeinde üblich, sondern verbrennt die
Toten, wie man es sonst nur an Verstorbenen tat, deren Gedächtnis
man schänden wollte (Amos 2, 1; 1. Kön. 13, 2; 2. Kön. 23, 16. 20).
Das ist ein symbolischer Ausdruck dafür, daß der ganze Lebensraum
der Gemeinde verunreinigt ist und der Schändung verfällt.

Schließlich ist keiner mehr übrig. Fragt man einen, der sich noch
aus Angst im hintersten Winkel des Hauses versteckt hat: „Ist noch
einer bei dir drinnen?, so antwortet dieser: ‚Keiner‘ und fügt hinzu:
‚Still‘.“

Dieses merkwürdige, einsilbige Schweigewort „has“ ist eigentlich
ein liturgischer Ruf, der das Hereintreten Gottes und seine Anwesenheit im Gottesdienst ankündigt, wie unser: „Gott ist gegenwärtig, alles in uns schweige.“ So heißt es in den Nachtgesichten
Zacharjas bei der Ankündigung des ewigen Adventes Jahwes über
seinem heiligen Tempel: „Stille vor ihm alles Fleisch, denn er hat
sich aufgemacht von seiner heiligen Stätte“ (Zach. 2, 17).

In einem ganz andern Sinne heißt es jetzt hier: „Stille vor ihm“,
„nur ja nicht den Namen Jahwes genannt!“. D. h.: „Still, um den

eingetretenen Richter nicht aufmerksam zu machen," das ist Stille aus Angst vor seinem Zorn.

Joel weissagt vom schrecklichen Tage Jahwes: „Und wird geschehen, wer den Namen Jahwes anruft, wird gerettet werden" (Joel 3, 5). Amos dagegen zeichnet einen Gerichtstag, an dem die Gemeinde nicht mehr wagt, den Namen Jahwes auf die Lippen zu nehmen. Das bedeutet: Die Rettung ist ihr verschlossen, das Rettungsseil ist weggerissen oder in einen mit Starkstrom geladenen Kabel verwandelt. Wer ihn berührt, der stirbt. Was Joel weissagt, ist die *rettende* Kraft des *Namens Jahwes* für die *glaubende* Gemeinde, was Amos verkündigt, ist die *tötende* Kraft des *Namens Jahwes* für die *vermessene* Gemeinde.

Hinter Krieg, Verschleppung und Pest, die nur das ihm voraneilende Gespann seiner Schrecken, seine apokalyptischen Reiter darstellen, tritt damit ungenannt und doch deutlich – das *tiefste Grauen* des hereingebrochenen Gerichtes hervor: Die *Anwesenheit Gottes selbst*, der – wie einst in der Passahnacht durch Ägypten (vgl. 2. Mose 11, 4. 5; 12, 29) – jetzt durch seine eigene Gemeinde geht und sie schlägt.

Es ist der Tag Jahwes, der ganz Finsternis und ohne tröstenden oder Weg weisenden Lichtstrahl, auch ohne den rettenden Namen Jahwes ist. Weil man ihn nicht mehr anrufen darf, weil sein Aussprechen nicht mehr Rettung, sondern Gericht bedeutet, ist jede Möglichkeit dahin, aus dem Tode das Leben, aus dem Gericht die Rettung zu ergreifen.

5. Die Gerichtsankündigung (6, 11–14)

Der Zusammenstoß Gottes mit der Verkehrtheit der Gemeinde. – Der Tag Gottes als Bedrängnis durch übermächtigen Feind. – Die Gefahr des Sich-vermessens.

(11) Gott ist dabei, das Signal zu geben, um diese ganze vermessene Kultur, den Königs- und Kaufmannspalast ebenso wie das Haus des kleinen Mannes, in Trümmer zu schlagen. „Denn siehe, Jahwe ist dabei und heißt in Trümmer schlagen das große Haus und das kleine in Splitter."

(12) Die Begründung dafür gibt Gott in einer Frage an die Gemeinde, die das alles Begreifen sprengende Maß ihrer Verkehrtheit und Vermessenheit ans Licht zieht. Gott vergleicht diese Verkehrtheit und Anmaßung mit dem Versuch, Felsenwände mit Rossen zu erstürmen oder das unergründliche Meer mit Rindern zu pflügen.

Ebenso unmöglich, widernatürlich und vermessen ist der Versuch, Gottes zurechtbringenden Heilswillen in die eigene Hand zu nehmen, d. h. *Recht* und *Gericht* zum *Instrument des zerstörenden Eigenwillens* zu verkehren und das Leben der Gemeinde, das Frucht der Gerechtigkeit sein sollte, aus einem Zeugnis von Gottes Gerechtigkeit in einen *Ausdruck menschlicher Ungerechtigkeit* zu verwandeln. Beides ist Vergehen an Gottes Gericht, das unwandelbar steht „wie die Berge Gottes", und an seiner Gerechtigkeit, die ist „wie die große Tiefe" (Ps. 36, 7). Der *Mensch*, der *sich* zum *Mittelpunkt* des *Rechtes* und des *Gerichtes* macht, bricht in eine Welt ein, die so erhaben, heilig und dem Menschen nicht verfügbar ist wie Hochgebirge und Meerestiefe, und er verwandelt dabei Gottes Gabe des Heils in ein Gift der Zersetzung. „Laufen auch Rosse über Felsen oder pflügt man mit Rindern das Meer, daß ihr umkehrt in Gift das Recht und die Frucht der Gerechtigkeit in Wermut?"

(13) Ebenso wie am Mißbrauch der Gottesgabe von Recht und Gerechtigkeit offenbart sich Verkehrung und Anmaßung am *Verhältnis zur eigenen Geschichte* und zu den von Gott geschenkten Erfolgen, und zwar in doppelter Weise. Wie sie das Recht aus Gottes Hand rissen, es in die eigene Hand nahmen und dann verkehrten, so buchen die Zeitgenossen des Amos die Zurückgewinnung ihres verlorenen Ostens (des Ostjordanlandes) auf die eigene Kraft und Tüchtigkeit und sehen zugleich in einer Verzerrung des Blickes das Geringfügige in Riesendimensionen.

Der Prophet illustriert das an zwei unbedeutenden, aus den im Ostjordanlande zurückeroberten Städten: „lō'-d^ebar" und „qarnajim", die sie auf die Liste ihrer Großtaten buchten. Dabei ändert er geringfügig die Namen: Aus „lō'-d^ebar" und „qarnajim" in „lō' dābār" und „qarnājîm" – „Ohne-Bedeutung" und „Hörnlein". Vielleicht ist an die geringsten Zeichen des Alphabetes gedacht. So klingt aus den beiden Namen, mit denen sie sich brüsten, die Nichtigkeit. „Die sich freuen an ‚Nicht-Nennenswert' und die da sprechen: ‚Haben nicht aus eigener Kraft wir uns wiedergenommen Hörnlein'?" In der Lücke hinter der Freude an Nicht-Nennenswert hat nach Meinung einiger Ausleger der im jetzigen Zusammenhang ohne Parallelglied stehende Vers gestanden, der über das blinde Vorübersehen am Bruch Josephs klagt (6, 6c). – Illusionistische Vermessenheit, die sich an illusionären Erfolgen freut und den realen Schaden nicht sieht!

Es ist schon Verkehrung, daß das Volk die Wiedergewinnung des Ostjordanlandes auf eigene Kraft zurückführt. Noch größere Unnatur aber ist es, daß es angesichts der nahenden Weltkatastrophe und der anbrechenden Gottesherrschaft, das was vergänglich und gegen Gottes Gericht und Heil geringfügig ist, in solcher Bedeutung sieht. Das ist das Sichvermessen, das notwendig folgt, wo man den einzigen rechten Maßstab, an dem alles zu messen ist, aus den Augen verlor, nämlich Gott.

Die beiden Bilder der das Gebirge erstürmenden Rosse und der das Meer pflügenden Rinder auf der einen Seite und der sich über „Hörnchen" und „Nichtigkeit" freuenden und den Bruch im eigenen Bein nicht sehenden Toren oder Prahlhänse auf der anderen Seite, drücken in abschließender, schreiender Bizarrheit die Perversion aus, der der Mensch verfällt, der sich an die Stelle Gottes setzte.

(14) Gottes Antwort ist die Erweckung eines mächtigen Feindes, der von Hamath bis zum Steppenbach, das heißt von Norden bis Süden sein Volk bedrängen, es seiner Nichtigkeit und Ohnmacht überführen und es Gottes Allmacht fühlen lassen wird.

Die vier Prophetenworte gehören zusammen: 1. der Weheruf über die Zukunftshoffnung der Gemeinde, 2. das Haßwort gegen ihren Gottesdienst, d. h. Gottes Wehe und Haß über und gegen die Flucht vor ihm in die Zukunft und in den religiösen Betrieb oder Rausch, 3. der Weheruf über Kulturseligkeit und Sicherheit und 4. das Haßwort gegen den Stolz Jakobs, d. h. Wehe und Haß Gottes über und gegen das gottlose Sich-ausleben und den trotzigen Stolz der aus der Verantwortung vor Gott und für den Bruder ausgebrochenen Gemeinde.

Das *erste Wehe* enthüllt das Ende, dem die Flucht in die Zukunft in die Arme rennt, das *erste Haßwort* entfaltet die Gestalt, die diese Flucht vor Gott im Gottesdienst annimmt. Das *zweite Wehe* entfaltet die Gestalt, die die Emanzipation des aus der Furcht Gottes ausgebrochenen Menschen im modernen Kulturleben gewinnt, das *zweite Haßwort* enthüllt das Ende, das über diese Kultur der Selbstsicherheit und Selbstbehauptung hereinbricht. Das zweite Wehe entspricht dem ersten Haßwort, das zweite Haßwort dem ersten Wehe. Beide sind ganz dem Grauen des Endes zugewandt.

Den Abschluß bilden aneinandergereihte Sprüche, die den vierfach variierten Grundgedanken dieser vier Gedichte in den zwei unvergeßlichen Bildern von den über die Felsen laufenden Rossen und den über „lō' dābār" jubelnden Toren veranschaulichen und zu Ende führen. Es ist nebensächlich, ob Amos dieses letzte Gedicht mit seinen ungewöhnlich schroffen Übergängen selbst als ein Ganzes an den Schluß der zwei Wehe und zwei Haßworte gestellt hat oder ob der Sammler hier verschiedene Amosworte in den Zusammenhang von 11–14 ordnete und als Zusammenfassung der in den vorangegangenen Gedichten gebrachten Botschaft hierher stellte.

DRITTER TEIL

DIE WENDE VOM WERBEN ZUM RICHTEN

Kp. 7, 1–8, 3

Der Hintergrund des Werbens und Richtens Gottes sowie der Wende von der
Gnade zum Gericht.
Der Gebetskampf des Stellvertreters.
Die Ablehnung des Stellvertreters durch die Kirche.
Die Ablehnung seiner Stellvertretung durch Gott.

Der erste Teil des Amosbuches stellte uns vor das Weltgericht, das
über den Völkerkreis und die Gemeinde Gottes hereinbricht und ab-
rechnet mit der zum Vollmaß gereiften Schuld der Menschheit wie
der Kirche.

Der zweite Teil stellte uns vor Gottes Werben um seine Gemeinde
vor dem kommenden Advent, vor die große Möglichkeit des Lebens,
die Gott anbietet, und vor die Schrecklichkeit seines Tages für die, die
sich seinem Angebot verschließen.

Der dritte Teil enthüllt den Hintergrund des Werbens Gottes durch
den Propheten und die Angel, um die es sich vom Angebot der Gnade
zur Drohung mit Gericht dreht und endlich zur Ausrufung des Gerichtes umschlägt. Dieser Teil enthüllt uns den Kampf des Propheten
mit Gott und zugleich mit seinem Volk. Es ist der entscheidende Teil
des Amosbuches, ohne den weder die Gerichts- noch die Gnaden-
botschaft Gottes, weder das Drohen noch das Werben des Propheten
verständlich wird. Hier wird nicht nur von Worten Gottes, des
Propheten und des Volkes, sondern von Taten aller dieser drei,
Gottes, des Propheten und der Kirchenführung berichtet, von Ereignissen, die für Kirche und Volk Alten Bundes entscheidend werden.

Der Abschnitt läßt uns hineinblicken in den *Zweifrontenkrieg* des
Propheten mit Gott und mit seiner Kirche. Er erzählt von dessen
zweimaligem „Sieg" über Gott[1] in der Fürbitte für die Gemeinde,
von zweimaliger Abwendung des Gerichtes, aber auch von Ablehnung
und endgültiger Niederlage der Fürbitte vor dem Gerichtswillen
Gottes.

---

[1] Wir hören später, in welchem Sinn das scheinbar lästerliche Wort „Sieg über Gott"
hier gebraucht ist, nämlich in dem Sinne, wie die Bibel selbst es braucht (1. Mose 32, 29
und Hos. 12, 5), als Sieg durch Kapitulation und Zuflucht zur Gnade Gottes.

Gott wendet nicht mehr ab. Das ist nicht umgeschlagene Laune Gottes, Versiegen seiner Geduld. Sondern dazwischen liegt ein anderer Kampf, der im Hintergrund des hier berichteten gekämpft worden ist, bei dem die Kirche ihrem Stellvertreter und Fürbitter in den Rücken gefallen ist. Für Menschenaugen ist das Verhältnis allerdings umgekehrt: Der letztere, der Kampf des Propheten mit dem Kirchenführer, ist der vordergründige und der erstere, der Kampf mit Gott, findet nur im Hintergrunde statt.

Dem Sich-verschließen Gottes vor der Fürbitte steht gegenüber das Sich-verschließen der Kirche vor dem Propheten und vor dem Bußwort, mit dem er um sie wirbt. Der Ablehnung des fürsprechenden Mundes des Propheten durch Gott steht gegenüber, daß die Kirche dem Propheten den Mund verbunden, das Reden verboten und ihn des Landes verwiesen hat. In diesem Zweifrontenkrieg des Propheten um sein Volk, mit der Kirchenführung und mit Gott, bedingen einander die Entscheidungen hier und dort, die der Verkündigung des Amos ein neues Gesicht und dem Lauf der Geschichte eine neue Wendung geben, den Klang des Werbens in den des Gerichtes, die Heilsgeschichte in Unheilsgeschichte wandeln.

Im Kampf des Propheten fällt die Entscheidung nicht in seiner Predigt und seinem öffentlichen Auftreten, sondern an der unsichtbaren Front, die dahinter liegt. Darum läßt das Amosbuch uns jetzt in das, was sich an dieser unsichtbaren Front ereignet, hineinsehen in den Visionsberichten (Kp. 7, 1–9; 8, 1–3).

Mitten hinein zwischen die Visionsberichte, die diesen Kampf an der unsichtbaren Front beschreiben, schiebt das Amosbuch aber die Erzählung vom Zusammenstoß zwischen Prophet und Oberpriester, der mit Redeverbot und Ausweisung endigt; d. h. es berichtet noch einmal vom Kampf an der sichtbaren Front, aber jetzt von einer im Hintergrund der eigentlichen Predigttätigkeit des Amos geschlagenen Schlacht (7,10-17).

Diese Anordnung des Stoffes zeigt den inneren Zusammenhang zwischen beiden Fronten, der unsichtbaren und der sichtbaren, auf und enthüllt dadurch die treibenden Ursachen für den unglücklichen Ausgang des Kampfes, den der Prophet in Gottes Auftrag zu führen hat. Der Bericht begründet damit die Entscheidung über den Verlauf der öffentlichen Wirksamkeit des Amos und der Geschichte der Kirche und des Volkes Nordisraels.

Man kann fragen, wieso solch ein Zweifrontenkrieg des Propheten und Fürbitters möglich ist. Der Prophet Hosea und das 1. Mosebuch bezeichnen ausdrücklich das Gebet des Erzvaters als Kampf mit Gott und seinem Engel und als Sieg über Gott (Hos. 12, 5; 1. Mose 32, 29). Seine greifbarste Darstellung hat dieser Kampf in den Berichten von den Gebetskämpfen Abrahams um Sodom (1. Mose 18, 22–33) und Moses um sein gefallenes Volk (2. Mose 32, 10–14. 31–33; 33, 12–17; Ps. 106, 23) gefunden.

Wie kann aber Gott das Gericht wollen und zugleich von seinen Leuten erwarten, daß sie sich mit ihrer Fürbitte dem Gericht entgegenstellen, d. h. sich Gott selbst entgegenwerfen? Die Anwort kann nur lauten: Das gehört zu den Geheimnissen Gottes, vor denen unser Begreifen aufhört. In klassischer Weise ist dieses Geheimnis in einem Wort an den Propheten Hesekiel formuliert: „Ich suchte aber unter ihnen nach einem, der eine Mauer mauerte und in die Bresche trete vor mir für das Land, daß ich es nicht vernichtete; aber ich fand keinen" (Hes. 22, 30). Der Prophet ist tatsächlich einerseits zum Warner seines Volkes bestellt, von dem Gott jede Seele, die ungewarnt stirbt, heimfordert (Hes. 3, 17–21). Gleichzeitig aber ist der Prophet zum Mahner Gottes berufen, von dem Gott haben will, daß er sich ihm in der Fürbitte entgegenwirft.

Dieser für unser Auge unauflösliche Widerspruch in Gott findet seinen Ausdruck darin, daß man vom Gericht Gottes nie zutreffend reden kann, ohne von seiner Barmherzigkeit zu reden, und von seiner Barmherzigkeit nie ohne Gefahr des Mißverständnisses reden kann, ohne von seinem Gericht zu reden. Der Widerspruch löst sich erst am Kreuz, indem Gott auf Golgatha gleichzeitig das Gericht vollstreckt und gleichzeitig, nicht durch einen Propheten, sondern selbst in Menschengestalt den Kopf für uns hinhält und das Gericht für uns auffängt. Für das Begreifen ist das allerdings keine Lösung, sondern nur für das Anbeten.

Erstes Kapitel

Der Kampf an der unsichtbaren Front. Kp. 7, 1–9

Die unsichtbaren Hintergründe der Schicksalswende.
Der Gebetskampf des Propheten.
Die zweimalige Annahme und endliche Ablehnung seiner Stellvertretung.
Die drei ersten Visionen.

1. Der erste Sieg der Stellvertretung (7, 1–3)
Der erste Vortrupp des Richters.

(1) So ließ der Allherr Jahwe mich schauen:
Siehe,[a] einer, der am Formen[b] von Heuschrecken war
[c]zu Beginn des Aufsprießens des Nachwuchses;
und siehe, es war der Nachwuchs nach der Königsmahd.[c]

(2) [d]Und sie waren dabei, fertig zu werden
mit dem Verzehren des Krautes des Landes.[d]
Da sprach ich: „Allherr, Jahwe, vergib doch!
Wie wird Jakob bestehen, denn er ist ja so gering!"

(3) Gereuen ließ sich's[e] Jahwe darob.
„Nicht soll es geschehen" sprach[f] Jahwe.

2. Der zweite Sieg der Stellvertretung (7, 4–6)
Der zweite Vortrupp des Richters.

(4) So ließ mich der Allherr Jahwe schauen:
[g]Siehe, einer, der war dabei Feuer zu rufen zum Gericht.[g] ()[h]

Und es fing an die große Tiefe[i] zu verzehren
und es verzehrte das Erbland Jahwes.[k]

(5) Da sprach ich: „Allherr Jahwe, laß doch ab!
Wie wird Jakob bestehen, denn er ist ja so gering!"

(6) Gereuen ließ sich's Jahwe darob auch diesmal.
„Nicht soll es geschehen" sprach der Allherr Jahwe.

3. Die Wendung: Ablehnung der Stellvertretung (7, 7–9)
Das Hervortreten des Richters selbst.

(7) So ließ er mich schauen, und siehe, der Allherr[l] (selbst)
stehend auf einer Mauer,[m] in seiner Hand ein Bleilot.[n]

(8) Und Jahwe sprach zu mir:
„Was siehst du, Amos?"

Da sprach ich: „Ein Bleilot."ᵒ
Da sprach der Allherr:
„Siehe, ich bin dabei, anzulegen ein Bleilot
inmitten meines Volkes Israel.

Nicht will ich ferner fortfahren, ihm zu vergeben.
(9) ᵖVerwüstet werden die Höhen Isaaks,
und die Heiligtümer Israels sollen veröden,
und ich werde aufstehen gegen das Haus Jerobeam mit dem
Schwert."ᵖ

1. Der erste Sieg der Stellvertretung (7, 1–3)

Der erste Vortrupp des Richters.

Der Prophet berichtet von einem Gesicht, in dem ihn Gott die Gefahr
sehen läßt, die der Kirche droht, und über dem Gott ihn ins Gespräch
über das Schicksal der Gemeinde zieht, und von einer entscheidenden
Wendung, die dieses Gespräch für die Geschichte der Kirche nimmt.
Amos spricht *nicht* von *Gedanken*, die *er sich* über die Zukunft Israels
gemacht hat, und wie in diesen Gedanken und Überlegungen allmäh-
lich sich ihm seine Gottesvorstellung geläutert und die Gewißheit über
Israels Untergang sich in ihm abgeklärt habe. Er kleidet auch *nicht* seine
Gerichtsbotschaft in das *Bild visionärer Erlebnisse* ein. Sondern er läßt
uns *ins innerste Heiligtum seines Lebens mit Gott* hineinsehen. Er entblößt vor uns die Herzader, aus der sein prophetisches Amt und Berufs-
leben gespeist wird – *das Gespräch* seines Herzens *mit Gott*. Dabei berichtet er uns von einem wieder und wieder geschehenen Eingriff von
außen in sein Leben, von Gottes Reden und seinem Antworten, von
Einweihung des Propheten in Gottes Pläne und von seiner Zulassung
zur Mitarbeit an der Gestaltung derselben in der Fürbitte.

Wie Gott sich bei seinem Reden mit unserm Gewissen auch der
äußeren Sinne, z. B. unserer Ohren, bedienen kann, um sein Wort in
unser Leben hineinzusagen, so kann er auch den Gesichtssinn benutzen,
um uns dasselbe in Bildersprache zu kleiden. Es ist grundsätzlich kein
Unterschied zwischen Wort Gottes, das auf dem Wege über Gesichts-
oder Gehörwahrnehmungen empfangen wurde, und solchem, das ge-
räuschlos und bildlos im Gewissen mitgeteilt wurde. So sieht Amos es
eines Tages von Gott her in bildhafter Gestalt auf sich eindringen.
„Und der Allherr Jahwe ließ mich schauen."

Nach der wahrscheinlich unrichtigen Wiedergabe der griechischen
Übersetzung ist das, was Amos sieht, das Gebilde einer Heuschrecke,

„jēṣär gōbaj", der Vorbote eines drohenden Angriffs auf die ganze Vegetation des Landes. Der hebräische Text zeichnet dasselbe Bild von der Schau des Propheten hintergründiger und unheimlicher. Er erweitert das auf eine Fläche aufgetragene Bild der Heuschrecke oder des Heuschreckenschwarmes in die Tiefe, man könnte sagen, in die dritte Dimension. Dem Propheten erschließt sich der Blick ins Geheimnis der Erschaffung, aus dem sich der Zustrom immer neuer Heuschrecken speist.

Ohne daß sein Name genannt wird, tritt hinter den Heuschrecken und dem Geheimnis ihrer Erschaffung, in den unbestimmten Umrissen der Gestalt eines Formenden verborgen, der Erschaffer selber vor Amos hin. Gezeichnet wird nur sein Handeln: „Er ist beim Formen" (der hebräische Text liest für „jēṣär" – „jôṣēr gōbaj", für „Gebilde" – „Bildner"); und was aus seiner Hand entspringt, sind „Heuschrecken"; und der planende Wille, der in seiner Tätigkeit am Werk ist, ist ganz bedrängender Angriff und zielt auf Vernichtung. „Siehe, ein im Formen von Heuschrecken Begriffener".

Dieses unheimliche Bild wird noch bedrohlicher durch den Zeitpunkt, auf den es verweist. Es ist nicht die Zeit, da die Ernte schon geborgen ist, auch nicht die Frist, zu der nach einem Abfressen noch auf Nachwuchs zu hoffen möglich bleibt, sondern der Augenblick, da der Nachwuchs schon aufzusteigen beginnt, von dem der Bauer sein Vieh ernährt, nachdem die Regierung die erste Mahd für die Bedürfnisse des Heeres abgeschöpft hat. In diesem Moment droht der Heuschreckenschwarm hereinzubrechen, losgelassen aus der Hand dessen, der ihn ins Dasein formt. Es geht um die Existenz des Bauern.

Die Bedrohung steigt auf den Gipfel. Der Zeitpunkt ist herangekommen, wo fast die ganze Weide verzehrt ist. „Und es geschah, daß sie dabei waren, vollständig zu verzehren das Kraut des Landes." Es geht um den letzten Rest, sagt das Gesicht. Die Bedrohung der Existenz ist am Rest der Existenz angekommen.

Da springt der Prophet ein und stellt sich davor. Er stellt sich nicht im Traum gegen Heuschreckenschwärme, sondern tritt real auf wider den, der sie ins Leben ruft, formt und sendet, gegen Gott. Er stellt sich dem in den Weg, dessen Kommen er mit dem Zuspringen des Löwen verglich, mit dem Zuklappen der Falle, mit dem Zustoßen des Unglücks, mit dem Ausbruch des Feuers, mit dem Losbruch des Erdbebens, mit dem Hereinbrechen der Nacht, mit Löwe, Bär, Schlange, Krieg, Niederlage, Verschleppung und Pest. Es ist der, dessen baldiges Hin-

durchschreiten durch die Gemeinde wie durch Ägypten in der Passahnacht Amos angekündigt hatte. Ihm zu begegnen hatte er Israel aufgerufen (4, 12). Wie in Ägypten und am Sinai gehen Feuer und Heuschrecken ihm voran.

Ihm wirft sich der Prophet entgegen. Was gibt Amos Mut und Be-
rechtigung dazu? Er tut es mit dem Ruf: ,,Vergib doch!'', mit der Begründung, daß es um die Existenz der Gemeinde geht: ,,Wie wird
Jakob bestehen?''; und mit der Berufung nicht auf Wert, Verdienst
oder Unschuld, sondern *auf die Nichtigkeit* der Gemeinde: ,,Er ist ja so
gering.''

Weil – auf uns gesehen – keinerlei Grund zur Zuversicht vorhanden
ist, wir nichts haben, was wir im Gericht vorweisen könnten, weil auch
beim Volk Gottes, das er sich zu seinem Sohn berufen hat, nichts an
Werten, Größe oder Verdienst sich findet, weil es nur aus Gnade erwählt ist und nur durch Gnade gerettet werden kann, weil Jakob phy-
sisch, geistig und moralisch so nichtig ist, daß auf ihn und auf Gottes
Heiligkeit gesehen, er im Gericht vergehen und Gottes Heilsplan mit
ihm verlorengehen müßte, – darum gibt es nur eine Möglichkeit:
,,Vergib doch!'' ,,Wie wird Jakob sonst bestehen?'' Unsere Nichtigkeit
schreit nach Gottes Erbarmen. Jakobs Nichtigkeit ist das Einzige, was
der Prophet dem Richter vorzuweisen hat.

Kurz und sachlich, wie man ein geschichtliches Ereignis berichtet,
erzählt der Prophet die Antwort auf seine leidenschaftliche Bitte: ,,Ge-
reuen ließ sich's Jahwe''. ,,Es soll nicht geschehen, sprach Jahwe''. In
dieser Berichtweise kommt zum Ausdruck, daß das, was der Prophet
schaut, zwar Gesicht, aber darum erst recht *Realität*, in Bilderschrift
gekleidetes *Wort Gottes* ist. Das Gespräch, das sich über dem Geschau-
ten entspinnt, und der Handel, der darin ausgefochten wird, ist *reales
geschichtliches Geschehen*.

Der in zwei Halbsätzen berichtete Ringkampf zwischen Gott und
Amos erinnert in seiner lapidaren Einlinigkeit an die wuchtige Ein-
silbigkeit, mit der der nächtliche Ringkampf zwischen dem Stamm-
vater Jakob und Gott am Jabbok geschildert wird (1. Mose 32, 25 ff).
,,Da rang ein Mann mit ihm, bis die Morgenröte anbrach . . . Ich lasse
dich nicht, du segnest mich denn . . . Und er segnete ihn daselbst.'' Wir
stehen hier vor dem *Herzpunkt des prophetischen Berufsgeheimnisses*.
Die Gestalt des Bußpredigers Amos, die wir uns gewöhnt haben als
granitene Domfigur zu sehen, als Hammerschwinger, der mit dem
ehernen Werkzeug des Wortes Gottes die Aufrührer zertrümmert, –

seine Gestalt verwandelt sich in die eines athletischen Ringkämpfers, der gleich dem starken Jakob mit seiner und seines Volkes Nichtigkeit sich dem heiligen Gott entgegenwirft und ihn besiegt (vgl. 1. Mose 32, 29; Hos. 12, 5). Der Ringkampf Jakobs wie der des Amos wird *durch* die *Bitte um Gnade* entschieden. Das scheidet diesen Sieg himmelweit von aller menschlichen Vermessenheit, die Amos immer wieder geißelt, auch von der Vermessenheit, mit der der Erzvater zum Kampf antrat (Hosea 12, 4) ehe er kapitulierte und durch Zuflucht zur Gnade siegte.

2. Der zweite Sieg der Stellvertretung (7, 4–6)

Der zweite Vortrupp des Richters.

Nach dem ersten Vorboten des Gerichtes, den Heuschrecken, schaut Amos seinen zweiten noch schrecklicheren, das *Feuer*. Wieder sieht er nicht bloß dieses, sondern eine geheimnisvolle Gestalt, die über dasselbe Gewalt hat. Er sieht den Urheber des Feuers, der es mit seinem Allmachtswort in unbegrenzter Fülle aus dem Nichts ins Dasein ruft und ihm seine Sendung gibt zum Gericht. „Ich sah einen, der dabei war, das Feuer zum Gericht zu rufen."

Gott zeichnet dieses Gerichtsfeuer in gigantischer Glut, die bis in die Tiefe hinabdringt und die „große Flut" (1. Mose 7, 11), das Grundwasser, aus dem alle Quellen unterirdisch gespeist werden, verzehrt. Und er zeichnet es in gigantischer Größe wie einen Steppenbrand, der das Feld mitsamt der Ernte frißt. Auf die Weide fürs Vieh zielte der Angriff der Heuschrecken, auf das Getreide für den Menschen richtet sich der des Feuers. „Und es fing an, die große Urflut zu verzehren, und es verzehrte das Feld (das Erbland Jahwes)."

Wieder wirft sich der Prophet wie vorher den Heuschrecken, jetzt dem Brande entgegen, den er scheinbar mitleidslos selber mit siebenfachem „Feuer! Feuer!" angekündigt hatte. Wir werden an Abrahams Kampf um Sodom und an sein Bekenntnis erinnert: „Ich habe mich vorgewagt mit dem Allherrn zu reden" (1. Mose 18, 27. 31). Das bedeutet soviel wie: Ich habe mich vor die gerichtsreife, Feuer fangende Welt, hier vor die Gemeinde Gottes gestellt, um die verzehrende Glut der Heiligkeit Gottes aufzufangen.

Wieder hat Amos nur die Bitte: „Lass doch ab!" entgegenzusetzen. Wieder begründet er sie damit, daß es um die Existenz der Gemeinde geht: „Wie wird Jakob bestehen?" – und abermals beruft er sich auf dessen totale Nichtigkeit, die im Gericht das Feuer auf sich ziehen und darin wie Stroh verbrennen muß. Und in gleicher Weise berichtet er in lapidarer Kürze und Sachlichkeit vom Verlauf des Kampfes: Gott läßt sich besiegen durch die Bitte um Gnade.

Aber an kleinen Einzelzügen merken wir: Es ist *nicht bloß Wiederholung*, sondern *Steigerung* des ersten Kampfes, *letzte Phase* der Schlacht *vor der Entscheidung*. Die drohende Gefahr ist um so viel schlimmer wie die erste, als das Feuer furchtbarer und dem Richter näher ist als die Heuschrecken. Die verzehrende Wirkung ist um so viel tiefgreifender, als die aufgeleckten Grundwasser des Tiefenozeans tiefer und dem Erdkern näher liegen als die Erdoberfläche, die Weiden. Von unten, von den Quellen her, aus denen das Leben der Vegetation gespeist wird, läßt die Glut es versiegen. Und die Vernichtung des Feuers ist um so viel auf den Leib rückender, als die Bedrohung des Ackers und der Feldfrucht dem Menschen näher auf den Leib drängt, als der Angriff auf Weide und Viehfutter. Falls die griechische Übersetzung das Richtige traf, drückt sich diese Steigerung der Bedrohung auch darin aus, daß jetzt das Erbland Jahwes als Opfer des Angriffs genannt wird.

Auch der Gebetsruf, mit dem der Prophet jetzt in zwölfter Stunde dem Richter in den Arm fällt, ist in demselben Maße dringlicher. Nicht mehr vorbeugend: ,,Vergib doch!'', sondern – als habe Gott schon den Arm erhoben und mit dem Gericht begonnen –: ,,Laß doch ab!'', d. h. das Feuer brennt schon. Auf dieselbe Begründung und Berufung folgt noch einmal Gottes Zurückweichen, aber jetzt ebenfalls ernster: ,,Gereuen ließ sich's Jahwe darob auch (noch) dieses Mal. ,Es soll nicht geschehen' sprach der Allherr Jahwe.''

Der Prophet ist siegreich aus dem Kampf mit den Vorboten, die dem Richter vorangingen, hervorgegangen. Heuschrecken und Feuer werden vor seiner Fürbitte zurückgezogen. Muß jetzt hinter den Vortruppen die Hauptmacht auf ihn treffen? Wir können dieses Gleichnis nur in zager Vorsicht verwenden für das Heilige, das jetzt berichtet wird.

3. Die Wendung: Ablehnung der Stellvertretung (7, 7–9)
Das Hervortreten des Richters selbst.

Wie wir erwarten mußten, enthüllt sich beim dritten Anruf hinter dem geheimnisvollen Umriß des Formenden und des Rufenden die Gestalt des Allherrn selber. Wiederum zeichnet der Prophet im Partizipial- oder Zustandssatz das Geschaute. ,,Siehe, der Allherr, stehend auf einer Mauer." Hinter seinen Vorboten, Heuschrecken und Feuer und der unbestimmten Gestalt ihres Senders, erscheint der Richter selbst, mit Namen genannt, der Allherr. „Ein Bleilot in seiner Hand." Sein Bild ist geschwängert mit Plan, auf den das Bleilot weist, das sowohl zum Aufbauen als zum Niederreißen das Zeichen geben kann. Welches von beidem hat er im Sinn? Und welches ist die Stelle, an der er das Bleilot anlegen will?

Die Spannung wird noch gesteigert durch die Frage an den Propheten: „Was siehst du, Amos?". – Wie man nach dem Vergleichs- und Zielpunkt eines beunruhigenden Gleichnisses sucht – so lenkt diese Frage den Blick vom zielenden Schützen über den gespannten Bogen auf den abschußbereiten Pfeil, auf die Richtung, in die er zielt. Die Antwort: „Ein Bleilot", legt einsilbig den Finger auf den Pfeil. Die zweite Antwort Gottes löst die Spannung. Wie der Schütze den gestrafften Bogen mit dem Pfeil aufs Ziel richtet – so zeigt sie über dem bevorstehenden Eingreifen als Ziel: die Gemeinde, und als unausgesprochenen Zweck dahinter: nicht Aufbau, sondern Niederreißen. „Siehe, ich bin dabei, anzulegen ein Bleilot innerhalb meines Volkes."

Gottes hinter anonymen Schrecken hervortretende Erscheinung zeigt sich in diesem Bilde *nicht* als *unberechenbares, blindwütendes Geheimnis*, sondern als *klarer, prüfender* und *messender Wille*; als höchste sittliche Vernunft, deren Beschlüsse nicht willkürlich, sondern begründet, deren Handlungen nicht planlos, sondern gezielt sind. Er richtet mit oder in Gestalt seiner Gemeinde einen Bau auf und mißt diesen an seiner Bestimmung, d. h. an dem sittlichen Gesetz seines Willens, und prüft seine Abweichung mit unbestechlicher Genauigkeit wie mit einem Bleilot. Wehe der Mauer, die sich nicht als lotgerecht erweist! Sie kann kein anderes Schicksal erwarten, als niedergerissen zu werden.

Das Hervortreten des Allherrn in eigener Person als Richter, die Enthüllung seines sittlichen Planes mit der Gemeinde und seines unbestechlich wie Bleilot nach sittlichem Gesetz prüfenden Willens, könnte an sich schon aller Fürbitte aus menschlichen Impulsen den Mund verschließen. Nur der aus dem Geist Gottes geborne, mit seiner Vollmacht versehene Glaube vermag auch gegen die klare und einsichtige Gerechtigkeit des Richters seine Stimme weiter zu erheben, denn diese (die Gerechtigkeit Gottes) ist selbst übervernünftig (1. Mose 18, 22–33; 2. Mose 32, 32).

Aber auch für die Fürbitte des Glaubens gibt es eine Grenze. Ausdrücklich tritt jetzt Gott – ehe der Prophet ihm noch in den Arm fallen kann – seinerseits der Stellvertretung seines Dieners entgegen und weist sie, ehe sie ausgesprochen wurde, zurück. „Ich will nicht mehr vorübergehen", d. h. soviel wie „zurückweichen", „meinen Zorn abwenden lassen", „vergeben".

Die Kirche ist wie ein fest gewordener Bau. Ihre Mauer ist lotwidrig. Loslösung von Gott, Empörung wider seinen Willen sind fest geworden und zur Grundhaltung der Kirche erstarrt, zum Strukturgesetz ihres Bauplanes geworden. So muß der Tag der Lotung zum Tag des Niederreißens werden.

Am *Gottesdienst* und seinen *Stätten* und an der *verantwortlichen Führung* von Kirche und Nation beginnt das Niederreißen. Gegen das ruhmvolle Königshaus Jeroboams, das Israel zu Sieg und Glanz geführt hat, will der Richter zuerst mit dem Schwert auftreten. Am *Hause Gottes* und *am Haupt der Gemeinde*, an der Mauerkrone und ihren Zinnen setzt der Bauherr – wie vorher mit dem Lot – so hinterher mit dem Brecheisen an.

Eine unwiderrufliche Entscheidung ist gefallen. Der zweimalige siegreiche Gebetskampf mit dem Richter hat sich im dritten Gefechtsgang zur Niederlage gewandelt und damit ist das Schicksal der Kirche entschieden. Wir erfahren sogleich, was unterdessen oder gleichzeitig im sichtbaren Raum der Geschichte sich zwischen der Führung dieser Kirche und dem Vertreter Gottes abspielt. Von daher verstehen wir die Niederlage des Fürbitters, die man, wenn man in menschlichen Kategorien sprechen würde, eine Niederlage Gottes nennen könnte. Wir verstehen daher den Entschluß des Richters.

Ein kurzer Rückblick auf das Ganze des Gesichtes zeigt eine Steigerung gegenüber den beiden vorangegangenen, eine dritte entscheidende Phase im Kampf. *Gottes Gestalt* tritt aus dem Geheimnis der andringenden Gefahren *selber hervor* und tritt in nähere Beziehung zu seiner Gemeinde. Der Prophet sieht ihn selbst Hand an sie legen. Hinter den bedrohten Auen und Feldern erscheint die *Gemeinde selbst* als *Ziel seines Gerichtes*. Und endlich bekommt die Unheimlichkeit und unergründliche Schrecklichkeit des Gerichtes ein *klares sittliches* und darum unwidersprechliches *Gesicht*.

Zweites Kapitel

Der Kampf an der sichtbaren Front. Kp. 7, 10–17

Der sichtbare Hintergrund der Wende vom Werben zum Richten, von der
Heilsgeschichte zur Unheilsgeschichte. – Der Zusammenstoß des Propheten
mit dem Staatskirchentum. – Die Zurückweisung des Wortes Gottes durch
seine Kirche.

An die Stelle des Gottes, der verhieß: „Es soll nicht geschehen",
tritt der, der sagt: „Ich will nicht mehr vergeben." An die Stelle dessen, der ausrufen ließ: „Suchet mich, so werdet ihr leben!", tritt der,
der ankündigt: „Ich stehe auf mit dem Schwert wider . . .!" Gott hat
seine Haltung gewechselt. Er vergab, aber vergibt nicht mehr. Er
erhörte, aber hört nicht mehr. Er warb und warnte, aber jetzt richtet
er nur noch. Was hat die Entscheidung bei dieser Wandlung abgegeben?
Amos gibt den Grund nicht an. Statt dessen schiebt das Amosbuch
zwischen seine Predigten und Gesichte einen Bericht ein über Entscheidungen, die gleichzeitig in den Verhandlungen zwischen dem
Propheten und der Kirchenleitung fallen. Ebenso hat das Amosbuch
den Bericht über den Gebetskampf und die Entscheidung, die in ihm
fiel, in die Spruchsammlung des Propheten an der Stelle eingeschoben,
wo die ausschließliche Gerichtsrede das werbende Wort ablöst.

Damit ist gesagt: Diese drei Wandlungen stehen in einem Zusammenhang und verschlingen sich miteinander so eng, daß nur Gottes
Auge durchsieht und die Fäden entwirren kann: 1. Die Wandlung
der *bedrohenden* und *werbenden Predigt* in *ausschließliche Gerichtsverkündigung*, 2. Die *Ablösung* der *Annahme* der *Fürbitte* des Propheten *durch Ablehnung* von Gottes Seite und 3. Das entscheidende *Sich-
verschließen des Ohres der Kirche* für Gottes Wort, *Redeverbot* und
Ausweisung des Propheten, fallen so zusammen, daß wir nicht sagen
können, *welches* von den dreien *die erste Ursache* war. Schließt deshalb, weil die Predigt des Propheten solche Schärfe annimmt, das Ohr
der Kirche sich zu und verschließt wiederum im Gefolge davon Gottes
Ohr sich der Fürbitte für diese Kirche? – Oder hört Gottes Vergebung
deshalb auf und wird die Rede des Propheten deshalb so scharf, weil
das Ohr der Kirche sich verschloß und sie dem Propheten den Mund
verband? Oder kann die Kirche deshalb nicht mehr hören und darf der

Prophet nur noch Gericht verkündigen, weil Gott die Fürbitte ablehnt und nicht mehr vergibt?

Nur soviel wird ganz deutlich: Gott fällt eine Entscheidung. Seine Uhr zeigt zwölf. Die Bewegung seines Uhrzeigers macht sich im Gebetskampf zwischen Gott und Prophet ebenso bemerkbar, wie im Gang der Verhandlungen zwischen Prophet und Kirchenleitung, wie auch endlich im Inhalt der Botschaft, die ihm aufgetragen wird. Das Rücken des Zeigers auf Gottes Stundenuhr sagt: Das Maß ist voll.

(10) Da sandte Amazja, der Priester von Bethel, zu Jerobeam, dem
     König von Israel, und ließ ihm sagen:
     „Verschworen hat sich gegen dich Amos
     inmitten des Hauses Israels.
     Nicht vermag das Land zu ertragen all seine Worte.

(11)   Denn also hat Amos gesprochen:
     ,Durchs Schwert soll sterben Jerobeam
     und Israel soll ganz in die Gefangenschaft wandern
                                        aus seinem Lande'."

(12) Und Amazja sprach zu Amos:
     „Seher, geh, flüchte dich nach dem Lande Juda,
     verdien dort Brot und weissage dort!

(13)   Aber in Bethel darfst du nicht fortfahren zu weissagen,
     denn ein königliches Heiligtum ist dies
     und ein staatliches Gebäude ist dies."[a]

(14) Da antwortete Amos und sprach zu Amazja:[b]
     „Nicht bin ich ein Prophet
     und nicht bin ich[c] Glied einer Prophetenzunft,
     sondern Hirte[d] bin ich[c] und Ritzer von Sykomoren.

(15)   Aber mich nahm Jahwe von der Herde weg,
     und es sprach zu mir Jahwe:
     ,Geh, weissage wider mein Volk Israel'.

(16)   Und nun höre das Wort Jahwes!
     Du sprichst: Weissage nicht wider Israel
     und geifere nicht wider das Haus Isaaks.

(17)   Darum so spricht Jahwe:
     ,Dein Weib soll in der Stadt huren,
     deine Söhne und Töchter sollen durchs Schwert fallen,

     und dein Land soll mit der Meßschnur verteilt werden,
     und du selbst sollst auf unreinem Lande sterben,
     und Israel soll ganz in die Gefangenschaft wandern
                                        [e]aus seinem Lande'."[e]

Das Gericht beginnt mit einer offiziellen Anzeige gegen den Propheten bei der Regierung durch die Kirchenleitung, d. h. durch den

Oberpriester des angesehensten Heiligtums im Lande, nämlich Bethels. Diese Anzeige betrifft nicht falsche Theologie oder Irrlehre oder Gotteslästerung, auch nicht sittliche Anstöße, sondern trägt rein politischen Charakter. Sie lautet auf Hochverrat oder Verschwörung gegen die Person des Herrschers, auf revolutionäre Umtriebe zum Sturz der Regierung. So wurde ja auch später der Herr selber nicht aus dem wahren Grunde, sondern als Revolutionär bei der römischen Verwaltung angezeigt. Und von Jahrhundert zu Jahrhundert ist die wahre Kirche durch die falsche unter dem Vorwurf staatsfeindlicher Gesinnung verfolgt worden.

Zur Begründung führt der Oberpriester die Predigt des Amos an, von der das Land – wie ein Gefäß – zum Überfließen angefüllt ist und die es nicht mehr auszuhalten vermag. Der hohe Kirchenführer wirft also Amos eine landesfeindliche, aufwiegelnde, umstürzlerische Verkündigung vor. Es geschieht in direkter Verdrehung der Tatsachen. Der Prophet hat nirgends zum Aufruhr des Menschen von unten her aufgerufen, sondern stets das Eingreifen Gottes von oben her angekündigt.

Als Beweis teilt der Kirchenfürst auch den Inhalt dieser Verkündigung mit. Im Auszug, vielleicht sogar im wörtlichen Zitat, faßt er knapp – wie es seiner hohen Behörde ziemt – die zwei Hauptpunkte zusammen, in denen seiner Meinung nach Amos politisch geworden ist. Sie richten sich a) gegen das Königshaus, d. h. gegen die Regierung, b) gegen das Volk. „Jerobeam soll durch das Schwert sterben, Israel soll ganz und gar in die Gefangenschaft verschleppt werden." Beides hat Amos tatsächlich gesagt.

Beiderlei Aussprüche würde sich kein modernes Staatswesen aus dem Munde eines Priesters oder eines Laienpredigers gefallen lassen. Der Hochverratsprozeß würde nicht auf sich warten lassen. Man sieht aber bei dieser Gelegenheit wieder, wie sehr es auf die Vollmacht und den Geist ankommt, aus der und in dem etwas gesagt wird. Wie wenig kann man durch noch so wortgetreue Wiedergabe von Zitaten einer geistigen, erst recht einer Glaubensbewegung oder einer Wortverkündigung gerecht werden.

Es ist für Israels in der Welt und Geschichte einzig dastehenden Auftrag und Charakter bezeichnend, zu verfolgen, was dieser wohlbelegten Anzeige folgt. In jedem modernen Staat hätte sie zum Einschreiten und zur Verhaftung oder Liquidierung des gefährlichen Demagogen geführt. In Israel vermag sie aber offenbar nicht – wie der

Oberpriester gewünscht hätte – den König gegen den Propheten mobil
zu machen. Wir hören nichts von einem Einschreiten des Königs. Der
Oberpriester handelt oder muß aus eigener Machtvollkommenheit weiter handeln. Hätte er auf das Eingreifen der Regierung mit Sicherheit
zählen können, so hätte er sich schwerlich selbst mit der Angelegenheit
belastet. So groß ist immer noch das Ernstnehmen Gottes und die Achtung vor seinem Wort. Hundert Jahre früher hatte der große König
Ahab sogar selbst in Sack und Asche Buße getan angesichts der Ge-
richtsankündigung Elias gegen seine Person (vgl. 1. Kön. 21, 17).

Jedenfalls ohne einen Entscheid vom König erhalten zu haben, be-
nutzt der Oberpriester die entstandene Lage, um dem Propheten Redeverbot und Ausweisungsbefehl zu geben. Genau genommen fordert er
ihn auf, dem königlichen Einschreiten zuvorkommend, aus dem Lande
zu fliehen mit dem gönnerhaften Rat, in seinem Heimatland bei seinen
Zunftgenossen sein Brot durch Weissagen zu verdienen.

Durch dieses Redeverbot, das im übrigen das Bleiben des Gottesboten
in Bethel ohnehin sinnlos gemacht hätte, wird die Stellung der Kirche
gegen den Propheten und Gottes Wort festgelegt. Es ereignet sich damit etwas viel Größeres und Gewichtigeres als der Handel zwischen
diesen zwei Männern. Darum ist es von schicksalhafter Bedeutung.

Wiederum begründet der Kirchenmann sein Vorgehen nicht theologisch, sondern politisch mit dem staatskirchlichen Charakter der
Kirche und dem staatseigenen des Kirchengebäudes. Weil Kirche und
Heiligtum dem König, das ist nach damaliger Auffassung dem Staat,
gehören, darf in ihnen nichts gegen denselben gesagt werden.

Mit seiner Gerichtsbotschaft gegen König und Staat hat der Prophet
in seiner Predigt die Grenzen des Erlaubten überschritten. In klassischer Einfachheit ist hier die Grundverkehrung ausgesprochen, die die
Kirche Nordisraels von Jerobeam I., ihrem Begründer, an bis zu Jerobeam II. beherrscht hat und seit Konstantin unzähligen modernen
Kirchen zum Schicksal geworden ist. Gott ist aus dem Mittelpunkt und
Herrn zum Garanten, Volk und König sind aus Dienern zum Mittelpunkt der Kirche geworden.

Erschütternd ist die Antwort, die Gott solcher Kirche gibt.

Allem voran weist Amos jede Verdächtigung eines Handelns aus
demagogischen oder auf Gewinn abzielenden Motiven zurück. Ebenso
stellt er die Zugehörigkeit zu einer Zunft in Abrede, die zwar den
hohen Auftrag hatte, Hüter des Wortes Gottes, Verkörperung seiner
Stimme zu sein und es auch gewesen war (vgl. Elia und Elisa), die aber

weithin, den Regierungen und Kirchenleitungen hörig, an Höfen und Heiligtümern ansässig geworden war und den Interessen ihres Unterhaltes Einfluß auf die Weise ihrer Verkündigung einräumte. (Vgl. das Auftreten Zedeqijas und der Hofpropheten gegen Micha bēn Jimla 1. Kön. 22, 10–28. Lehrreich ist dazu Jes. 28, 7 ff; Jer. 23, 9 ff und Hes. 13, 1 ff [bes. 19]). Mit Unrecht hat man aus unserer Stelle eine Ablehnung des Prophetenstandes überhaupt gefolgert. Welche Wichtigkeit Amos diesem Stande als dem Munde Gottes zumaß, haben wir gehört (2, 11–12; 3, 7–8). Aber er weiß um seine Entartung und das Fehlen einer Beziehung zu ihm schützt in diesem Fall gegen Mißverständnisse.

Statt dessen stellt Amos durch Bezeugung seiner persönlichen Berufung aus dem Privatleben zum Sonderbotschafter Gottes an Israel seine besondere Vollmacht dem Oberpriester vor. Wir sehen dabei in Gottes Heilsökonomie hinein: Gott zeigt uns, wie er seine Bundesverpflichtung gegen sein Volk erfüllt und sein Wort auch dann in seine Kirche hineinspricht, wenn Priester und Propheten verstummen oder den Menschen hörig werden. Vom Rande des heiligen Landes, mitten aus Herde und Sykomoren-Pflanzungen heraus[1] hat Gott den Privatmann Amos geholt und in den Mittelpunkt der Kirche hineingestellt, damit er sein Mund sei.

Neben der Treue Gottes sehen wir die Macht, mit der er ins Leben einbricht, berufliche und heimatliche Bindungen löst, wenn er Menschen zu seinen Werkzeugen gebraucht.

Mit dem Zeugnis von seiner Berufung zeigt Amos dem Kirchenführer die Unmittelbarkeit des Wortes, mit dem Gott durch ihn spricht. Der hohe Geistliche ist im Laienprediger vor den lebendigen Gott selbst gestellt.

Dem Vertreter der Kirche, der trotz dieser Vollmacht die Botschaft des Propheten nicht annehmen, sondern ihm das Wort verbieten will, verkündigt Amos, eingeleitet mit „du", als unmittelbare Antwort Gottes, die ihn persönlich trifft, – seine Ausradierung aus dem Lande Gottes unter furchtbaren Begleitumständen. Enteignung, Hinmetzelung der Nachkommenschaft, Vergewaltigung oder Entwürdigung der Frau zur Hure sagt er dem Kirchenhaupt, Verschleppung dem Kirchenvolk an.

---

[1] Wir wissen nicht, ob es seine eigene Herde und seine eigenen Pflanzungen waren, oder ob der Tagelöhner Amos sich als Hirte und Skymorenritzer verdingte; diese Feigenart mußte geritzt werden, damit sie reifte. Zur Frage des Berufsstandes des Amos vgl. H. J. Stoebe u. E. Würthwein I a. a. O.

Nicht eine Schlechtigkeit, ein moralisches Vergehen, sondern das *Redeverbot gegen Gottes Boten* auf Seiten des Kirchenfürsten, die *Verschließung des Ohres für Gottes Wort* auf Seiten des Kirchenvolkes ist der Grund, den der Prophet für ein so furchtbares Gericht angibt. Der Oberpriester hatte Amos als Rebellen aus dem Lande schaffen wollen, in dem der König Herr ist. Amos entlarvt den Oberpriester und sein Volk als Rebellen und kündigt ihnen die *Ausrottung aus dem Lande* an, *in dem Gott der Herr* ist. Ihre Rebellion besteht darin, daß sie ihr Ohr der Stimme des wahren Herrn verschließen.

Nicht grundsätzlich verschließen sie sich gegen Gottes Wort, sondern praktisch – in diesem Fall und jetzt, wo er redet, und gegen diesen Boten, den Schafzüchter oder Hirten, Plantagenbesitzer oder Taglöhner, den Sykomorenritzer.

Dahinter aber steht unbewußt ein grundsätzliches Nicht-mehr-damit-rechnen, daß Gott **gegen** seine geschichtliche, kirchliche oder natürliche Ordnung und außerhalb ihrer in seiner Kirche reden und handeln darf. D. h. der Oberpriester rechnet nicht damit, daß *Gott der Herr ist* –, daß *sein Geist weht, wo er will* – und seine Stimme ebenfalls redet, *durch wen er will.* Es treten einander gegenüber eine Kirche, die Gottes Gesetz und Wort in die eigene Hand genommen hat auf der einen Seite, und Gottes majestätisches, freies Wort auf der anderen Seite; eine amtliche Autorität und der im Gewissen von Gott überwältigte und bestimmte Glaubensmensch; die *Kirche mit ihren Ordnungen* und ihrer Autorität und der *majestätische Herr*, der auch *größer ist als seine Kirche* und der ihr in der Autorität seines Wortes begegnet.

Drittes Kapitel

Das Ende des Gebetskampfes. Kp. 8, 1–3

Das Gericht als Frucht der Geschichte Gottes mit seiner Kirche
und ihr Ende.
Gottes letztes Wort.

(1) So hat mich schauen lassen der Allherr Jahwe:
Siehe, ein Korb mit Erntefrucht.[a]

(2) Und (Jahwe)[b] sprach (zu mir):[c]
„Was siehst du, Amos?"
Da sprach ich: „Einen Korb mit Erntefrucht."
Da sprach [d]Jahwe zu mir[d].
„Gekommen ist das Ende
über mein Volk Israel.
Nicht will ich ferner fortfahren, ihm zu vergeben.

(3) [e]Heulen werden die Sängerinnen[f] des Heiligtums.
An jenem Tage ()[g] gibt es viel der Leichen.
An allen Orten werden sie hingeworfen[h] – still[i]!"[e]

[k]Spruch des Allherrn Jahwe[k].

Der dritte Teil des Amosbuches entblößt die Angel, um die das
Schicksal der Gemeinde Gottes sich vom Empfangen der Bundes-
gnade zum Erleiden des Bundesgerichtes dreht, und dahinter Gottes
Verhalten zu ihr sich vom Werben zum Strafen wandelt. Wir erleben
diese Drehung mit als Verkehrung des Verhaltens der Gemeinde vom
Gehorsam gegen Gottes Willen zur Selbstbehauptung, von der Auf-
geschlossenheit für Gottes Wort zur Verschlossenheit für Gott; als
Wendung im Gebetskampf zwischen Gott und dem Fürbitter, von dem:
„Ich will vergeben" zum: „Ich will nicht mehr vergeben"; als Entscheidung, die im Redeverbot des Kirchenführers gegen den Propheten über das Verhältnis zwischen Kirche und Gott fällt. Es ist Entscheidung, die aus dem Noch-hören-können in die totale Verschlossenheit für Gott, in die Verstockung führt und damit dem Gericht den
Weg freimacht.

Die Kirche hat selbst die Brücke zu Gott abgebrochen, den Überbringer seines Wortes fortgestoßen und damit ihre Heilsgeschichte
abgeschnitten. Jetzt sehen wir, wie Gott seinerseits mit der Heilsgeschichte Schluß macht. Der verwandte Klang der Worte „Ernte"
und „Ende", im Hebräischen „qajiṣ" und qēṣ" beherrscht als Wortspiel das letzte Gesicht.

Eintönig in der Berichtsweise der vorangehenden Visionsberichte fortfahrend, erzählt der Prophet von erneuter Schau. Diesmal sieht er nicht eine lebendige Gestalt wie die, die am Werk ist, Heuschrecken zu bilden, das Feuer zu rufen oder das Bleilot anzulegen, sondern scheinbar etwas Totes, „einen Korb mit Reifobst", wörtlich: „einen Korb mit Ernte". Aber gerade dieses scheinbar tote Bild ist voller Leben. Es spricht von einem in doppelter Weise zum Ziel gekommenen Geschehen und von dem Abschluß, den es gefunden hat. Der Prozeß der Reife ist durch alle Gefährdungen, durch Dürre und Schädlinge hindurch – und die Arbeit des Landmannes durch Saat, Warten und Einsammeln am Ziele angekommen. Nun erscheint das erreichte Ziel in vollendeten Tatsachen.

Ist es ein frohes oder ein schmerzliches Ziel? Sagt es, daß die Gemeinde ihrer Bestimmung entgegengereift ist und der Tag der Erfüllung im Reiche Gottes anbricht? Dieser Tag der Erfüllung als Tag der Freude wird auch sonst im Bilde der Ernte geschildert (vgl. Jes. 9, 2; Ps. 126, 5; Mt. 13, 30–39). Oder liegt in dem Bilde ein verborgener dunkler Sinn? Die Frage: „Was siehst du?" erhöht die Spannung. Die Antwort, die das Wort „Ernte" wiederholt, legt mit noch größerem Nachdruck den Finger fragend auf den Punkt, in dem die Botschaft dieses Gesichtes als Geheimnis schlummert.

Die Deutung, die Gott selbst gibt, wendet – bestürzend für den, der bereits erfüllt ist vom Gedanken ans erreichte Ziel und von der Erwartung auf den frohen Erntetag – das frohe Wort „Ernte" geringfügig um, verändert es um einen Vokal, macht aus „qajiṣ" „qēṣ". Und mit einem Schlage ist alle Freude und Ernteerwartung verflogen, und das Wort Ernte, das uns aus dem Korbe ansah, ist mit lauter Schmerz und Angst angefüllt. Aus „Ernte" wird „Ende" und zwar Ende als beschlossene und vollendete Tatsache. „Gekommen ist das Ende über mein Volk Israel." Aus dem Wörtlein „mein" klingt der Schmerz Gottes über die Unnatur dieser vollendeten Tatsache.

Beschlossen und vollendet – im voraus schneidet Gott alle Fürbitte ab, die die Endgültigkeit aufheben könnte, und versagt alle Vergebung. „Ich will nicht fortfahren, vorüberzugehen (oder zu vergeben)." Auf fortgesetzter Fürbitte und Verkündigung der Boten Gottes und auf fortgesetztem Reden und Vergeben Gottes ruhten Leben und Geschichte der Kirche. Wenn Gott aufhört zu vergeben, ist eigentlich das Ende schon da.

Der Korb mit der Erntefrucht ist auf diese Weise sichtbares Wort von der Sünde, die zur Reife gekommen ist, und von Liquidierung der sündigen Kirche,dem Ende der Heilsgeschichte einer Gemeinde,die Gottes Wort nicht mehr hört. Das Erschütternde ist, daß das Ende, die jähe unorganische Durchschneidung des Fadens der Heilsgeschichte, die organische Frucht dieser Geschichte ist – die Ernte, die sie gebracht hat.

An diese Botschaft vom Ende als vom Ende der Vergebung, schließt der Herr die Weissagung vom Klagegeheul der Tempel- oder Palastsängerinnen und von den Leichenmassen, die an allen Orten unbegraben hingeworfen werden. Beides, die heulenden Sängerinnen und die Leichenmassen, ist Zeugnis von der Verlassenheit und Auslieferung an das brutale Wüten des Menschen und dahinter ans Gericht Gottes. Beides ist Ausdruck der Verunreinigung des Heiligtums und des Landes, d. h. seiner Gottgeschiedenheit.

Dahinter aber ertönt der alte kultische Ruf, der die Gegenwart Gottes ankündigt: „has", „still!". Gott wird gegenwärtig als Richter. „Schicke dich, Israel, deinem Gott entgegen" – schloß die Rede über Gottes Werben in Natur- und Geschichtskatastrophen (4, 4–13). „Wenn ich hindurchgehe durch deine Mitte (wie in Ägypten)" – schloß die Rede vom Werben Gottes im Wort (5, 1–17). Mit dem Rufe: „Still, nur den Namen Jahwes nicht genannt!" – schloß die Komposition der zwei Weherufe und zwei Haßworte, die die Grenze des Werbens Gottes steckten (5, 18–6, 10). Mit dem Ruf: „Still, er ist da!" – schließt dieser Abschnitt vom Kampf des Propheten mit Gott um sein Volk.

Ohne diesen Abschnitt läßt sich die Gerichtsverkündigung unseres Buches nicht verstehen. Beim richtigen Verständnis dieses Abschnittes aber wird Amos aus der granitenen Gestalt des kalten Zertrümmerers zu jener mindestens ebenso wuchtigen, aber nicht steinernen Gestalt, die Verkörperung des Rettungswillens Gottes ist; zur Gestalt des Beters, der zweimal fürbittend Gott besiegt und dann von der eigenen Kirche, für die er eintritt, desavouiert oder lügen gestraft und verworfen, ihr das Gerichtswort des mit seiner Vergebung verschmähten Gottes sagen muß. So stehen diese zwei Gestalten am Ende des Weges und am Anfang des Gerichtes Israels: Amos, die Ringergestalt, die – wie Jakob – für Jakob mit Gott ringt, und Hosea, die Duldergestalt, die Israels Schicksal und Gottes Leid am eigenen Fleisch trägt und darstellt. Beide werden Schicksalsgenossen Gottes; der eine wird mit Gott des Landes verwiesen, dem andern wird gleichzeitig mit seinem Gott die Ehe gebrochen. Beide sind mit ihrem Leben, Kämpfen und Leiden Ausdruck und Verkörperung der unendlich heißen, werbenden und rettenden Liebe Gottes.

VIERTER TEIL

DAS ZIEL GOTTES
Kp. 8, 4–9, 15

Erstes Kapitel
Der Tag des Gerichtes. Kp. 8, 4–14

1. Das große Beben (8, 4–8)

Die Auflösung der Festigkeit der Erde unter der Last
der Sünde der Gemeinde.

(4) Höret solches, die ihr trachtet[a] (zu verderben)[a] den Armen
und zu vernichten[b] die Elenden des Landes,

(5a) die ihr sprecht: ‚Wann endlich geht der Neumond vorüber,
daß wir Getreide[c] feilbieten,
und der Sabbat, daß wir Korn(speicher) auftun,

(6 c) [d]und verkaufen Abfall vom Getreide[d];

(5d) zu verringern das Epha und zu vergrößern den Scheqel
und zu fälschen trügerische Waage,

(6a) [e]zu verkaufen um Geld die Geringen
und den Armen um ein Paar Sandalen.‘[e] ()[f]

(7) Geschworen hat Jahwe beim Stolze Jakobs:
„In Ewigkeit vergeß ich nicht all ihrer Taten.“

(8) Sollte darob nicht wanken die Erde
und trauern alle, die auf ihr wohnen?
Sollte sie sich nicht heben wie der Nil[g] insgesamt
und sich ()[h] senken[i] wie der Nil Ägyptens?

2. Die große Finsternis (8, 9–10)

Die Auflösung des Kosmos aus Trauer mit der vom Zorn Gottes
getroffenen Gemeinde.

(9) „Und geschehen wird's an jenem Tage“ –
lautet der Spruch des Allherrn Jahwe –
„ich werde die Sonne am Mittag untergehen lassen,
und ich werde der Erde das Licht am Tage verdunkeln.

(10) Ich werde eure Feste verwandeln in Trauern
und all eure Lieder in Totenklage.
[k]Ich werde über alle Hüften das Trauertuch bringen
und auf alle Häupter die Trauerglatze[k].

Ich werde es[l] machen gleich der Trauer um den Einzigen
und sein[l] Ende wie den bitteren Tag."

3. Der große Hunger (8, 11–12)

Die Auflösung der Heilsordnung der Offenbarung.

(11) „Siehe, es kommen Tage" –
      lautet der Spruch des Allherrn Jahwe[m] –
      „da schicke ich einen Hunger in das Land.
      Nicht einen Hunger nach Brot
      und nicht einen Durst nach Wasser,
      sondern vielmehr um zu hören
      das Wort[n] Jahwes.
(12) Da werden sie wanken von Meer zu Meer
      und von Norden bis Osten irren,
      [o]um zu suchen das Wort Jahwes[o],
      und werden es nicht finden.

4. Der große Fall (8, 13–14)

Die Vernichtung der Heilsgemeinde als Antwort auf den verkehrten
Gottesdienst.

(13) An jenem Tage, da verwelken
      die Jungfrauen, die schönen,
      und die Jünglinge vor Durst,
(14) die da schwören bei [p]der Schuld Samariens[p]
      und sprechen: ‚So wahr dein Gott lebt, Dan!'
      und: ‚So wahr dein (Liebling)[q] lebt, Berscheba!'
      [r]Sie fallen und auferstehen nicht mehr[r].

1. Das große Beben (8, 4–8)

Die Auflösung der Festigkeit der Erde unter der Last der Sünde
der Gemeinde.

Wir stehen vor einer Sammlung von Gottesworten, die den Anbruch des Tages Gottes in seiner Furchtbarkeit schildern. Alle vier
Worte knüpfen an Erlebnisse an, die Amos aus der Vergangenheit
oder Gegenwart der Geschichte Israels erwähnt hat. Sie zeigen in
diesen Erlebnissen Vorschattungen des Tages Jahwes: Erdbeben,
Sonnenfinsternis, Hungersnot und Sterben.

(4) Der vorangestellte Spruch zeigt der Gemeinde im hereinbrechenden Gericht wiederum die Konsequenz des eigenen Handelns.

Nirgend in der Welt will der Reiche den Armen vernichten. Er
braucht ihn vielmehr. Auch in Israel ist das nicht anders gewesen.

Die Reichen brauchten die Armen als Pächter, Tagelöhner, Diener
oder Sklaven. Amos sagt also den Reichen etwas nach, was sie gar nicht
wollen oder wovon sie wenigstens nicht wissen, daß sie es wollen.
Ungeachtet ihres Nichtwissens redet er sie an als vorsätzliche Atten-
täter auf die Existenz ihrer Volksgenossen: „Höret solches, die ihr
trachtet zu verderben den Armen und zu vernichten die Elenden des
Landes."

(5 a) Zunächst nennt er zur Erklärung gar keine gegen die Armen
gerichteten Handlungen, nicht einmal eine solche Gesinnung. Er
beleuchtet vielmehr den Geist, aus dem die Erwerbsarbeit der Vermögenden entspringt. Was sich dabei zeigt, sind zunächst nicht einmal faßbare Vergehen, sondern eine heimliche Entfremdung gegenüber Gott und seiner heiligen Ordnung. Sein beglückendes Geschenk –
die Teilnahme an seiner Ruhe, seinem Sabbat und Festtag – empfinden die Geschäftsleute Samariens als lästigen Schlagbaum, über den
sie zwar nicht hinwegzuspringen wagen, hinter dem sie aber unge-
duldig auf seine Aufhebung warten. Die Zugehörigkeit zur Familie
Gottes, das Leben in ihrer heiligen Ordnung ist ihnen zum Gefängnis
geworden, aus dem sie gern ausbrechen würden. „Wann endlich geht
der Neumond vorüber . . . und der Sabbat . . .?"
Was macht den Patriziern den Sabbat so lästig? Ist es Tätigkeits-
drang, der sich unterdrückt fühlt? Auch scheinbar selbstloser Fleiß
kann Zeichen eines aus Vertrauen und Gehorsam gegen Gott aus-
brechenden Selbstbehauptungswillens sein.

(5bc, 6c) Hinter der Ungeduld der Geschäftsleute, die an die Arbeit
drängt, steht ein auf Selbstdurchsetzung ausgerichteter Erwerbsgeist:
„. . . daß wir Getreide verkaufen . . . und die Kornspeicher auftun". Vom
Vertrauen auf Gottes Versorgung und von der Leitung durch Gottes
Willen gelöst, auf sich selber angewiesen, gerät dieser Erwerbsgeist
nicht nur in die Fesseln der Gewinnsucht, sondern greift auch zu
unlauteren Methoden: „. . . und Getreideabfall verkaufen". Diese
Gewinnsucht empfindet die gottesdienstlichen Ordnungen, die Stille
des Feiertages vor Gott, ebenso wie das Weilen in der Gemeinde unter
seinem Wort als Last.

(5de) Auch Gottes sittliches Gebot, seine Wahrhaftigkeit und Ge-
rechtigkeit wird diesem Geschäfts- und Arbeitsgeist zur Fessel und
Hemmung, die ihn an der Selbstdurchsetzung hindert. Die göttliche
Ordnung des Feiertages und Sabbats, deren Bruch sichtbar und öffent-

lich wäre, respektiert er noch, aber die Fessel der Wahrhaftigkeit und Gerechtigkeit, die sich im Geheimen lösen läßt, hält ihn nicht mehr.

Die großen Makler verkleinern das Maß, mit dem sie den geringen Käufern zumessen, das Epha; umgekehrt vergrößern sie das Gewicht, mit dem sie sich selber, den Großen, das Geld zuwiegen lassen, den Scheqel. Und endlich machen sie die Waage, den Wächter der Gerechtigkeit und Wahrheit, zum Mittel des Betruges. „Um das Epha zu verkleinern und den Scheqel zu vergrößern und zu fälschen Waage des Betruges."

D. h. Maß, Gewicht und Waage, die Symbole und tatsächlichen Hilfsmittel, Werkzeuge und Wächter der Gerechtigkeit, Billigkeit und Wahrheit, verkehren sie aus göttlichen Wächtern und Beschützern des Mitmenschen vor Ausbeutung zu Dienern des Eigennutzes und skrupellosen Gewinnstrebens und erniedrigen sie zu Werkzeugen der Ausbeutung der Schwachen.

(6 ab) Gleichzeitig wird den Geschäftigen der unvermögende Bruder, durch dessen Hand Gott ihre Liebe und Hingabe entgegennehmen will, zum Objekt, zur Ware, mit der sie wie es ihr Vorteil verlangt, umgehen. Ist es, daß sie durch Geld Zeugen, Richter und Gericht sich dienstbar machen, um falschen Urteilsspruch gegen ihre Schuldner herbeizuführen, oder ist es, daß sie durch Geld sich als Richter zu falschem Urteilsspruch über Unschuldige bewegen lassen? Oder nutzen sie die Verschuldung ihres Nachbarn aus, um über Vorschüsse, Darlehen, Zinsen, Versteigerung und Schuldsklaverei unvermögende Pächter und Arbeiter in Abhängigkeit von sich zu bringen? Oder lassen sie sie um einer Lumperei im Wert von zwei Sandalen willen in die Sklaverei verkaufen, um auf diese Weise ihr Geld zurückzubekommen? Denn was ist schon auch eine ansehnliche Summe gegen die Freiheit eines Menschen mehr als ein Paar Sandalen wert!

Das Recht wird dabei dem Buchstaben nach gewahrt. Aber das eigene Recht, sagt man –, und meint dabei: der eigene Vorteil – geht voran, die Existenz des Andern dagegen ist Gegenstand der Förderung oder Schonung, solange die Belange des Andern mit den eigenen in Einklang stehen, die Respektierung beider sich miteinander vereinigen läßt. Im Konfliktsfall jedoch müssen die Belange des Andern zurücktreten. Ja, notfalls geht man über seine Existenz hinweg und bringt ihn unter äußerlicher Befolgung des Gesetzes an den Bettelstab oder, in Zeiten, die noch so sozial sind wie die des Amos, um seine

Freiheit, in die Sklaverei – (wir vergessen vielfach, daß die Sklaverei die antike Form der Sozialversicherung war)[1]. Statt für den Andern als für den Bruder einzutreten und sich als der Stärkere für den Schwächeren verantwortlich zu fühlen, löst man die Solidarität, die den einen an den andern als Glied derselben Gottesgemeinde bindet, eigenmächtig auf, sobald es der eigene Vorteil verlangt. „Um zu verkaufen für Geld den Geringen und den Armen für ein Paar Sandalen."

So steht denn die Ausführung des Attentats auf das Leben des Bruders zur Tat geworden da. Das ist aber das, was Amos am Eingang seines Scheltwortes den Vermögenden vorgeworfen und was sie von sich gewiesen haben: die Ausrichtung auf die Vernichtung der Armen und Elenden. Stufenweise hat der Prophet die Triebfeder ihres Lebens ans Licht gezogen: Mit dem *Widerwillen gegen Gottes* kirchliche *Ordnung*, seine *Ruhe* und sein *Wort* fing es an; es folgte die *Übertretung* seines *Gebots* in den Methoden des Handels; es fand seine Krönung in der *Auslieferung* des *Nächsten* in die Hand und Knechtschaft des Menschen und Herabniedrigung des Ebenbildes Gottes zur Ware, zum Sachwert.

(7) Gottes Antwort ist Schwur bei dem „Stolze Jakobs", ein Wort, das die Israeliten gern auf ihren Gott anwandten. Er prägt es jetzt um zur Bezeichnung ihrer ihnen zum Gott gewordenen Gewinnsucht und Vermessenheit. Er gibt die feierliche Versicherung, daß ihr Tun in Ewigkeit nicht mehr vergeben oder vergessen werden kann. D. h. durch dasselbe ist der Bruch mit Gott endgültig geworden. „In Ewigkeit will ich nicht vergessen ihrer Taten aller."

(8) Gott zeigt der Gemeinde ihre *Katastrophe* als *Konsequenz* aus *ihrem Handeln*. Das Ausmaß ihrer Schuld ist zu einer *Last* geworden, *unter der* die Erde es nicht mehr aushalten kann und *der Kosmos aus den Fugen geht*. „Das Land muß wanken, seine Bewohner trauern, die Erde sich heben und senken wie der Nil aus seinen Ufern schwillt und wieder zurücksinkt." Das ist das Bild für die *Auflösung alles Festen*, alles Ruhende gerät ins Wanken. Die ungeheure Last der Ungerechtigkeit *zieht* den *Tag Gottes herbei*. Und der herbeieilende *Tag* bringt ein *Beben* über *alle Vermessenheit*. Er löst den Bestand dieser Welt,

---

[1] Der Besitzende übernahm für den Sklaven im Falle seiner Arbeitsunfähigkeit die Versorgungspflicht und der Leibeigene genoß das Unterhaltsrecht von seiten seines Herrn. Darum begaben sich in Notzeiten noch bis ins 18. Jahrhundert hinein Menschen freiwillig in die Leibeigenschaft.

der seit der Flut und dem Bunde mit Noah unter Gottes Garantie
stand, auf. Gottes Wort lehrt einen neuen Blick für die ungeheure
Gewichtigkeit und Bedeutsamkeit dessen, was Menschenaugen leicht
und folgenlos erscheint, und für die Relativität und Leichtigkeit
dessen, was menschlichem Verstehen sich als unumstößlich und von
ewigem Bestande darstellt.

2. Die große Finsternis (8, 9–10)

Die Auflösung des Kosmos aus Trauer mit der vom Zorn Gottes
getroffenen Gemeinde.

(9) „Geschehen wird's an jenem Tage" – setzt der Gottesspruch
noch einmal feierlich ein. Er legt den Finger auf den Tag, da Gottes
Schwur sich erfüllen und das Beben hereinbrechen soll, den Tag
Jahwes.

Jetzt zeigt Gott diesen Tag von einer anderen Seite. Als im Jahre
763 die Gemeinde erlebte, wie am hellen Tage sich die Sonne ver-
finsterte, hatte Gott die Welt daran erinnert, daß er nicht nur – wie
im Erdbeben, das auch in jenes Jahrzehnt fiel – die Festigkeit der Erde
aufheben, sondern auch die Bande, die den Kosmos zusammenhalten,
auflösen kann.

So ähnlich, nur in ganz andern Ausmaßen – sagt der Prophet – soll
der Tag Gottes hereinbrechen, mitten am Tage die Sonne verschlingen
und das Licht in Dunkel verkehren. Ja, Nacht und Verfinsterung sollen
so tief sein, daß selbst die Quellen des Tages und der Helligkeit, Sonne
und Licht, der Verfinsterung verfallen. Wie mit dem Ruf: „Es werde
Licht!" die Schöpfung einsetzte (1. Mose 1, 3) und Schlag auf Schlag
ein Schöpfungswerk dem andern folgte, so setzt am Tage Gottes mit
der Verfinsterung des Lichtes in Schlag auf Schlag hereinbrechender
Gleichzeitigkeit die Aufhebung der Schöpfung und ihrer Ordnungen
ein.

Immer neue Tätigkeitsworte: „ich lasse untergehen . . . ver-
finstere . . . verkehre . . . bringe . . . mache" zeichnen dies Geschehen
als Gottes Handeln, das sich nicht beschreiben läßt, sondern nur an
seiner Wirkung uns vorstellbar gemacht werden kann als Einbruch
einer Todesfinsternis.

(10) Diese Finsternis ist so eisig, so grausam, so universal, so sehr
Angriff auf unsere Existenz, daß davor der Höhepunkt des Gemeinde-
lebens, die Feier der Königsherrschaft Gottes, die Wallfahrtsfeste –

und der höchste Ausdruck ihrer Freude, die Loblieder – sich in Trauer und Totenklage verwandeln.

Die Trauerzeichen, die eine Hausgemeinde, durch die der Tod schritt, als eine vom Heiligtum geschiedene bezeichneten oder den Büßenden als vom Zorn Gottes Getroffenen kenntlich machten – Trauertuch und geschorenes Haupt – sollen nun das ganze Volk zeichnen und als vom Zutritt zu Gott geschieden und von seinem Zorn getroffen kenntlich machen.

Diese über das Volk hereinbrechende Trauer soll so intensiv und so schmerzhaft sein wie die Trauer um den einzigen Sohn, wie der Schmerz um die Auslöschung des Weiterbestandes der Familie. Es ist Trauer, die keine Hoffnung mehr läßt. „Und ich mache es, wie die Trauer um den Einzigen." Das Ende soll Bitternis sein, vergleichbar dem Bittersten, wogegen man sich im tiefsten auflehnt: „Und wie der bittere Tag."

Die Schilderung erinnert an diejenige, mit der ein späterer Prophet die Trauer der Gemeinde um einen ihrer Söhne beschreibt, an dem sie ihr eigenes Gericht vollstreckt sieht (Zach. 12, 10).

Es ist Trauer in dreifacher Steigerung und das, was sie weckt, ist universal, umfaßt den Kosmos, bringt das Lob der Gemeinde und ihren Gottesdienst zum Schweigen, scheidet das ganze Volk von Gott und vernichtet seine letzte Hoffnung auf Existenz.

Im Lichte dieser gewaltigen, sich wellenförmig ausdehnenden und immer tiefer enthüllenden Trauer, die die Gemeinde erfassen wird, enthüllt sich hinter der Verfinsterung der Sonne ein noch tieferes Geheimnis, als es die bloß äußere Auflösung der Ordnungen des Kosmos bedeuten würde. Wie Joel vom Tage Gottes zeugt, daß Sonne, Mond und Sterne ihren Glanz einziehen und sich in Trauerschwärze kleiden sollen (Joel 2, 10; 3, 4), so ist es hier eine Todestrauer, die den ganzen Kosmos ergreift, weil Gott das Angesicht seiner Güte verbirgt und der Gemeinde als Richter begegnet. Der Kosmos trauert mit der Gemeinde.

3. Der große Hunger (8, 11–12)
Die Auflösung der Heilsordnung der Offenbarung.

(11) Zum dritten Mal setzt der Herr feierlich mit einem Gottesspruch ein – „lautet die Raunung Jahwes". Noch einmal beleuchtet er den Tag Gottes von einer anderen Seite. Gleich im ersten Worte „schau" liegt Hinweis auf etwas unerwartet, plötzlich Kommendes. Die Fort-

setzung aber: „Tage kommen" eröffnet den Ausblick nicht auf einen
einzelnen, sondern auf eine Kette von Tagen, eine Endlosigkeit. Dabei
erscheint das Gericht von einer dritten Seite: Als unerwartet Plötzliches
und zugleich als unerschöpfliche, endlose Ewigkeit des Hungers und
des Durstes. (Wir haben im Deutschen für diese angstvolle Unauf-
hörlichkeit leider nur die mathematisch unzutreffenden Ausdrücke:
Unendlichkeit oder Ewigkeit.)

Das ist ein Hunger und Durst, für den leibliches Begehren nach
Brot und körperliches Schmachten nach Wasser – die verzehrendsten
und brennendsten Formen des Mangels – nur unzulängliches Gleichnis
sind.

Die völlige Andersartigkeit der Qual des Tages Gottes, die alles
in den Schatten stellt, was irdischer Hunger und Durst an Qual und
Verschmachten in sich schließt, wird hervorgestellt durch das doppelte
„nicht", „nicht", das der Schilderung dieses Hungers und Durstes
vorangeht: „Nicht einen Hunger nach Brot und nicht einen Durst
nach Wasser."

„Sondern vielmehr nach dem Hören des Wortes Jahwes" – lautet
die Fortsetzung. Aber ist das nicht Zusage der Aufhebung jener Verstockung, unter der die Gemeinde leidet? Wird nicht das Aufgehen
der verschlossenen Türen des Herzens in Aussicht gestellt, das Erwachen aus der Todesstarre geistlicher Bedürfnislosigkeit zu neuem,
innerem Leben? Ist das nicht Aufhebung des Gerichtes? Die, die dem
Boten Gottes den Mund verbunden haben, sehnen und strecken sich
jedem einzelnen Worte Gottes entgegen wie Hungernde den Bro-
samen.

(12) Ja, diese Wirkung des Tages Jahwes soll nicht nur Aufge-
schlossenheit, Verlangen und Sehnen sein, sondern entschlossener
Wille, Aufbruch, der Tat wird, fortgesetztes Bemühen und Wandern,
das nicht abläßt vom Suchen nach dem Wort, nach der verlorenen
Verbindung mit Gott, nach einer Zuwendung von seiner Seite. Wo
nur das Gerücht erschallt, daß ein Mann aufgestanden wäre oder in
der Wüste verborgen lebte, der noch Kontakt mit Gott habe und in
Vollmacht reden könne, da strömen die Massen hin, vom Toten Meer
bis zum Mittelmeer, von den Gebirgen des Nordens nach den Steppen
und Wüsten des Ostens. „Da werden sie wanken von Meer zu Meer
und von Norden bis Osten irren, um zu suchen das Wort Jahwes."

Aber so, wie der Herr das Bild der Ernte plötzlich seiner Freude
entleerte und in das Bild des Endes verkehrte, so nimmt er dem Bilde des

aufbrechenden Hungers und Wallfahrens den aufglänzenden Schim-
mer einer Hoffnung auf Erneuerung und auf Erwachen zu geistlichem
Leben. Am Ende dieses Hungerns, dieses Aufbruchs und dieser Wall-
fahrt nach seinem Wort steht als Ziel: „Und sie werden nicht finden".
Der verschlossene Himmel, der zugetane Mund, das verschlossene
Herz Gottes, die abgerissene Verbindung von seiner Seite her ist die
Mauer, gegen die alles Hungern, Aufbrechen und Wallfahren stößt.

Der Dichter des 42. Psalmes darf sich über seinem verzehrenden
Durst nach Gott des Lichtes und der Wahrheit trösten, die ihn schließlich ins Heiligtum geleiten werden (Ps. 42, 2. 6; 43, 3). Der Beter
des 84. Psalmes weiß gar von einer Wallfahrt, die das Tränental zum
Quellort wandelt, von Kraft zu Kraft geht und in den Jubel des Findens
führt (Ps. 84, 3. 7). Aber an dem Tag, den Amos schaut, sind Durst,
Aufbruch und Wallfahrt nicht Wandern von Kraft zu Kraft, sondern
„wanken", nicht geleitet werden von Licht und Wahrheit, sondern
führerloses „Irren", und am Ende steht nicht Finden und Eingehen
mit „Frohlocken und Danken", nicht „Erscheinen und Stehen vor
dem lebendigen Gott", sondern das Nicht-finden-können, die Nacht der
Abgeschiedenheit und Gottverlassenheit. „Der Himmel über dir
wird ehern sein und die Erde unter dir eisern" (5. Mose 28, 23). Das
Bild des aufbrechenden Lebens und Verlangens nach Gott ist aller
Hoffnung entleert und ins Bild der tiefsten Qual, des Verschmachtens
ohne Antwort, verkehrt, in das Bild der Hölle.

Auf dem Hintergrunde der Nichtachtung der Geringen, die die
soziale Spaltung des Volkes aufriß, verkündigt der Prophet das Kommen einer alle sozialen Unterschiede nivellierenden Not: des Hungerns
nach der Nähe des in seinen Elenden und Armen verachteten Gottes.
Auf dem Hintergrunde des Suchens nach dem Rechten, zu dem er
vergeblich einlud (5, 4–5. 14–15 vgl. 4, 4 ff; 5, 5 ff), sagt Amos ein
Erwachen zum Suchen des Rechten voraus, das von Gott zurück-
gestoßen wird. Im Bilde des Hungers, durch den Gott einst geworben
hat (4, 6 ff), und auf dem Hintergrunde des Wortes, mit dem Gott
durch den Propheten wirbt (5, 4 ff) und das die Kirche verwarf
(7, 12. 16), kündigt Amos das Gericht an als den großen Hunger und
Durst nach dem zurückgestoßenen Wort.

Dreierlei springt aus dem Bilde, das der Prophet von dieser Hungersnot zeichnet, in die Augen.

Als erstes erscheint die *alle Unterschiede nivellierende Macht* des
Durstes. Wie die Sage von einem Wasserfrieden berichtet, zu dem sich

die Tiere des Dschungels in der Dürre zusammenfinden, der Tiger neben der Antilope, die Schlange neben dem Kaninchen, oder wie in der Vergangenheit Israels ganze Stadtgemeinschaften, stolze Patrizier neben den Armen von Ort zu Ort wankten, um in der Dürre nach Wasser zu suchen (4, 8), so soll diese kommende Not alle Unterschiede aufheben, den Reichen neben den Armen stellen, über dessen Existenz er jetzt noch wegsieht oder weggeht.

Darüber hinaus zeigt sich die *in die Tiefe unserer Existenz treffende Macht* des *Durstes*. Jahrzehnte, in denen Millionen durch Hunger und Durst bis zum Wahnsinn getrieben oder vernichtet wurden, haben ebenso wie die Erfahrungen der Vorfahren und Zeitgenossen des Amos die Gewalt dieser Form des Mangels aufgedeckt, die unsere Lebenswurzeln trifft.

In beidem endlich, in der Erfahrung der nivellierenden wie der an die Existenz gehenden Gewalt des Hungers und Durstes, zeigt der Prophet die Vorzeichen derjenigen Not, die am radikalsten die Unterschiede zwischen den Menschen einebnet und am tiefsten trifft – der *Not um ein Lebenszeichen von Gott.* Zeiten, in denen Weltteile von aller christlichen Verkündigung abgeschlossen waren, haben uns zum Bewußtsein gebracht, was es bedeutet, ob es Gottesdienst gibt oder nicht.

Aber das Amoswort meint eine noch tiefere Not: Es kann – so sagt es – Kirche, Predigt, Gottesdienst, Sakrament geben und doch *Gottes Wort weg sein.* Das Alte Testament kennt für die Kirche Zeiten, in denen die Heilsgeschichte unterbrochen schien, *Gottes Wort „teuer"* wurde (1. Sam. 3, 1). Es erzählt vom jähen Erschrecken Sauls, als *Gott* ihm zum ersten Mal *nicht Antwort gibt* (1. Sam. 14, 37), und von seiner Verzweiflung angesichts des völligen *Schweigens Gottes:* „Ich bin sehr geängstigt, . . . Gott ist von mir gewichen und antwortet mir nicht, weder durch Prophet noch durch Träume" (1. Sam. 28, 15. 16). Für die Psalmenbeter ist es die furchtbarste Anfechtung, wenn ihnen *im Gebet keine Antwort, kein Stillewerden* und *kein Trost* von Gott her zukommt. „Mein Gott, ich rufe des Tages, so antwortest du mir nicht, und des Nachts, so wird mir keine Stille" (Ps. 22, 77).

Dieses Schweigen *Gottes* kündigt Amos an.

4. Der große Fall (8, 13–14)

Die Vernichtung der Heilsgemeinde als Anwort auf den verkehrten
Gottesdienst.

(13) Ein viertes Mal setzt der Gottesspruch ein. Jetzt knüpft er an
das Verschmachten, von dem im vorigen die Rede war, an. Wieder legt
er den Finger auf den Tag Gottes – jetzt um *Wirkung* und *Wurzel* des
Verschmachtens zu enthüllen. Mit *einem* Strich zeichnet er ein Bild
für *alle* Kraft und Schönheit vor die Hörer in Gestalt der Jungfrauen
und Jünglinge, die die Jugendkraft des Volkes verkörpern.

Aber in demselben Augenblick, in dem dieses schöne Bild vor uns
hingezeichnet wird, wird es auch schon seiner Schönheit und seines
Lebens entleert und ins Bild des Todes ohne Auferstehen gewandelt.
„An jenem Tage verwelken die Jungfrauen, die schönen, und die
Jünglinge vor Durst . . . sie fallen und auferstehen nicht mehr wieder."

(14) Dahinter enthüllt Gott das Rätsel des merkwürdigen Versagens
und Versiegens des menschlich gesehen edelsten, schönsten und inten-
sivsten Lebens. Die Wurzel, aus der dies Leben seine Kraft zog, war
nicht Lebens- sondern Todeskraft. Wie am Anfang der Blick in die
Hintergründe des sozialen Lebens uns die Vergiftung der Beziehung
zum Bruder als Voraussetzung des Gerichtes zeigte (8, 4–6), so eröffnet
uns jetzt ein Blick auf das religiöse und gottesdienstliche Leben der
Gemeinde – die Vergiftung der Beziehung zu Gott als Ursache seines
Einschreitens.

Geht es dabei um die Auflösung der im ersten Gebot geforderten,
ganzen und alleinigen Bindung des Herzens an Gott durch den Umgang mit allerlei Geistern, Mächten und Nebengöttern? Ist zu lesen:
„Die da schwören bei Ascham-bệthêl[1], und beteuern . . . ,So wahr
dein Liebling lebt, Berscheba';" oder geht es – was wahrscheinlicher
ist – hier um die Verzerrung des Bildes Jahwes an den Heiligtümern?
Dann ist mit dem Schwur bei der Schuld Samariens (ʾašmat-sōmᵉrôn)
und beim Gott Dans (ʾᵃlōhâkhā dān) an die Stierbilder gedacht, unter
denen Gott an diesen Heiligtümern als Baal oder schöpferisches Lebensgeheimnis angebetet wurde, und mit dem Liebling von Berscheba (dōdᵉkhā bᵉʾēr-šäbaʿ) ist auf eine uns nicht mehr bekannte Er-

---

[1] Man sucht dann einen heidnischen Gottesnamen in ʾāšâm-bêt-ʾēl, das einige Ausleger hier für ʾašmat sōmᵉrôn (die Schuld Samariens) lesen wollen, und das sie mit
dem Gottesnamen ʾašîmâ 2. Kön. 17, 30 in Verbindung bringen, und mit sonst vor-
kommenden Gottesnamen (z. B. bei den Juden in Elephantine/Ägypten) vergleichen.
So Robinson – Dasselbe gilt von dōdᵉkhā bᵉʾēr-šäbaʿ (dein Liebling Berscheba), das man
für däräkh bᵉʾēr-šäbaʿ (Weg der Wallfahrt nach Berscheba) lesen möchte.

scheinungsweise Bezug genommen, unter der man Jahwe in diesem
Heiligtum des Südreichs verehrte. Oder liest man nach dem he-
bräischen Text: „Bei der Wallfahrt nach Berscheba" (däräkh beʾēr-šābaʿ)
so drückt sich in solch einem Schwur der magische Aberglaube an das
Heil aus, das solch eine Wallfahrt zu den Erinnerungsstätten an die
Erzväter Isaak und Abraham vermitteln sollte. In jedem Fall ist der
schon öfter von Amos gegeißelte gottesdienstliche Betrieb an den
Heiligtümern gemeint.

Die Kirche jener Zeit ist eine fromme Kirche. Aber ihr Gottsuchen
gilt einem *Gott*, den der Mensch sich *selbst erdichtet* hat. Und sie sucht
Gott auf eine *Weise*, die das Herz sich ebenfalls *selbst erfunden* hat.
So hat ihre gesamte Frömmigkeit und ihr ganzer Glaube eine *falsche
Adresse* und eine *falsche Wurzel*. Darum vermag er nicht zu retten,
sondern endigt im *Verschmachten*. Und als Ziel dieses Weges enthüllt
sich nicht nur das Verschmachten, sondern der *Fall ohne Auferstehen*.

Denen, die ihre Beziehung zu Gott und zum Bruder verkehren,
zeichnet Gottes Wort die Schrecklichkeit seines kommenden Tages
von *vier* Seiten: Als *Beben*, das die Grundfesten des Kontinents erschüttert –, als *Trauer*, die den Kosmos verfinstert und seine Ordnungen auflöst –, als *Hunger* nach *dem Wort* Gottes *ohne Antwort*,
der die Menschheit von Meer zu Meer hetzt –, und als *Verschmachten*
und *Fall*, aus dem es *kein Auferstehen* gibt.

Die Vorboten dieser Schrecken leuchteten schon in den Tagen des
Amos in unheimlicher Weise wie grollender Wetterschein auf: *Erdbeben*, *Sonnenfinsternis* und *Verbannung des Wortes* Gottes in der Person des Propheten. Der *letzte*, tiefste *Sturz* steht aber noch aus.

In noch totalerer Weise umflackern und umschatten den *Karfreitag*
dieselben Zeichen: Das *Beben* der Erde, die große *Finsternis*, die *Gottverlassenheit*, der *Durst* und der *Tod* . . . Sie zeichnen den Kampf, der
am Kreuz ausgefochten wird, als das *Gericht*, das *Amos* seinem Volke
geweissagt hat. Aber sie zeichnen es als ein solches, das *an einem seiner
Söhne vollstreckt* wird, das *Jesus für die Menschheit erleidet* und das
nun alle, die ihm angehören, des Gerichtes ledig macht. Doch auf alle,
die ihm nicht angehören, fällt die ganze Schrecklichkeit des Tages
Gottes zurück.

Zweites Kapitel

Der Richter. Kp. 9, 1–6

1. Die Unentrinnbarkeit des Richters (9, 1–4)

Gottes Allwissenheit, Allgegenwart und Allmächtigkeit.

(1) [a]Ich schaute den Allherrn, stehend über dem Altar,
und die Säulenknäufe[b] schlagend, daß die Schwellen erbebten[a];
[c]und er sprach: „Ich will sie im Erdbeben alle vernichten[c],
und was von ihnen nachbleibt[d] mit dem Schwert töten.
Nicht soll von ihnen ein Flüchtling entfliehen,
nicht soll ihnen ein Entronnener entrinnen.

(2) Wenn sie durchbrächen in die Totenwelt,
würde meine Hand sie von dort holen.
Und wenn sie hinaufstiegen in den Himmel,
würde ich sie von dort[e] herabstürzen.

(3) Und wenn sie sich versteckten auf dem Gipfel des Karmel,
würde ich sie von dort greifen und holen.

Und wenn sie sich verbärgen (vor meinen Augen)[f]
auf dem Grunde des Meeres,
würd ich von dort[g] die Schlange entbieten, daß sie sie beiße.

(4) Und wenn sie wanderten in die Gefangenschaft[h]
vor ihren Feinden her,
würde ich von dort[i] das Schwert entbieten, daß es sie würgte.
[k]Ich richte meine Augen auf sie
zum Bösen und nicht zum Guten.[k]“

2. Die Herrlichkeit des Richters (9, 5–6)

Gott der Schöpfer, der Vernichter, der König.

(5) [ab]Der Allher Jahwe der Heerscharen[b],
er rührt die Erde an, daß sie wogt,
daß alle trauern, die auf ihr wohnen,
und daß sie sich hebt wie der Nil, soweit sie reicht,
und sich senkt wie der Nil Ägyptens.

(6) Er baut in die Himmel seines Thrones Stufen[c],
und sein Throngerüst gründet er auf die Erde;
er ruft den Wassern der Meerflut
und schüttet sie aus über die Fläche des Erdbodens.
Jahwe ist sein Name[a].

1. Die Unentrinnbarkeit des Richters (9, 1–4)

Gottes Allwissenheit, Allgegenwart und Allmächtigkeit.

(1) Hinter dem vierfachen Umriß, mit dem er die Schrecklichkeit des Gerichtstages zeichnete – als Beben, Finsternis, Verborgenheit Gottes und Sterben – enthüllt Gott dem Propheten durch eine neue, vielleicht letzte Schau den innersten „Kern des Gerichtes": die Person des kommenden Richters.

Ebenso wie bei der Schau Jesajas, der Gott im Heiligtum sieht (6, 1 ff), wird auch bei der Schau des Amos, der Jahwe überm Altar des Heiligtums stehend gewahrt, nicht erzählt, wo sie dem Propheten zuteil wurde. Am nächsten liegt es zu denken, daß Jesaja seine Vision im Tempel zu Jerusalem, Amos die seine im Tempel zu Samarien oder Bethel gehabt habe. In jedem Falle sieht sich der Prophet im Gesicht in den Tempel versetzt.

Den Tempel zu Samarien mögen – ebenso wie denjenigen in Sichem – Säulen in drei Schiffe geteilt haben[1]. Vermutlich zwischen den Säulen des Mittelschiffes, die die Decke des Tempels tragen, tut sich der Blick auf den Altar auf.

Über dem Altar, diesen überragend, sieht Amos den Herrn selber stehen. Es fällt keine Andeutung über Gottes Erscheinung: ob er als Priester am Altar, in der Flamme auf ihm oder im Rauch über ihm sich zeigt. Es fällt nicht einmal eine Andeutung über die Säume seines Gewandes, die Jesaja den Tempel füllen sah, erst recht nicht über den Lichtglanz seines Angesichtes, von dem Hesekiel und Daniel zeugen (Hes. 1, 26 ff; Daniel 7, 9). Es ist auch nichts darüber gesagt, wie der Prophet auf die Erscheinung reagiert hat; ob er sich dem Tode ausgeliefert fühlte wie Jesaja oder ohnmächtig niedergefallen ist wie Hesekiel (Jes. 6, 5; Hes. 1, 28; 9, 8; 11, 13; 44, 4). Kurz und einsilbig berichtet Amos nur die Tatsache, die uns den Atem verschlägt: Der lebendige Gott selbst anwesend in seinem Tempel, an der Stelle, wo die Gemeinde ihn anbetet: am Altar, von seinem Thron aufgestanden, feierlich stehend. Der höchste Augenblick des Gottesdienstes und der Zeiten, den Habakuk und Zacharja weissagen, scheint erfüllt. „Jahwe ist in seinem heiligen Tempel, stille vor ihm alle Welt!" (Hab. 2, 20; Zach. 2, 17; Offb. 8, 1).

Die aufgereckte Machtgestalt Gottes überläßt es dem Propheten nicht, in Zuschauerhaltung am Zweck seiner Erscheinung herumzu-

---

[1] Vgl. Sellin zur Stelle (a. a. O.).

raten: ob er zur Entgegennahme des Opfers oder in Erhörung des Gebetes der Gemeinde gegenwärtig geworden ist; ob er in Bestätigung der Sühne an die Gemeinde feierlich stehend dem Opfer assistiert oder sich zum Urteilsspruch feierlich von seinem Thron erhebt (wie der Hohepriester Matth. 26, 62); oder ob er aufgestanden ist, um auf dem Höhepunkt des Gottesdienstes der Gemeinde als Priester den Segen zu erteilen.

Das Erscheinen des Herrn selbst ist eine an den Schauenden mit seiner Gemeinde gestellte Frage, der sie nicht ausweichen können.

Gott selbst gibt die Antwort in Gestalt eines Urteilsspruches über Tempel und Gemeinde. Diese Antwort ist die zum Schlagen ausgereckte *Faust*, die den Knauf jener Säulen trifft, die den Tempel tragen, so daß die Schwellen des Hauses wanken. Seine Antwort ist *Erdbeben*, das die Gemeinde verschlingen wird. Und seine Antwort ist endlich das *Schwert*, das den übrig bleibenden Rest erwürgt; d. h. *Gott ist zum Gericht aufgestanden*, er spricht das Urteil und ist dabei, es zu vollstrecken. Und vor dem furchtbaren Dreigespann: Faust, Erdbeben und Schwert Gottes entflieht kein Flüchtling und entrinnt kein Entronnener.

(2–4b) Mit fünffachem „wenn gleich" umgreift Gottes Wort *alle Gebiete des Seins* in allen Richtungen, in denen ein Menschenherz ausbrechen könnte, um sich dem Zugriff Gottes zu entziehen.

1. (2) Als die am weitesten hinausliegenden Marken nennt Gott die *Totenwelt* drunten und die *Himmel* droben, das Gefängnis der Geister der Verstorbenen und das Reich der Engel und himmlischen Heerscharen, die beiden Welten, die außerhalb des Kosmos liegen, obschon sie von den Alten räumlich als Teile desselben geschaut wurden. Gottes Hand reicht hinunter und hinauf, gebietet bei den Toten ebenso wie bei den himmlischen Heerscharen.

2. (3) Von diesem weitesten Kreis eingespannt richtet sich der Blick auf den nächst engeren: den *Kosmos*, die uralten Berggipfel mit ihrem Waldesdickicht (das Haupt des Karmel) und die Tiefen des Meeres mit ihren Ungeheuern. Gottes Auge durchschaut die Undurchdringlichkeit und die ungeheuren Tiefen gehorchen seinem Willen, ja, die dämonischen Mächte geben sich ihm zu Werkzeugen, selbst die Schlange.[1]

---

[1] Schlange und Meeresdrache sind für das Alte Testament Bilder des Chaotischen, Gottwidrigen, der Gewalten, die Gott bei der Schöpfung gebändigt hat, die aber die Geschichte auf ihrem Wege beständig mit ihrem Ausbruch bedrohen und sie ins Chaos zurückzuziehen versuchen.

3. (4 ab) Mitteninne zwischen Bergwelt und Meer ist der Raum der *Geschichte* gezeichnet, die Reiche der großen Völker, die Gottes Gemeinde zu verschlingen drohen. Auch über diesen Raum gebietet er und hat seine Werkzeuge in ihnen. Selbst Auslieferung an die Weltvölker, Verschleppung und Gefangenschaft rettet nicht vor dem Zugriff des furchtbarsten seiner Instrumente, der *Schwertmacht Gottes*, von der Hesekiel 21, 13–21 und Zacharja 13, 7 zeugen, die sicherer trifft und tiefer tötet als Totenwelt, dämonische und chaotische Mächte und feindliche Völker. „So würde ich von dort das Schwert entbieten." Es ist die Waffe seines Zornes.

Wenn *Auge, Hand* und *Schwert Gottes* wider uns aufstehen und uns auf den Fersen sind, dann verliert alles, was furchtbar ist – Engelheere, Totenreich, Meerestiefe, Verbannung, Gefangenschaft, Feinde, denen wir ausgeliefert sind – seine Schrecklichkeit *vor dem eigentlichen Schrecken*, ja, sie stellen sich als Zufluchtsstätten dar, aber als solche, die nicht retten. Auslieferung an die trotzigen Chaosmächte und an die aufrührerischen Völker hebt nicht die Auslieferung an Gott auf.

Die Mächte des Dämonischen, des Zornes und des Todes werden zur Verlängerung seines Armes, zu seinem Polizeiaufgebot. Das, *was eigentlich* zu *fürchten* ist, ist *Gott*. Dieser Gott ist *allwissend*. Seine Augen reichen in alle Höhen, Tiefen und Fernen. Er ist *allgegenwärtig*, seine Hand langt in alle Sphären. Er ist *allmächtig*, er gebietet über alle Gewalten. Das sagt das fünffache „*von dort*", das er über jeder dieser Sphären aufrichtet. Er ist nicht nur *absoluter Herr* des *Alls*, sondern auch des *Gewissens* und als solcher – *Richter*.

Wie vorher die Begegnung mit dem Tage Gottes am Bilde eines Wanderers anschaulich wurde, der – zwischen hereinbrechende Finsternis, Löwe, Bär und Schlange geraten – von einem Schrecken dem andern zugeworfen wird (5, 18–19), so wird jetzt die Begegnung mit dem Richter selbst als *Flucht* gezeichnet, der *von allen Seiten der Weg verlegt* ist, die überall hin vom nachsetzenden Verfolger eingeholt wird, erspäht, erfaßt, erledigt durch Auge, Hand und Schwert Gottes, und durch die Mächte, die ihm gehorchen, in Geschichte, Kosmos, Über- und Unterwelt.

(4 cd) Der Schluß ruft noch einmal die Szenerie des ganzen Gesichtes in Erinnerung: Heiligtum, Altar, Gott in Person gegenwärtig, feierlich stehend wie Priester oder König, um auf dem Höhepunkt der Feier mit aufgehobener Hand der Gemeinde den Segen zu erteilen (2. Sam. 6, 18; 1. Kön. 8, 54–55). „Jahwe erhebe sein Angesicht

auf dich und gebe dir Heil" (4. Mose 6, 24–27). So will Gott wirklich
jetzt *sein Angesicht erheben* und seine Augen *auf die Gemeinde richten*,
aber *nicht* zum *Segen*, sondern zum *Fluch*, nicht zum Heil, sondern
zum Unheil, nicht zur Vergebung und Annahme, sondern zu Verwerfung und Gericht (vgl. 5. Mose 27, 15–26). „Und ich richte meine
Augen auf sie nicht zum Guten, sondern zum Bösen."

Umfassender als in diesem Gesicht kann nicht umschrieben werden,
was die Alten mit dem Worte „Furcht Gottes" bezeugten. Es ist das
Wissen um unser totales Ausgeliefertsein an Gott, um das Umfangen-
sein von der Güte und dem Gericht des allwissenden, allgegenwärtigen
und allmächtigen Herrn der Welt und des Gewissens, wie es Psalm
139 als Geborgenheit, Psalm 51 als totale Verantwortlichkeit, die Erzählung vom Opfergang Abrahams (1. Mose 22, 1–12) als totale Auslieferung und die Bekenntnisse Hiobs (6, 4 usw; 42, 2 ff.) als das totale
„Gott Rechtgeben" schildern.

So *bekennt sich Gott* zum *Gottesdienst* der Kirche, aber auf *andere
Weise*, als diese es sich denkt. Er *läßt sich an dem Ort*, wo sie ihn zu
finden meinte, *wirklich finden*. Aber *wie*!

2. Die Herrlichkeit des Richters (9, 5–6)

Gott der Schöpfer, der Vernichter, der König.

Unmittelbar hinter die Schau der Unentrinnbarkeit des Richters ist
das Loblied auf ihn, der Hymnus, gestellt. Ist es psychologisch überhaupt möglich, nach so Furchtbarem zu loben, mitten in der Angst
zu singen? Aber eben in diesem Loblied offenbart Gott, daß er noch
größer ist als seine bloß richterliche Offenbarung es anzeigt.

(5) Im Hymnenstil, Partizip an Partizip reihend, preist das Lied im
Urtext Gott in den gewaltigsten seiner Taten: in seiner Thronbesteigung, seiner Schöpfung und der Sintflut als den König, Schöpfer und
Richter des Alls. Gedrungen und wuchtig wie in Stein gehauene
Keilschriftzeichen steht unvermittelt Satzglied neben Satzglied: „Der
anrührt . . . der baut . . . der ruft." Und – scheinbar im Widerspruch
dazu – schließt sich so fest, wie die Glieder einer Kette ineinander
geschmiedet sind, ein Gedanke unmittelbar an den andern. Alles,
was das Alte Testament sonst an Hymnen besitzt, wird in den Schatten
gestellt durch das eherne Gewicht der Gedanken, die stählerne Festigkeit der Zusammenhänge und die granitene Wucht der Aussagen, die
sich hier verbinden zum Ausdruck der Wucht und Intensität der

Herrlichkeit Gottes. An die Spitze stellt das Lob den dreigliedrigen Namen Gottes: „Allherr Jahwe der Heerscharen."

Der erste Name ist „*Allherr*". In dem Wort schwingt nicht so sehr der Klang der Macht und des Besitzrechtes auf seine Schöpfung – wie das im Namen „Baal" = „Herr" oder „Besitzer" geschieht – als vielmehr der Klang der sittlichen Beziehung und Verpflichtung des Herrn gegenüber seinen Untertanen, wie das im Wort „Herr" = „Adon" für die alttestamentliche Gemeinde liegt[1]. Diesem Herrn gegenüber ist man nicht willenloses Eigentum, sondern Untertan und Diener, der durch beiderseitige Verpflichtung mit seinem Herrn verbunden ist. Doch es ist ein aus menschlicher Beschränktheit und Unzulänglichkeit entschränktes, zur Völligkeit und Absolutheit erhobenes Herr-sein, das aus dem nur auf Gott angewandten Namen „Adonaj" klingt, im Unterschied zum Wort „Adon", mit dem menschliche Herren bezeichnet werden. „Adonaj" ist Bezeichnung der Stellung Gottes gegenüber seiner Gemeinde und gegenüber der Welt.

Der zweite Name ist „*Jahwe*". In ihm enthüllt sich die Majestät Gottes, die sich in ihrer Erhabenheit aller Bemächtigung von Seiten ihrer Anbeter entzieht, zugleich aber im Wechsel des Entstehens und Vergehens sich in ihrer Unwandelbarkeit bewährt, im Wandel von Unbeständigkeit und Treulosigkeit sich als treu bezeugt. In dem Namen klingt aber zutiefst Intensität, Rastlosigkeit und Wirkungsmächtigkeit, mit der Gott seine Zuwendung zur Gemeinde als der Gnädige beweist, seinen Heilsplan verfolgt und seine Verheißung verwirklicht. „Ich bin, der ich bin, ich werde sein, der ich sein werde, ich erbarme mich, wes ich mich erbarme – Jahwe, Jahwe, Gott, gnädig und barmherzig, langsam zum Zorn und reich von Gnade und Treue. Ich, Jahwe, dein Gott, bin ein eifersüchtiger Gott" (2. Mose 3, 14; 33, 19; 34, 6; 20, 5).

Jahwe ist *der Name, unter dem* sich *Gott seiner Gemeinde offenbart*, sich ihr zugeeignet *hat* und ihr sein Rettungsseil zuwirft, der Name, *unter dem sie ihn* im Gericht *anrufen* und seine Erlösung ergreifen *darf* (Joel 3, 5). Das ist der Name, der sein tiefstes, der Kirche offenbartes Wesen ausdrückt, sein *Eigenname*, während „Allherr" seine Stellung ihr und der Welt gegenüber bezeichnet.

Als *Drittes* ist diesen beiden Namen eine *Genitivverbindung* oder -beziehung beigefügt, die den Herrn und Offenbarten (ᵃdōnāj, jahwēh) zugleich als *Mitte* und *Haupt* aller *himmlischen* und *irdischen*, kos-

---

[1] Vgl. Jepsen a. a, O.

mischen und kreatürlichen *Mächte* und Kräfte, wie auch der *Gemeinde*
preist: „Der *Heerscharen*", (ṣᵉbā'ôt). Der Name hebt Gott heraus
aus der Einsamkeit eines *Allgeistes* oder All-einen, der wie eine *ano-
nyme Kraft* das All durchdringt, oder wie ein *Techniker* die Welt aus
totem Werkstoff erschafft und mit Hilfe unpersönlicher Kräfte wie am
Treibriemen in Gang hält. Dieser Name offenbart ihn als *Herrn*, umgeben von *persönlichen Mächten* und Geistern, die ihm huldigen und
gehorchen. Der Name „Heere" drückt seine Herrlichkeit und Allmacht aus, indem er ihn wie mit einer Aura oder einem Heiligen-
schein *mit einer großen Gemeinde* von *Anbetern* und *Dienern umgibt*,
unter die – neben den kosmischen Mächten – auch die Anbeter und
Streiter der Gemeinde gehören. Der Name „Gott der Heere" versetzt Gott in ein Gegenüber und in eine Gemeinschaft mit den zahl-
losen Wesen seiner Schöpfung.

So preist der dreigliedrige Name „Allherr Jahwe der Heere" Gottes
Würde, Gottes *Offenbarung* und Gottes *Allmacht*. Mit diesen drei
Namen enthüllt das Lob des Propheten hinter dem furchtbaren Ein-
herschreiten des allwissenden, allgewaltigen und allmächtigen Richters dessen *gnädige Majestät*, deren Herrlichkeit heute schon die
Himmlischen schauen, an der die irdische Gemeinde aber – ohne ihn
zu sehen – im Glauben teilhat, wie sie einst, wenn er kommt, mit dem
ganzen All Auge in Auge ihn sehen und preisen wird.

Dreifach ist auch das Lob, das diese Herrlichkeit Gottes in seinen
Machterweisen preist.

Das *erste* Lob preist die *Gewalt*, mit der er am Sinai sich persönlich
offenbart hat, als sein Fuß erstmalig diese Erde berührte und von
solcher Berührung das starre Felsgestein bebte (2. Mose 19, 18), wie
noch manchmal die Erde zittert, wenn sein Fuß sie im Vorüberschrei-
ten berührt, und wie einst Himmel und Erde wanken und entweichen
werden, wenn er seinen Richterthron besteigt (Joel 4, 16; Offb. 20, 1).

Das ist eine Gewalt, vor deren Berührung aber vor allem die Sicherheit des Menschen zerbricht, Bußtrauer ihn ergreift wie einst das Volk
am Sinai (2. Mose 19, 16; 20, 18); das ist Majestät, vor der einst alle
Geschlechter auf Erden heulen werden, wenn sie den Richter sehen
müssen, wenn er zu seinem Throne kommt (vgl. 2. Mose 20, 19;
Matth. 24, 30; Offb. 1, 7).

Das ist eine Gewalt, von deren Berührung die Festigkeit der Erde
sich zur fließenden Bewegtheit des Wassers wandelt, in ihrer ganzen
Weite zerfließend und emporschnellend, aus ihren festen Formen her-

vorbrechend, auseinandergehend und wieder zurücksinkend, wie der
aus seinen Ufern schwellende und wieder in sie zurückfallende Nil.
Mit diesem Bilde beschreibt das Lob Bewegung und Auflösung alles
in Empörung Begriffenen und Trotzenden angesichts des Kommens
Gottes zum Thron. „Er berührt die Erde, daß sie wogt, daß in Buße
trauern alle, die auf ihr wohnen, daß, so weit sie reicht, sie aufsteigt
wie der Nil und sich senkt wie der Nil Ägyptens", d. h. daß sie aus den
Fugen gerät vor Angst vor ihrem Herrn.

Das *zweite* Lob richtet den Blick über Menschen und Erde und ihre
Begegnung mit dem König hinaus in die *Weite des Kosmos*, in die seine
Königsherrschaft empor- und hinausragt, auf die Stufen seines Thro-
nes, die er in die unerreichbaren Höhen des Himmels hinantürmt
gleich der Treppe, die Jakob sich im Himmel verlieren sah, auf der die
Boten seiner Herrlichkeit hinauf- und herabströmten (1. Mose 28,
12). Ja, während sein Thron bis in den Himmel ragt, sind doch seine
Stützen in diese Erde eingerammt. *Sein Reich durchmißt* die *obere
Welt* und *seine Fundamente sind* doch auf diesem Erdboden *in unsere
Geschichte hineingelegt* (Ps. 103, 19). Es ist geschehen bei der Erschaffung der Welt zu seiner Wohnstätte (Ps. 24, 1–2; 93, 1–2) und
es wird künftig geschehen bei ihrer Neuerschaffung zu seiner Thron-
stätte (Offb. 21, 1–3). Und es geschieht schon jetzt durch Schaffung
eines Volkes zu seinem priesterlichen Königreich (2. Mose 19, 6;
Ps. 93, 5; 29, 10–11), und durch die Einwurzelung desselben in
ein Land auf dieser Erde, das Gott zu seinem Lande erwählt hat.

Das ist eine Schau, zu deren Größe unser Blick sich erst durch
Gottes Geist entschränken lassen muß: das All, Thron der herrlichen
Majestät; durch die Himmel eilen wie über Stufen zum Königsthron
Engelfürsten und Dienerscharen, steigen wie über Altarstufen seine
Priester nach unserm Auge und Denken unerreichbaren Regionen.
Und diese Erde, die angefüllt ist von Menschen- und Dämonenherr-
schaft, wie mit einer Kuppel überwölbt ist von Vermessenheit, wie in
einem Meer ertränkt ist in Blut und Tränen – in sie sind die Fundamente der ewigen Gottesherrschaft gesenkt. Sie trägt wie ein Funda-
ment die Stützen des in den Himmel ragenden Thrones des Allherrn.
„Er baut in die Himmel seines Thrones Stufen, sein Throngerüst
gründet er auf der Erde." Nach der andern Lesart wäre von der Erde
als seinem Hause und von den Himmeln als seinem festlichen Ober-
gemach die Rede: „Er baut in den Himmeln seinen Saal und sein
Gewölbe gründet er auf die Erde."

12*

Das *dritte* Lob preist Gott als *Herrn* auch *über* die Gebiete, Mächte und *Kräfte* der Schöpfung, *die aus diesem* hehren *Bau ausbrechen,* die – in Empörung gegen den Bauherrn begriffen, scheinbar nur zeitweilig gebändigt – sich gegen ihre Fesseln stemmen. Von Zeit zu Zeit aber stehen sie auf und am Ende der Tage werden sie sich zu einem Riesenaufstand erheben, um in entfesselter Wut die Ordnungen des Kosmos zu zerstören. Die Angst vor ihnen zittert durch das Bekenntnis des 93. Psalmes: „Herr, die Wasserströme erheben sich, die Wasserströme erheben ihr Brausen, die Wasserströme heben empor die Wellen". Aber Meere, die toben, Sintfluten, die den Länderkreis verschlingen, sie gehorchen in Wirklichkeit dem Ruf dieses Herrn, wie Völkerfluten und geschichtliche Eruptionen.

Bei der Schöpfung hat er sie gebändigt und ihnen ihre Grenzen gesetzt. Nur einmal, bei der Sintflut hat er sie losgelassen, und auch da war er es, der sie rief zum Erweis seiner Richtermacht, sie ausschüttete wie willenlosen Stoff über dem Erdenrund. Ihm gehorchen auch die Mächte des Destruktiven, der Zerstörung und Unordnung. Er kann sie auch wieder rufen und über die vermessene Erde ausschütten, wenn daß Maß ihrer Schuld voll und sein Tag gekommen ist, wenn seine Geduld am Ende und die Noahverheißung (1. Mose 8, 21–22) am Ziel ist. „Er ruft den Wassern der Meerflut und schüttet sie aus über die Fläche des Erdbodens. Jahwe ist sein Name."Ein anderer Dichter singt von der Macht Gottes über die Fluten: „Jahwe thront über der Flut. Es thront Jahwe als König auf immer" – und fährt fort: „Jahwe gibt seinem Volk Kraft, Jahwe segnet sein Volk mit Heil" (Ps. 29, 10. 11); und sein Mitbeter tröstet sich in der Angst vor dem Ansturm des Chaos: „Mehr als die Donner gewaltiger Wasser, herrlicher als die Brandungen des Meeres ist herrlich Jahwe in der Höhe" (Ps. 93, 4).

(6) In unserm Hymnus fehlt dieser tröstliche Schluß. Doch darin, daß seine Gemeinde bei seinem Erscheinen zum Thron, davor die Welt zittert, loben darf, darin, daß sie seinen Schöpferplan, der Himmel und Erde in seinen Thron einbaut, und sein Flutgericht, das seinem Königtum Bahn macht, preisen darf, darin, daß sie in dem allen den Kommenden, Bauenden und Richtenden erheben darf – liegt auch schon ausgesprochen, daß er nicht nur zur Vernichtung kommt, sondern auch zur Erfüllung, nicht nur zur Strafe, sondern auch zur Erlösung. Es liegt darin ausgesprochen, daß bei seinem Namen nicht nur der Prophet, sondern auch die Gemeinde, soweit sie hört und umkehrt, ihr Haupt erheben darf.

Die das darf, ist die Gemeinde der Elenden und Geringen, der Gerechten und Frommen, derer, die nicht zertreten, sondern zertreten sind. Die Amosreden mit ihrem Eintreten für die Armen, Geringen und Gerechten sind ja ein Eintreten Gottes für seine vor der Welt verhüllte heilige Bundesgemeinde, die von den Abtrünnigen vergewaltigt wird. Zugleich sind diese Reden ein Werben und Ringen, um aus dem Haufen der Gewalttätigen und Vermessenen einen „Rest Josephs" herauszurufen, der Gott preisen darf und an dem Gott sich verherrlichen darf.

Daß Gott den Seinen seinen heiligen, rettenden Namen geschenkt hat, den sie anrufen, dessen sie sich trösten und mit dem sie den Kommenden loben dürfen, ist Offenbarung des Erlösers in dem Richter. Darum ist das dreifache Lob des zum Thron Kommenden, des Schöpfers und des Richters, nur Entfaltung der Herrlichkeit, die in der Offenbarung des Namens Jahwes der Gemeinde anvertraut ist; Entfaltung der Größe und des Reichtums dessen, was der Gemeinde vor aller Welt mit diesem Namen geschenkt ist. Darum schließt der Hymnus: „Jahwe ist sein Name" mit der Aufforderung, diesen Namen zu bekennen, während es zur *gerichteten* Gemeinde hieß: „Nur nicht den Namen Jahwes ausgesprochen."

Was es um die Gemeinde der Armen, Geringen und Zertretenen ist, der Gott das Lob seines Namens schenkt, sagt ein späterer Prophet noch deutlicher: „So spricht der Hohe und Erhabene, der auf ewig wohnt und des Name heilig heißt: Der ich in der Höhe und im Heiligtum wohne und bei denen, die zerschlagenen und gebeugten Geistes sind" (Jes. 57, 15).

Drittes Kapitel

Gericht und Gnade. Kp. 9, 7–15

1. Die Gerechtigkeit Gottes im Gericht (9, 7–10)

a) Die Gemeinde Gottes und die Völker vor dem Richter (7)

(7) „Seid etwa nicht wie die Kuschiten ihr mir,
    ihr Söhne Israels?" –
    ^alautet die Raunung Jahwes.^a
    „Hab etwa nicht Israel ich herausgeführt
    aus dem Lande Ägypten
    und ebenso die Philister aus Kaphtor
    und die Aramäer aus Qir?"

b) Das Gericht ohne Ansehn der Person über Völker und Gemeinde (8)

(8) ^bSiehe, die Augen des Allherrn Jahwe richten sich
    auf das Königreich, das sündig.
    „Und ich vertilge dasselbe oben weg
    von der Fläche des Erdbodens.
    Nur, daß^c ich ^dnicht ganz und gar^d vertilge
    das Haus Jakobs" –
    ^elautet die Raunung Jahwes^e.^b

c) Die Austilgung der Sünder aus der Gemeinde (9–10)

(9) „Denn siehe, ich selbst gebiete
    und lasse schütteln das Haus Israels (),^f
    gleichwie man schüttelt mit dem Grobsieb,
    daß nicht ein Steinlein zur Erde fällt.
(10) Durchs Schwert müssen sterben insgesamt
    die Sünder meines Volkes,
    die sprechen: ^gNicht naht, nicht begegnet^g
    unsereinem^g das Unglück."

2. Die Gerechtigkeit Gottes in der Erlösung (9, 11–15)

a) Die Aufrichtung der Davidsherrschaft über den Völkern (11–12)

(11) „An jenem Tage richte ich auf
    die Hütte Davids, die zerfallene,
    und mauere ihre^a Breschen wiederum zu

und richte auf ihre[a] Trümmer
und baue sie wie in den Tagen der Vorzeit auf,
(12) auf daß sie als Erbe antreten
den Rest Edoms und aller Völker,
über denen genannt ist mein Name" –
lautet die Raunung Jahwes, [b]der solches tut.[b]

b) Die Verklärung des Kosmos (13)

(13) „Siehe, es kommen Tage herbei" –
lautet die Raunung Jahwes, –
„da holt der[c] Pflüger den Schnitter ein
und der Keltertreter den Samenstreuer.
Da triefen die Berge von Most
und alle Hügel fließen über."

c) Die „Schicksalswende" der Gemeinde (14–15)

(14) „Und ich [d]wende die Wende[d] meines Volkes Israel.
Und sie bauen verwüstete Städte und wohnen[e] darin
und sie pflanzen Weinberge und trinken ihren Wein
und sie machen Gärten und essen ihre Früchte.
(15) Ich pflanze sie auf ihrem Boden, sie werden nicht ausgerissen
mehr aus ihrem Boden, den ich ihnen gegeben,"
spricht Jahwe, dein Gott.

1. Die Gerechtigkeit Gottes im Gericht (9, 7–10)

Nach der Enthüllung der Schrecklichkeit und Universalität des Gerichtstages (8, 9–14) und der Unentrinnbarkeit und Herrlichkeit des
Richters (9, 1–6) legen drei Strophen die Weise seines Richtens dar.

a) Die Gemeinde Gottes und die Völker vor dem Richter (7)

(7 a–c) „Etwa nicht" – beginnt Gott und sagt damit: was er ankündigt – so demütigend es sein mag – ist eine Selbstverständlichkeit, die
der Gemeinde kraft einfacher Logik des sittlichen Erkennens einleuchten muß. Er hatte Israel bescheinigt, daß es das einzige unter allen
Völkern ist, dem Gott sich offenbart und die Verbindung mit ihm geschenkt hat (3, 1). Es hatte aber diese Verbindung seinerseits zerrissen
und GottesWort verworfen (7, 10–17). Sollte damit nicht auch von
Gottes Seite die Verbindung, die es aus allen Völkern heraushob, aufgehoben sein? Ist eine Gemeinde ohne das Wort nicht eine Gemeinde
außerhalb der Bundesgemeinschaft gleich den Mohren? „Seid etwa
nicht wie die Kuschiten ihr mir, ihr Söhne Israels?"

Aber kann man denn sagen, daß die Gemeinde, die den Propheten ablehnte und verbannte, ohne das Wort ist? Hat sie nicht das Gesetz und dessen vielfältige Sammlungen, wie sie auch an den Heiligtümern des Nordreiches aufbewahrt wurden (2. Mose 20–23)? Hat sie nicht die Zeugnisse früherer Propheten, wie sie von den Prophetenzünften im Schülerkreis eines Elia oder Elisa im Norden (2. Kön. 2, 2–7) oder eines Jesaja im Süden (Jes. 8, 16) gesammelt und weiter überliefert wurden (vgl. die Sammlungen von Prophetengeschichten 1. Kön. 17 ff usw.)?

Die Gemeinde des Amos befand sich in diesem Punkt in einer ähnlichen Lage wie die jüdische Kirche zur Zeit Jesu. Diese war die Kirche der Schriftgelehrten, besaß den reichen Schatz der Thora (der 5 Bücher Moses), die Sammlung der Prophetenbücher und die Schriften (Hiob, Psalmen usw.). Aber indem sie „das fleischgewordene Wort" verwarf, beraubte sie sich – trotz ihres reichen Besitzes am Wort – selber ihres Schatzes im Wort. Sie war ohne Wort geworden und hatte sich außerhalb der Bundesverbindung mit Gott gestellt. Ihre Versündigung „am fleischgewordenen Wort" war aber Folge dessen, daß sie schon vorher die Stimme Gottes in seinem Wort und damit das Wort selbst nicht mehr gehört hatten.

So hatte Israel zu Amos Zeiten trotz seines Besitzes an Sammlungen von Gesetzen und Prophetengeschichten das Wort verworfen, als es den Propheten verwarf, durch den Gottes Stimme es wegen seiner Mißachtung des Gesetzes zur Verantwortung zog. Es verschloß sich damit auch dem geschriebenen Wort, das Liebe zu Gott und dem Bruder verlangte (2. Mose 20, 1 ff; 22–23; 3. Mose 19). Es tat das in demselben Maße, wie es sich dem prophetischen Wort verschloß, in dem ihm Gott begegnete und es an den Bruder mahnte. Ja, daß es das prophetische Wort nicht hörte, war ein Zeichen, daß es bereits dem Anspruch Gottes, der ihm im Bruder begegnete, und der Stimme Gottes, die es aus dem Gesetz rief, verschlossen war.

Das ergibt einen erschütternden Aspekt für jede Kirche: Ob sie schon die Bibel und dazu die Bekenntnisschriften der Väter besitzt – wenn sie den Herrn selber in seinem Geist und seiner Liebe nicht hören, den Bruder nicht sehen will und sich seinen Boten verschließt, beraubt sie sich selbst des Wortes und stellt sich außerhalb des Bundes. Vollends gilt das für die neutestamentliche Kirche, wenn sie Jesus, in dem Gott ihr Bruder wurde, verwirft.

Mit der Frage: „Seid ihr mir etwa nicht wie die Kuschiten?" zieht Gott eines der fernsten, hinter dem südlichen Horizont der damaligen

Welt wohnenden Heidenvölker zum Vergleich heran. Israel, das sich als Mittelpunkt der Welt fühlt, ist ohne seine Gottesbeziehung nichts Besonderes mehr vor Gottes Augen. Es ist gleich geworden den Heidenvölkern, ja, gleich den Fernsten, den Mohren oder Äthiopen. Das muß ihm auf Grund seines eigenen Wissens um das, was seinen Vorzug ausmacht und was es verworfen hat, zwingend einleuchten.

(7 d e) Aber hat Gott sich nicht in einziger Weise um seine Gemeinde gemüht und Wunder der Rettung an ihr getan? Ist er nicht Leiter und Lenker ihrer ganzen Geschichte gewesen? Kann das alles einfach für nichts geachtet werden? – fragt die Gemeinde. Hat er sie nicht aus der Weltmacht Ägypten erlöst und ihr das Gottesland gegeben?

In gleicher Weise fragen wir: Hat nicht das christliche Abendland eine bald zweitausendjährige Geschichte mit Gott hinter sich voller Wunder, Bewahrungen und Führungen, mit einem einzigartigen geistigen und religiösen Erbe? Hat nicht jeder Einzelne innerhalb dieser Gemeinde solch eine Geschichte mit Gott erlebt? Sollte das eines Tages ausgelöscht werden können? Sollten Völker, die außerhalb dieses Geschichtsbereiches sind, Erben des Abendlandes und seiner Menschen werden?

Auf diesen Einwand antwortet Gott mit einem zweiten „etwa nicht", das ebenso einleuchtend zu sein verlangt, das aber den Zeitgenossen des Amos ebenso wenig selbstverständlich, vielmehr geradezu unerhört aussieht. Die *Wundertat, auf der die Geschichte der Gemeinde ruht –* ihre Erlösung aus Ägypten wie ihre Einbringung durch Rotes Meer und Wüste ins Gelobte Land – *ist an sich* vor Gott *nichts Einzigartiges, sobald man die Offenbarung im Wort,* die diese Geschichte begleitet, *fortnimmt* und das Sohnesverhältnis, das im Hören dieses Wortes sich verwirklicht, streicht.

(7 f g) Die Rettung und Heraufführung der Gemeinde hat in der Geschichte und in den Wanderungen anderer Völker ihre Entsprechungen. Zum Vergleich wählt Gott die beiden ärgsten Gegner der Gemeinde, die ihr in blutigen Kriegen fast das Lebenslicht ausgeblasen haben: Philister und Aramäer. Ihr Eindringen in Palästina aus Kaphtor oder Kreta im Westen und aus Qir im Osten, das Israel als größte Störung der Heilsgeschichte kennt, ist ebenso Gottes Führung gewesen wie die Befreiung Israels aus Ägypten und sein Einbruch ins Land Gottes. „Habe etwa nicht Israel ich heraufgeführt aus dem Lande Ägypten und ebenso die Philister aus Kaphthor und die Aramäer aus Qir?" Das be-

deutet: Liebe, Fürsorge und Leitung Gottes, auf die die Gemeinde so stolz ist, gehören ebenso den Heiden, sogar den erbittertsten Feinden der Gemeinde.

Das ist eine unerhörte und beleidigende Botschaft für Israel, das doch Gottes Hilfe gegen seine Feinde anrief. Wie sollte ihm das selbstverständlich sein? Und doch: *Wenn Israel ernst gemacht hätte mit dem Wort*, das es besaß, dann *hätte es gewußt, daß* Gott als Schöpfer der Welt und aller Menschen auch *alle Menschen lieb hat*, über der ganzen Geschichte waltet und *alle Völker* einst *in seinem Königreich haben will.*

Ebenso gäbe es unter uns, wenn wir ernst machten mit der Offenbarung, die uns geworden ist, keinen rassischen, kulturellen oder nationalen Dünkel mehr.

Das bedeutet *nicht Aufhebung* der *Unterschiede*, sondern fordert Erkennen und *Bejahen des Besonderen* in der Geschichte und Aufgabe jedes Volkes. In diesem Besonderen gilt es Gottes spezielle Führungen und Gedanken mit den Völkern zu achten. *Alle Völker* sind *vor Gott* im letzten *gleich*, aber sie sind damit auch *jedes etwas Besonderes.* Sie werden es schon *dadurch, daß Gott persönlich mit ihnen handelt.* Er hat seine speziellen Gedanken, seinen *besonderen Weg mit jedem*, seinen eigenen *Beruf* für jedes. Gott ist wirklich Weltgott, Vater aller Völker.

Aber *nur* ein *Volk* hat er sich einst *zu seiner Gemeinde berufen*, ihm sein Wort und damit den direkten Umgang mit ihm und die Sohnschaft geschenkt. Er hatte es *herausgehoben*, um über dieses eine einst *alle Völker zur Sohnschaft zu führen.* Damit bekam dieses eine Volk einst – wie seine Gemeinde heute – nicht besonderen Wert oder besondere Vorrechte, sondern einen *besonderen Beruf.*

b) Das Gericht ohne Ansehen der Person über Völker und Gemeinde (8)

(8 a b) Mit „siehe" oder „schau" eröffnet Gott seine staunenerregenden Schlußfolgerungen aus der Tatsache, daß Israel an sich, *abgesehen von seinem Beruf, keinen Vorrang* vor den Völkern hat und Gott Vater und Leiter aller Völker ist. Diese Schlußfolgerung lautet: *Gott handelt im Gericht ohne Ansehen der Person*, ohne Rücksicht auf rassische, kulturelle, geschichtliche, geistige, religiöse oder heilsgeschichtliche Vorzüge. Sein Richterauge sieht ausschließlich auf die Versündigung eines Volkes und ihr Maß. „Siehe, die Augen des Allherrn Jahwe richten sich auf das Königreich, das sündig ist". Dabei ist die *Versündigung der*

Gemeinde, die sein Wort hat, in demselben Maße *größer* wie ihre Verantwortung es ist. Dasjenige Reich, das zum Ort der Versündigung
wurde, zieht das Richterauge auf sich.

Gott spricht jetzt nicht von den Einzelnen. Er weiß von Volks- und
Staatsverbänden und kirchlichen Körperschaften, die zu *Fehlgebilden*
geworden sind und das in ihnen zusammengefaßte Volk in eine Fehl-
richtung leiten, wobei noch viele einzelne Fromme und Gerechte darin
leben können. Solch ein Staats- und Kirchengebilde war Nordisrael,
obgleich seine Geschichte von Gott aus der Taufe gehoben und ihm am
Anfang seines Weges wunderbare Möglichkeiten gegeben worden
waren (vgl. die Verheißung Ahias von Silo an Jerobeam I. 1. Kön. 11, 31).

(8 c–g) Wo eine Kirche oder ein Reich zu solch einem Fehlgebilde
wurde, *das Gottes Gedanken* mit ihm und die *Sendung,* die er ihm mit-
gab, *verdunkelt* oder unterdrückt, der Herrschaft Gottes den Weg versperrt, *da löscht er es vom Erdboden aus,* wie ein Zeichner, der die
Umrisse zu einem werdenden Portrait – wenn sie fehlgeraten sind und
dem, was er gestalten will, im Wege stehen – ausradiert und von neuem
anfängt. „Und ich vertilge dasselbe oben weg von der Fläche des Erdbodens".

Aber auch als Gestalter und Richter von Völkern und Kirchen
bleibt Gott gerecht, d. h. seinem Heilswillen treu. Gott *läßt* seine Gedanken und *Pläne,* die er einmal faßte, *nicht fallen* wie ein wankel-
mütiger Künstler, der, wenn es ihm nicht gerät, das begonnene Werk
aufgibt. Gott *bricht* auch *nie sein* gegebenes *Wort,* wie Menschen, wenn
die Verhältnisse sich änderten, ihre Versprechen oder Verträge brechen
oder vergessen. Sondern er *führt seine Pläne durch,* erfüllt seine Zu-
sagen an die Väter und *löst sein heiliges Wort ein.* So will er zwar dieses
Fehlgebilde des Staates und der Kirche Nordisraels wieder einstampfen,
aber das Haus Jakob dabei *nicht völlig auslöschen,* sondern an das Ziel
bringen, zu dem er es schuf und berief. Darin liegt die Unwandelbarkeit seines Willens und seiner Güte. „Nur daß ich nicht ganz und gar
vertilge das Haus Jakobs." Die Kirche als Ganzes soll nicht untergehen.

c) Die Austilgung der Sünder aus der Gemeinde (9–10)

(9) Gott ist gerecht auch darin, daß er innerhalb jeder Kirche und
jedes Volkes, die abtrünnig wurden, nach dem *Einzelnen sieht,* der im
Glauben mit ihm verbunden ist. Daraus, daß er Vater aller Völker ist,
zog er mit „siehe" die erste Schlußfolgerung der Ausscheidung des

Sündigen aus allen Königreichen, auch wenn es seine Gemeinde trifft. Mit einem *neuen "siehe"* kündigt er seine *zweite Schlußfolgerung* an. Er verspricht eine *große* Sichtung und *Scheidung* innerhalb des sündigen Reiches, d. h. jetzt innerhalb seiner Gemeinde.

Diese Scheidung ist im Bilde eines gewaltigen *Grobsiebes* gezeichnet. Wie beim Bauen der Sand durch das Grobsieb hindurch muß, um die Steinchen daraus zu entfernen, und kein Stein durch die Maschen des Siebes schlüpft, so muß die ganze Kirche durch diese Scheidung hindurch und kein Sünder entgeht dabei dem Gerichte Gottes; keiner von denen, die sich geborgen wähnen – sei es, weil sie sich für besser halten, sei es, weil sie meinen im Haufen verschwinden zu können, von dem sie ja wenigstens nicht durch größere Schlechtigkeit abstechen. "Ich lasse schütteln das Haus Israels gleich wie man schüttelt mit dem Grobsieb, daß nicht ein Steinlein zur Erde fällt[1]."

(10) Das Gericht zieht *Völker* und *Kirchen*, aber zugleich auch *jeden Einzelnen* zur Verantwortung. Die einzelnen Sünder aus dem Volke sind es, die ihm verfallen. Gott sichtet zwischen den Völkern und richtet das sündige Reich. Er *sichtet* aber auch *innerhalb des sündigen Reiches* und *richtet den Menschen*.

Und wenn er ganze Staaten, Reiche und Kirchengebilde auslöscht, so hat er dabei doch letztlich *immer mit dem Einzelnen zu tun.* Wohl leiden die Gerechten das Schicksal ihres schuldigen Volkes mit. Aber *kein Gerechter* wird unter den Trümmern seiner abtrünnigen Kirche *unschuldig* von Gott *zur Verantwortung gezogen* für ihre Schuld, als wäre es seine. Bei der Verrechnung der Schuld steht *jeder einzeln vor Gott.* Das Gericht ist nicht Vernichtung aller und Neuschaffung eines neuen Volkes, sondern *Sichtung* und *Scheidung,* die die Konsequenzen zieht *aus der Entscheidung, die* in diesem Aeon *gefallen ist.* Gericht ist Ausscheidung eines *heiligen Restes aus der Gemeinde.* Wir erfahren nachher nicht nur von einem Rest aus Israel, sondern auch von einem Rest aus Edom und *aus den Völkern.* "Durchs Schwert müssen sterben insgesamt die Sünder meines Volkes, die sprechen: Nicht naht, nicht begegnet unsereinem das Unglück." Die *Scheidelinie* zwischen dem heiligen Rest und denen, die draußen bleiben, *läuft* der Lieblosigkeit und der *Selbstgerechtigkeit* und *Selbstsicherheit entlang.* Die sich selbst zu dem Reste rechnen, *die* sich selbst für die Auserwählten halten und *das*

---

[1] Vermutlich hat hernach ein Ausleger dieses Wort für die exilische Gemeinde gedeutet und auf ihre Lage angewandt. Er hat die Zerstreuung unter den Völkern als Frucht dieses großen Sichtungsgerichtes aufgezeigt. Daher der Zusatz: (ich lasse schütteln das Haus Israel) unter den Völkern.

Gericht für sich abbuchen, die *bleiben im Gericht.* Also sind es wohl die, die sich selber richten lassen und sich schuldig erkennen, die zum heiligen Rest gehören.

2. Gerechtigkeit Gottes in der Erlösung (9, 11–15)

Aus der ersten großen Gerichtsrede und aus den vier Sprüchen über die Schrecklichkeit des Tages Gottes (1–2 und 8, 4–14) wissen wir: Amos hat nicht im allgemeinen von bevorstehenden Prüfungen gesprochen, sondern er hat einen Weltenbrand verkündet, durch den nicht nur die Völker verzehrt, sondern auch die Gemeinde verschlungen werden sollte.

Das letzte Kapitel (9, 7–10) enthüllte *drei* Linien, die Gott bei seinem Richten verfolgt: Seine *Vatergüte gegen alle Völker*, sein *Gericht über die ganze Menschheit*, seine *Scheidung innerhalb der Gemeinde* zwischen Sündern und Gerechten.

Unmittelbar daneben sind *drei Verheißungen* gestellt, in denen Gott zeigt, wie er mit der *Welt*, mit den *Völkern* und mit der *Gemeinde* dennoch *zum Ziele kommt.* Man könnte von den *drei Linien* seiner *Erlösung* sprechen.

Aus Weltenbrand, Weltenbeben, Finsternis und Sterben will Gott ein dreifaches Heil erwecken.

a) Die Aufrichtung der Davidsherrschaft über den Völkern (11–12)

(11 a b) Mit der Einführung „an jenem Tage" legt Gott den Ton auf den Termin des Anbruchs. Es ist der Zeitpunkt des Gottestages (vgl. 8, 9. 13). Nicht im Lauf der Geschichte, an einem Tage unter andern, soll eine Besserung eintreten, die sich dann auch wieder verschlechtern könnte, sondern am Tage Gottes, der der alten Geschichte ein Ende macht und ihr das Ziel setzt, will er aus Trümmern *etwas Neues schaffen.* Nicht Samarien, sondern *Zion* soll *die Mitte* sein. Wie am Anfang Amos von Zion her die Stimme Gottes vernahm (1, 2), die seinen Advent einleitet, so sieht er am Ende die *Davidsherrschaft* als Mitte des Reiches, das Gottes Advent bringt. Über den Trümmern des alten will Gott ein *neues Davidsreich* aufrichten, für das das alte Davidsreich aus der Zeit seines höchsten Glanzes ein Gleichnis gewesen sein soll, für das aber im gegenwärtigen Davidsreich keine Ansatzpunkte zu finden sind. Das gegenwärtige Davidsreich, das sich zu Amos Zeit recht wohl fühlte, ist schon in zwei Hälften zerrissen und

geht im Weltgericht zu Trümmern. „An jenem Tage richte ich auf die Hütte Davids, die zerfallene" – das ist die Umkehrung der Aussage: „Die Augen Jahwes richten sich auf das Königreich, das sündig ist."

(11c–e) Gott will mit den Trümmern dieses Davidsreichs so verfahren, wie man eine zusammengestürzte Hütte wieder aufbaut, umgestürzte Wände wieder aufrichtet, Breschen vermauert, d. h. er will *aus Bruch* etwas *Neues* machen.

(12) Dieses neue Reich soll den im Gericht begnadigten Rest der Menschheit vereinigen; voran den Rest Edoms, dessen Abtrennung einst besonders schmerzlich und dessen Feindschaft von der Gemeinde als bittere Unnatur, als Bruderzwist empfunden wurde. Aber nicht nur die abgefallenen Brüder, sondern alle Völker, auf die Gott Besitzanspruch erhebt, soll dieses Reich verbinden. „Auf daß sie als Erbe antreten den Rest Edoms und aller Völker, über denen genannt ist mein Name."

Man meint gewöhnlich, das wären diejenigen Völker, die zum alten Davidsreich gehörten, Edomiter, Moabiter, Amoniter usw. In Wirklichkeit war aber in der Herrschaft Davids über diese Nationen die Völkerherrschaft des Friedenskönigs aus Juda über alle Völker vorgebildet, wie Jakob sie geschaut hatte (1. Mose 49, 8–10). Die Bezeichnung „Völker, über die Gottes Name genannt ist" hat aber noch tiefere Bedeutung. Im Segen wurde der Name Jahwes über Israel ausgerufen (4. Mose 6, 23–27). So nannte sich die Gemeinde das Volk, über dem Jahwes Name genannt war. So bedeutet die Nennung des Namens Jahwes nicht nur den Besitzanspruch Gottes auf ein Volk, sondern auch alle Verheißung, die in seiner Königsherrschaft beschlossen liegt für dieses Volk, sowie ihre Verwirklichung. Gott erinnert hier daran, daß so, wie vor ihm alle Völker gleich sind, Israeliten wie Kuschiten, und wie er über allen Völkern waltet, über Israeliten wie Philistern und Aramäern, so auch in seinem zukünftigen Reich alle Völker vereinigt sein werden unter der Herrschaft Davids, unter Jahwes Segen.

Doch nur der Rest aus einem jeglichen, gleich dem Rest aus der Gemeinde (9, 8 u. 9; 5, 15 c d) und dem Rest aus Edom (9, 12), soll es sein. Die Verheißung gilt dem Rest, sofern Jahwes rettender Name ihm geoffenbart und im Weltgericht gesagt wurde und er ihn ergriffen hat. Darum heißt es: „alle, über denen sein Name genannt ist."

Damit ersteht vor uns ein majestätisches Bild. Aus dem Trümmerfeld, in das der Weltenbrand die Welt verwandelt, steigt an eben dem

Tage des Erdbebens, der Finsternis, des Verschmachtens und des Sterbens als ein Wunder das Davidsreich in neuer Pracht empor, als Völkerreich, dargestellt an der Eingliederung der feindlichen Nachbarn. Es
ist ein Reich des geretteten Restes,ein Reich, in das man durch die große
Sichtung und Scheidung im Gericht eingeht. Gottes großer Name als
Rettungsseil und Erwählungszeichen gibt in diesem Reich das Bürger-
recht (Apg. 15, 4. 12). Es ist vor allem ein Reich, dem David seinen
Namen gibt oder über dem der Name Davids steht. Wie am alten
Davidsreich im Gegensatz zu dem jeweiligen Reich seiner Nachfolger,
vor allem im Gegensatz zu dem Reich Nordisraels, das Wesentliche der
Herrscher als Beauftragter Gottes war, so soll es selbstverständlich auch
im zukünftigen sein, ohne daß der Messias ausdrücklich genannt wird.
Das Davidshaus ist der Kern des Davidsreiches und der neue David das
Haupt des Davidshauses, der First- oder Eckstein der zerfallenen und
wieder aufgebauten Hütte. Gott selbst schafft das Reich und erweckt
den Samen Davids, wenn, menschlich gesehen, das Haus Davids keine
Zukunft mehr hat, nur Trümmer übrigblieben. Darum schließt die
erste Weissagung mit dem Hinweis auf das Wunder, das nur durch
einen Eingriff senkrecht von oben zustande kommen konnte. „ . . . lautet die Raunung Jahwes, der solches tut". Wir werden an das „Jahwe
hat's getan (oder vollbracht)" (Jes. 44, 23; Ps. 22, 32) erinnert.

b) Die Verklärung des Kosmos (13)

(13 a b) Die zweite Verheißung legt den Ton auf die Herrlichkeit der
anbrechenden *neuen Weltzeit*. Sie lenkt gleichzeitig den Blick von Gemeinde und Völkern weg auf den *Kosmos*, der mit dem über die Völker
hereinbrechenden Feuer in Wanken, Verfinsterung, Trauer und Nacht
gerissen und von Verschmachten erfüllt wurde.

Wie die furchtbare Weissagung vom Tage Gottes (8, 11) ruft auch
diese mit „siehe" oder „schau" zum Schauen eines Wunders auf. Wie
die Weissagung des furchtbaren Tages Gottes eröffnet auch diese den
Blick nicht nur auf einen, sondern auf eine Flut oder Endlosigkeit von
anbrechenden Tagen: „Siehe, Tage sind im Kommen, – lautet die
Raunung Jahwes." Nur gleicht diese Flut nicht einer endlosen Kette
von mit Hunger, Durst und Verschmachten beladenen Wogen oder
Flößen, sondern die Fracht, mit der sie beladen sind, ist die Herrlichkeit des verwandelten Kosmos.

(13 c d) Diese Herrlichkeit der verklärten Welt ist nicht mit philosophischen Begriffen als „das ganz andere", als der Gegensatz zu dieser

Welt oder als die Auflösung und Entleerung dieser Zeit bezeichnet, sondern als Erfüllung, auf die diese Welt angelegt ist und auf die diese Weltzeit hinzielt, gemalt.

Dabei bedient Gott sich der Bilder und Farben dieser Weltzeit. Diese Bilder sind zur Gipfelung der Lebensträchtigkeit, Schönheit und Herrlichkeit dieses Lebens und dieser Erde gesteigert. Die Jahreszeiten mischen sich, der Pflüger holt den Schnitter ein, der Keltertreter den Sämann, der im alten Aeon weinend seinen Samen sät (Ps. 126, 5. 6), wie der Pflüger mit Mühsal seine Furchen zieht (Ps. 129, 1 ff).

Das gibt einen großen Wettlauf der Jahreszeiten, der Erntearbeiten und Erntearbeiter, bei dem eins das andere einholt und schließlich alles miteinander sich freut in der einen großen Erntefreude. „Denn wie Pflügen und Säen Ausdruck der Mühsal und Trauer, so ist Garbenbringen und Ernten Bild der Freude (Ps. 126, 6; Jes. 9, 2). Der ernste Pflüger bekommt Teil an der Freude des Garbenträgers, der frohe Keltertreter schenkt dem weinenden Samenstreuer Anteil an seiner Freude. Das Ganze ist Entschränkung der Freude dieser Zeit aus Unvollkommenheit und Leid. Darin ist gesagt: Die *Herrschaft Gottes* ist nicht das „Nein!“, sondern das „Ja!“ *zur Schöpfung*.

(13 e f) An dieser großen Freude nehmen selbst die kahlen, unfruchtbaren Felsen teil. Sie dürfen Freudensaft, Paradiesesfrucht tragen, „von Most triefen“. vollends die ohnehin mit Weinbergen bepflanzten Hügel und Abhänge fließen über, strömen aus im Paradiesessegen. Das ist *verklärter Kosmos*, dargestellt am Gewächse der Heilszeit, wie es Altes und Neues Testament immer wieder tun. An einem winzigen, aber aller Mühseligkeit vollen Ausschnitt dieses armen Aeons, an der Arbeit des Landmanns mit ihrer Mühsal und an der Bergwelt Palästinas mit ihrer Unfruchtbarkeit stellt der Herr seiner Gemeinde vor Augen, was es um *Freude* der *Heilszeit*, *Vollendung* der *Schöpfung* und *Erlösung* des *Kosmos* ist.

Als Ausdruck für die Neuartigkeit der verklärten Welt gebraucht der Herr nicht die abstrakten, dogmatischen oder philosophischen Formeln der Abgrenzung und Verneinung des „ganz Anderen“, „Paradoxen“, Begriffe-sprengenden“, die Ausdruck der Entleerung sind. Sondern er verwendet *sinnliche Bilder* aus dieser Schöpfung in letzter Konkretisierung und Steigerung, die *Ausdruck* der *Erfüllung* sind. Wo diese Weise von der Heilszeit zu reden hinweist, wurde mir klar an einem Glasgemälde von der Hand eines unbekannten Meisters, an versteckter Stelle im Chor eines Querschiffes meiner zerstörten Heimatkirche. Das Bild stellte die heilige Familie in der Weihnacht dar, umgeben vom ärmlichen Stall und dem Elend der Welt und der ganzen Kreatur, von fernher gewanderten Weisen und Hirten, Ochs, Esel, Schafen und Stroh, auf dem Hintergrund des blauschwarzen Nachthimmels im Licht des Weihnachtskindes. In diesem Bild waren *alle Farben* der *Welt* auf Gewändern, Gestalten, Stroh und Kind ausgeschüttet in einer *himmlischen Steigerung* der Leuchtkraft, ohne doch zu schreien oder einander zu verdrängen, in *Harmonie* vereinigt, wie ich sie sonst nie gesehen habe. Das Bild sagte: *In* dem *Geheimnis* der *Inkarnation*, im Wunder der Fleischwerdung Gottes, *bricht* die *neue Schöpfung herein, die* nicht Entleerung, Verneinung, Vergeistigung, sondern *Erfüllung, Vollendung* und *Verklärung* dieser *armen, gequälten Kreatur* ist. Das ist auch in dem Bilde der sich mischenden Jahreszeiten und Erntefreuden im Gesicht des Amos gesagt.

c) Die „Schicksalswende" der Gemeinde (14–15)

(14 a) Die dritte Verheißung lenkt den Blick vom Völkerreich und dem erneuerten Kosmos fort auf die *Gemeinde*. Gott greift auf das unermüdlich wiederholte Wort: „Aber ihr wandtet euch nicht um" (4, 6 ff) und auf die ebenso unermüdlich wiederholte Feststellung: „Ich will es nicht abwenden" (1, 3 ff) zurück, um jetzt mit demselben Ausdruck die *innerste Umwendung* und *Verklärung* der *Gemeinde*, die von *Gott her* geschieht, auszudrücken. Dazu nimmt er eine aus der Sphäre der Zukunftserwartung der Gemeinde entnommene Bezeichnung auf: „*Ich will wenden die Wende meines Volkes*" (vgl. Hos. 6, 11; Ps. 126, 1. 4 u.a.). Das Wort „die Wende wenden" umschließt Erlösung aus Schuldgefangenschaft, Wiederbringung in die Heimat, Wiederherstellung des alten Glückes. Aber über das alles hinaus und primär ist es ein *Ausdruck* der *Endzeit*, bezeichnet es *Wiederherstellung*, Verklärung, Herbeiführung *des neuen Zeitlaufes*, anstatt der Einzelhilfen die *Generalhilfe*, die Totalhilfe *Gottes*. Weil die Menschen sich nicht zu wenden vermochten, *vollbringt Gott von seiner Seite* die *Umwendung* als Weltumwandlung und Wende der Verfassung seines Volkes.

(14 b–d) Die Wandlung selber läßt sich nicht schildern, sondern nur bezeugen. Die *Frucht* aber dieser Wandlung schildert unser Spruch in schlichten, nüchternen Bildern aus dem täglichen Leben – als Bauen, Wohnen, Pflanzen, Essen, Trinken, als Wiederherstellung des Gesetzes der Schöpfung, des Gesetzes von Ursache und Wirkung, als Wiederherstellung des Sinnes in dem sinnentleerten Leben und

Schaffen. *Das Leben kommt wieder zu seinem Sinn.* Auf diese einfache
Formel läßt sich die Heilszeit bringen.

(15) Darüber hinaus aber malt Gott diese Wiederherstellung vom
Gesetz der Schöpfung, vom Sinn im Leben nicht mit Ausdrücken der
Tätigkeit des Menschen, sondern als *passive Erfahrung* des *Eingreifens
Gottes,* des *Eingefügtwerdens* in den größeren Plan und *Sinnzusammen-
hang seines Reiches,* als Eingepflanztwerden in den Boden seines Landes.
So läßt sich die Herrlichkeit der Gottesherrschaft auf die schlichte
Formel „*Heimat-bekommen*" und „*Wurzel-finden*" bringen. Aber bei-
des ist in dem tieferen Sinn der *Heimat bei Gott* und des *Wurzelns in seiner
Gnade* zu verstehen. Das bedeutet „*in seinem Lande*".

Das ist ein Eingefügtwerden, dem kein Ausgeschiedenwerden mehr
folgen kann, weil es Bestandteil der großen Wende, Akt der Ewigkeit,
endgültige Erlösungstat Gottes ist. „Ich pflanze sie ein auf ihrem Boden,
nicht werden sie mehr gerissen aus ihrem Boden, den ich ihnen gegeben habe."

So setzt Gott darunter die *Bundeszusage: „Dein Gott*", das Wörtlein,
mit dem er am Anfang seine Gemeinde am Sinai berief und mit dem
er ihre Wiederannahme im Jüngsten Gericht verspricht, die Kundgabe
seiner Selbstzueignung an sie. Damals hieß es: „Ich bin Jahwe, dein
Gott, der dich aus Ägyptenland geführt hat, aus dem Knechtshause"
(2. Mose 20, 2). Jetzt bedeutet es: „Ich bin Jahwe, dein Gott, *der dich
aus der Trübsal und Schuld erneuert* und *heimgebracht* hat". „Spricht
Jahwe, dein Gott."

So sieht auch der Seher des Neuen Testamentes den Zug der am
Ende der Tage Heimkehrenden als Schar der durchs Rote Meer Ent-
ronnenen (Offbg. 15, 2. 3) und hört die Bestätigung ihres Heils mit
den Worten ihrer einstigen Berufung (Offbg. 21, 3. 7). „Und sie werden *sein Volk* sein und er selbst, Gott mit ihnen, wird *ihr Gott* sein . .
Ich werde sein Gott sein und er wird mein Sohn sein."

Textkritisches

Abkürzungen: Im Allgemeinen sind die in Kittels Biblia Hebraica (BH) verwendeten Siglen beibehalten. Hinzukommt bh. = behalte, für die Beibehaltung von durch die Kritik angefochtenem Gut.

1, 3–2, 16: a) trsp v 5 a post 5 c (BH) cf v 8 ab. – b) dl c G ʾ^{a}dōnāj (BH). – c) l c Sell. ʿal-hasgîrām g^{e}bûl šelōmōh laʾ^{a}rām pr ʿal-hasgîrām gālût šelēmāh läʾ^{a}dôm cf G (šelōmōh pr šelēmāh) u. 1. Kön. 9, 11–13, die von Salomo an Hiram abgetretenen Städte. – d) post ʾaḥîm prb exc hemist cf 11 ef (BH). – e) l c SV wajjiṭṭōr pr wajjiṭrōph (BH) et šāmar lānāṣaḥ pr š^{e}mārāh näṣaḥ (BH). – f) l miqqirbōh pr miqqirbāch et śaraû pr śārāhā (môʾāb msc) (BH). – g) l haššāphîm b^{e}rōʾš dallîm pr haššōʾ^{a}phîm ʿal-ʾ^{a}phar-ʾäräṣ b^{e}rōʾš dallîm (cf BH). – h) l ûmiddäräkh pr w^{e}däräkh. – i) dl prb ʿal vor b^{e}gādîm (BH). – k) v 9 non post v 10 trsp (gg BH). – l) bh. prb mēʿîq u. tāʿîq od. tāʿûq statt in mēphîq u. tāphîq od. tāphûq z. ändern. – m) bh. w^{e}gibbôr lōʾ-j^{e}mallēṭ naphšô cf 15 c. – n) bh. v 15 b, aber vokalisier c G jimmālēṭ pr j^{e}mallēṭ (cf BH). – o) bh. 15 cß (j^{e}mallēṭ naphšô) cf m) gg BH. – p) bh. v 16 cα bajjôm-hahûʾ (gg BH). – q) ins lōʾ jimṣāʾ ante libbô c G^B (cf BH).

3, 1–8: a) bh. v 1 unverändert (cf Koehler S. 13). – b) v 2 ab Aussage- u. nicht Fragesatz (cf Sellin 2. Aufl.). – c) bh. nōʿādû. – d) mimm^{e}ʿōnātô prb Gl, cf mtr (BH). – e) dl paḥ ex v 5 c eingedr. (cf G BH). – f) trsp c BH dābār ante ʾ^{a}dōnāj jahwēh.

3, 9–12 d: a) l c G b^{e}ʾaššûr pr b^{e}ʾašdôd (BH). – b) bh. v 9 b unveränd. – c) bh. w^{e}ʾimrû, cf hašmîʿû//w^{e}ʾimrû u. hēʾāṣ^{e}phû//ûr^{e}ʾû, 9 a+9 b// 9 c+9 d. – d) l c G ʿal-har pr ʿal-hārê (BH). – e) bh. gg Weiser u. BH rabbôt. – f) ins huc ex v 10 a n^{e}ʾum jahwēh. – g) dl c BH w^e ante lōʾ. – h) cf f), v 10 a = vierhebig. – i) bh. b^{e}ʾarm^{e}nôtêhäm. – k) dl frt c S ʾ^{a}dōnāj mtr cs (BH). – l) l c BH j^{e}sôbēb pr ûs^{e}bîb et c G ʾarṣēkh pr hāʾäräṣ. – m) bh. w^{e}hôrid. – n) bh. v 12 abcd an s. Stelle (gg BH). – o) ins ʾ^{a}dōnāj ex v 11 a.

3, 12 ef–15: a) trsp c BH frt 12 ef post 13 ab. – b) l c BH ûbe^{e}äräs dammäšäq od. ûbe^{e}dammäšäq ba^{c}äräs. c Weiser ûbe^{e}dammäšäq b^{e}miškab ʿäräs od. w^{e}haššôkh^{e}bîm b^{e}ʾäräs dammäšäq pr ûbid^{e}mäšäq ʿäräs (cf 6, 4). – c) bh. v 14 c ûphāqadtî ʿal-mizb^{e}ḥôt bêt-ʾēl. – d) bh. rabbîm = die Gewaltigen ... vel l c BH bāttê hobnîm (Hes. 27, 15) pr bāttîm ... – e) bh. n^{e}ʾum jahwēh.

4, 1–3: a) l la'^{a}dōnêhän pr la'^{a}dōnêhäm (BH). – b) bh. '^{a}dōnāj mtr cs (gg GS). – c) l c BH '^{a}lêkhän pr '^{a}lêkhäm. – d) bh. 'ät^{e}khän (pr 'ät^{e}khäm) cf G gg Änderg in 'app^{e}khän (cf BH). – e) bh. w^e'aḥ^{a}rît^{e}khän gg Änderg in 'aḥōrêkhän (BH). – f) bh. b^{e}sîrôt dûgāh (gg G). – g) bh. ûph^{e}rāṣîm gg Änderg (cf BH u. G). – h) bh. tēṣä'nāh (gg G). – k) l c G w^{e}hošlakhtänāh pr w^{e}hišlakhtänāh (BH). – i) 'iššāh nägdāch = eine jede vor sich hin (nicht: eine hinter der andern). – l) l c Gressmann ḥärmônāh (cf. G^Q (Cod. Marchalianus)) pr haharmônāh (cf BH).

4, 4–13: a) l w^{e}harbû pr harbû (BH). – b) l w^{e}qaṭṭ^{e}rû pr w^{e}qaṭṭēr (BH). – c) bh. w^{e}gam 'ānōkhî (cf 6a). – d) frt v 7cdef add, cf Aufbau u. mtr (Weiser). – e) prb w^{e}lō' jiśbā'û add. – f) l c G 'amṭîr pr tamṭîr (BH). – g) bh. v 8ab c Weiser (gg BH). – h) l häḥ^{a}rabtî pr harbôt (BH) u. bh. gg BH. – i) dl b^{e}däräkh (ursprüngl. k^{e}däbär) dittogr post däbär. – k) dl prb 'im š^{e}bî (ursprüngl. ṣ^{e}bî) sûsêkhäm = Gl. (BH). – l) bh. b^e'ōš gg G b^e'ēš. – m) l b^e'app^{e}khäm pr ûb^e'app^{e}khäm (BH). – n) bh. v 12abc unverändert (cf zur Konstrukt. Herntrich S. 48). – o) bh. v 13b unverändert. – p) l c G w^e'êphāh pr 'êphāh (BH). – q) bh. '^{ä}lōhê ṣ^{e}bā'ôt (gg BH).

5, 1–17: a) trsp huc l^{e}bêt jiśrā'ēl ex v 3e (BH). – b) ins frt c BH w^{e}hā'îr u. dl w^e vor hajjôṣē't. – c) bh. v 5de. – d) bh. v 6 (gg Weiser). – e) l c BH pän-jišlaḥ 'ēš b^{e}bêt jôsēph pr pän-jiṣlaḥ kā'ēš bêt jôsēph. – f) l c BH c G l^{e}bêt-jiśrā'ēl pr l^{e}bêt-'ēl. – g) hōj ante hahôph^{e}khîm nicht erforderl. – h) v 8–9 aus inneren Gründen nach v 7 eingesetzt. – i) v 9 pertinet ad v 8. – k) bh. hammablîg. – l) l frt c G šäbär pr šōd. – m) bh. 'āz gg G 'ōz. – n) bh. 'al-mibṣār. – o) l c G jābî' pr jābô'. – p) l c BH bûs^{e}khäm pr bôšas^{e}khäm. – q) bh. ûmaś'at od. l c BH c G ûmaś'ōt. – r) rabbîm u. wa^ᶜ^{a}ṣumîm = Prädikate (cf Rob.). – s) bh. v 13ab. – t) Sell. hammaśkîl = Hymnus. Aber prb Part. Hiph. = der Einsichtige. – u) bh. v 14 u. 15 (gg Weiser). – v) bh. '^{ä}lōhê ṣ^{e}bā'ôt (cf 15c). – w) bh. '^{ä}lōhê ṣ^{e}bā'ôt (cf. 14c). – x) bh. '^{a}dōnāj (gg G u. BH) cf mtr. – y) l c BH w^e'äl-mispēd pr ûmispēd 'äl.

5, 18–20: a) bh. v 18c u. l c Budde, Sell. nach G w^{e}hû' pr hû'.

5, 21–27: a) prb exc hemist (BH). – b) l frt (BH) die Suff. der 2. msc plur pr 2. msc sing: šîrᵉkhäm u. niblᵉkhäm pr širâkhā u. n^{e}bālâkhā. – c) bh. v 26 an s. Stelle (gg BH). – d) l c G 'ät-sukkat pr 'ēt sikkût u. bh. malk^{e}khäm (cf Sell.). – e) v 26b crrp. z. sakkût u. kêwān (pr kijjûn) u. kôkhab '^{ä}lōhêkhäm cf Sterngottheiten in akkadischen Inschriften (Rob. zu KAT S. 409ff. 475ff. 622–624) cf 2. Kön. 17, 29ff;

21, 3. Rob. liest: weʾät-kôkhab ʾälôhêkhäm kêwān/ṣalmêkhäm ʾašär ʿaṣîtäm lākhäm pr weʾēt kijjûn ṣalmêkhäm kôkhab ʾälôhêkhäm ... Aber dl besser c Sell. ṣalmêkhäm kôkhab u. l weʾēt kēn () () ʾälôhêkhäm (und das Gestell eures Gottes 1. Kön. 7, 29. 31. 35) aut dl kôkhab ʾälôhêkhäm u. l weʾēt ʾāwän (pr kijjûn) ṣalmêkhäm () () ʾašär ʿaṣîtäm lākhäm (= und den Greuel eurer Gottesbilder, die ihr euch machtet, Hos. 8, 5c). – f) bh. ʾälôhê ṣebāʾôt šemô cf mtr u. 5, 14c. 15c u. z. šemô 4, 13; 5, 8; 9, 6.

6, 1–7: a) nequbê = die Gezeichneten, Edlen. – b) bh. v 1d unverändert (die Volksvertretg Israels holt b. den Vornehmen Rat. ins vor 2a ʾōmerîm = sie sagen). – c) bh. haṭôbîm u. bezieh es auf Kalne, Hamath u. Gath. – d) beziehe min-hammamlākhôt hāʾellāh auf Samarien u. Zion (6ab). – e) bh. gebûlām miggebulekhäm. – f) l wejaggîšûn šäbär weḥāmās pr wetaggîšûn šäbät ḥāmās. – g) der Vergleich mit David schwerl. von einem Glossator. – h) kelê-šîr = Musikinstrumente, hier: Musikstücke. – i) trsp prb v 6c post 13a, aber frt geflügeltes Wort, von Amos öfters zitiert. – k) bh. v 7 (cf 5, 27; 4, 3; 6, 14). – l) mirzēaḥ = Geschrei, lärmende Kultfeier od. säkulare Feier.

6, 8–10: a) bh. gg G u. BH ʾadōnāj cf mtr // 8c. – b) bh. v 8b (cf jahwēh ʾälôhê ṣebāʾôt 5, 14c; 5, 15c; 5, 27). – c) l c BH metāʿēb pr metāʾēb cf šānēʾtî. – d) ins c Sell. (cf G) weniśʾar niśʾār (haplogr vor ûne śāʾô) cf Suffixe in 10a; teile hint. dôdô ab. – e) l ʿaṣāmaû pr ʿaṣāmîm. – f) bh. 10ef, cf z. Konstruktion, d. Bewegtht der Szene.

6, 11–14: a) hint. v 11a nichts ausgefallen (cf Koehl.); bh. aber jahwēh (gg Koehl.). Beginn eines neuen Abschnittes. – b) l c BH ʾimjēḥārēš bebāqār jām pr ʾim-jaḥarôš babbeqārîm. – c) Wortspiel: lôʾ debār Ortsname u. lôʾ dābār. – d) ins huc prb welôʾ näḥelû ʿalšēbär jôsēph ex v 6c. – e) Wortspiel: qarnajim (Stadt in Basan) u. 2 Hörner, Symb. d. Kraft wie d. kleinsten Alphabetzeichen. – f) ins huc gôj ex v 14c. – g) bh. v 14c cf 5, 14c. 15c. 27b. – h) cf f). – i) bh. c Rob., Sell. u. a. naḥal hāʿarābāh = Steppenbach, prb der in d. Südspitze des Toten Meeres von Osten einmündende Wadī el-Hesā (Rob.).

7, 1–9: a) bh. weḥinnēh (Vis. Stil). – b) bh. jôṣēr (cf Sach. 1, 8; 3, 1; 5, 2 u. Part. ohne Nomen Sach. 5, 5. 6). jēṣär (G) Glättg. – c) weḥinnēh läqäš ʾaḥar gizzê hammäläkh (v 1d) frt erklärender Zusatz. Dann auch biteḥillat ʿalôt hälläqäš (v 1c) Gl. (1c u. 1d gehören zus.). Der 1. Vis. Bericht heute um ein Zeilenpaar länger als der zweite. – d) l c BH wajeḥî huʾ mekhalläh/läʾäkhôl ʾät-ʿeśäb hāʾāräṣ pr wᵉhājāh ʾim-killāh lä²ᵃkhôl usw. Teile post hāʾäräṣ ab. – e) bh. niḥam (gg naḥēm, Inf. abs. = Imp., Cramer) cf 3a//3b nicht Bitte, sondern Bericht. – f) non exc verb (ʾᵃdōnāj) cf mtr: 3ab = 3 + 3; 6ab = 4 + 4 (teile 6a ab hint. gam-hîʾ). – g) l wᵉhinnēh qōrēʾ lārîb ʾēš pr wᵉhinnēh qōrēʾ lārib bāʾ ēš (bā-dittogr post lārib). – qārāb lahab ʾēš (Weiser) wie jēṣär gōbaj v 1b u. ʾᵃnākh niṣṣāb v 7b beruht auf Mißverständnis der Visionen als sinnl. Wahrnehmungen. – h) dl ʾᵃdōnāj jahwēh (dittogr). – i) cf 1. Mose 7, 11. – k) l prb c G ʾät-ḥēläq jahwēh pr ʾät-haḥēläq u. teil post jahwēh ab. – l) Einfügg v. ʾᵃdōnāj jahwēh post kōh hirʾanî (cf 1a u. 4a BH) beachtet nicht das Besondere der 3. Vis.: Erscheinen dessen, der d. Schauung schickt. ,,So ließ er mich schauen u. siehe, der Allherr (selbst) (kōh hirʾanî, wᵉhinnēh ʾᵃdōnāj). Teil 7a post ʾᵃdōnāj ab u. bh. ʾᵃdōnāj gg ʾîš (G) od. ʾᵃnākh (Weiser). – m) l c BH ʿal-ḥōmāh pr ʿal-ḥōmat ʾᵃnākh (ʾᵃnakh dittogr). – n) niṣṣāb ʿal-ḥōmāh, ûbᵉjādô ʾᵃnākh (teil hier 7b ab) Vis. Stil cf wᵉhinnēh ʾîš ûbᵉjādô ḥäbäl middāh (Zach. 2, 5). – o) nicht ʾᵃdōnāj weil ein Wort an den Allherrn. – p) bh. v 9, nichts ausgefallen (cf Absage + Scheltwort 7, 8g + 9abc//8, 2g + 3abc).

7, 10–17: a) bh. das 2. hû̉ (cf den 2-gliedr. Rhythmus des Berichtes u. hebr. Stil).– b) bh. ʾäl-ʾᵃmaṣjāh cf mtr (v 14 = 4 + 5 + 4). – c) bh. das 2. u. 3. ʾānōkhî. Das 3-malige ʾānōkhî hebt d. Vollmacht des Amos hervor. – d) l frt c G nôqēd pr bôqēr. Aber bôqēr abgeschliffen auch = Hirte im Allg. – e) bh. mēʿal ʾadmātô cf v 11c.

8, 1–3: a) nicht nötig, post hinnēh einzusetzen: bᵉjādô. Die Symmetrie im Aufbau der Visionen nicht sklavisch (cf d. Nachtgesichte Sacharjas). – b) ins prb c S (BH) jahwēh. – c) ins prb ʾēlaj cf 7, 8a. – d) bh. jahwēh ʾēlaj (gg BH). – e) bh. v 3 cf 7, 9. – f) l c BH šārôt pr šîrôt. – g) trsp c Rob. nᵉ̉um ʾᵃdōnāj jahwēh post v 3 (BH dl). – h) l hošlākh pr hišlîkh (cf BH) od. c Rob. jašlîkhēm. – i) bh. hās (gg Rob.). – k) trsp huc ex v 3b.

8, 4–14: a) l c BH haššāphîm pr haššōʾᵃphîm od. bh. haššōʾᵃphîm et ins lᵉšaḥēt. – b) l c BH ûlᵉhašbît pr wᵉlašbît. – c) bh. šäbär. – d) trsp huc c Rob. ûmappal bar našbîr ex v 6c. – e) bh. v 6ab trotz 2, 6, viell. öfter gebrauchtes Sprichwort. – f) trsp 6c post 5c cf d). – g) l c mlt MSS GST, cf 9, 5 kajᵉʾōr pr kāʾōr. – h) dl wᵉnigrᵉšāh cf 9, 5. – i) l c BH das Q wᵉnišqᵉʿāh pr K wᵉnišqāh, cf 9, 5e. – k) bh. 10cd an s. Stelle, cf Anschluß von 10ef (Totenklage) an 10cd (Trauertuch u. -glatze). – l) die fem. Suff. wᵉšamtîhā . . . wᵉʾaḥᵃrîtāch neutrisch (cf. Rob. GK

122 q). – m) bh. *gg* G BH et 'ᵃdōnāj et jahwēh (cf. mtr). – n) l prb c BH c GSV dᵉbar pr dibrê (jōd dittogr). – o) bh. lᵉbaqqēš 'ät-dᵉbar jahwēh (*gg* BH) cf mtr, 12 abcd = 3 + 3 + 3 + 2. – p) bh. bᵉ'ašmat šōmᵉrôn *gg* Rob. u. a. – q) l prb dôdᵉkhā od. paḥdᵉkhā (1. Mose 31, 42) pr däräkh (cf BH G). Aber Schwur b. der Wallfahrt (däräkh) nach Berscheba frt auch mögl. – r) trsp frt v 14d vor 14a (BH). Aber prb 14d (Fall ohne Auferstehg) Abschluß.

9, 1–4: a) l c Sell. 2. Aufl. (Budde) wajjō'mär hakkēh 'akkäh hakkaphtôr pr wajjō'mär hakh hakkaphtôr od. trsp c BH wajjō'mär ante ûbᵉṣaᶜam u. l ûmakkäh hakkaphtôr wajjirᶜᵃšû hassippîm pr hakh hakkaphtôr wᵉjirᶜᵃšû hassippîm. – b) der Art. hakkaphtôr Determination eines Gattungsbegriffes (GK 126 ln cf Sell.). – c) l c BH (cf Weiser) wajjō'mär 'äbṣāᶜēm bᵉraᶜaš kullām (er sprach: Ich werde sie alle durch Erdbeben zerschmettern) od. ohne wajjō'mär cf a) pr ûbᵉṣaᶜam bᵉrō'š kullām (u. er wird sie abschneiden am Kopf allesamt). bᵉraᶜaš//baḥäräb = Vernichtungsmittel. – d) 'aḥᵃrîtām hier nicht „Nachkommenschaft" sondern „was nachbleibt". – e) bh. miššām cf. Parallelen. – f) bh. minnägäd ᶜēnaj (d. Pointe) od. trsp minnägäd ᶜēnaj nach v 2a vor bišᵉ'ôl als Einleitg. cf „Augen Jahwes" v 2a u. „Hand Jahwes" 2b. – g) bh. miššām, Meerestiefe Wohnsitz der Schlange. – h) bh. baššᵉbî cf 6, 7. – i) bh. miššām cf Parallelen. – k) 4cd = Spitze des Abschnittes. Das Richten d. Augen z. Bösen Antithese zum vom Altar her erwarteten Blick der Augen Jahwes zum Segnen (cf Num. 6, 24).

9, 5–6: a) zur Autorschaft des Amos cf Cramer. – b) bh. v 5a prb exc post 5a hemist. – c) l frt ᶜᵃlijjātô pr maᶜᵃlôtaû, aber „Stufen (seines Thrones)" ergeben auch guten Sinn u. wa'ᵃguddātō = Gewölbe (Rob.), aber auch mögl. = Throngerüst.

9, 7–10: a) bh. nᵉ'um-jahwēh (hint. einer eindrückl. Apostrophierg). – b) bh. v 8, cf Fortschritt von v 7 (Gleichht der Völker vor Jahwe) z. v 8 (Messg jedes Volkes an s. Sünde) z. v 9 (Messg der Einzelnen u. Herausscheidg der Sünder aus der Gemeinde). – c) 'äphäs kî = conj. in einschränkendem Sinn: „nur daß", „jedoch aber" (cf GB u. GK 104b). – d) zur Negation vor d. Inf. abs. hašmêd statt vor dem Verb. fin. 'ašmîd (cf GK 113 v). – e) zu nᵉ'um-jahwēh (v 8f) cf 7b. Markierg der Wende. – f) dl c BH bᵉkhol-haggôjîm (cf mtr, Verwendg des Siebes z. Zerstreuen statt Heraussieben u. Hinweis auf Diaspora) prb seelsorgerl. Anwendg des Textes auf die Exulanten. – g) l c BH (G)

lō᾽ tiggaš weelō᾽ teqaddēm ῾ādênû hārā῾āh pr lō᾽-taggîš wetaqdîm ba῾adê-
nû hārā῾āh. Die Sünde = Sicherht u. nicht = Bitte.

9, 11–15: a) richte in 11bc die Suff. nach 11a (sukkat dāwîd) aus
u. l c BH nach G ᾽ät-peerāṣâhā pr ᾽ät-pirṣêhän u. wahaarisōtâhā pr waha-
risōtaû (cf ûbeenîtîhā. – b) bh. ῾ōśäh zō᾽t (gg BH) u. fasse es eschatolog.
wie Jes. 44, 23a; 41, 20; 42, 16. – c) l c G (BH) haḥôrēš pr ḥôrēš (cf
baqqōṣēr). – d) zu šeebût = Wende od. Wiederherstellung als escha-
tologischer Terminus cf E. L. Dietrich (cf Hos. 6, 11b; 7, 1a;
Hes. 16, 53; cf Gunkel zu Ps. 85, 2; 126, 1. 4). – e) bh. weejāšâbû als
Komplementärbegriff z. ûbānû. – Die Argumente gg d. Autorschaft
des Amos f. die ganze Heilsweissagg 9, 11–15 (cf Wellh.) beim heut.
Stand der Forschg nicht mehr zwingend. Die Echtht des Amosschlusses
erweist sich aber erst aus der Gesamtschau der Theol. des Amos von
der Gerechtigkt Gottes her, die drohend u. werbend sich in Gericht
u. Heil durchsetzt, in Scheidg, Begnadigg des Restes, Verwandlg des
Kosmos u. Vollendg der Heilsgeschichte (cf Sell., Cramer, Herntrich
gg Wellh. u. s. Schule u. Weiser).

Literatur in Auswahl

Auerbach = Elias Auerbach, Wüste und Gelobtes Land, Bd. 1, 1932, Bd. 2, 1936. – *Baumann* = Eberhard Baumann, Der Aufbau der Amosreden, BZAW 1903. – *Baumann I* = derselbe, Eine Einzelheit zu Amos 7, 14, ZAW 1952. – *Baumann II* = derselbe, Schûb sch^{e}bût, ZAW 1929. – *Cramer* = Karl Cramer, Amos, BWAuNT 1930. – *Dalman* = Gustav Dalman, Arbeit und Sitte in Palästina, Bd. I–VII, 1928–42. – *E. K. Dietrich* = Erich Kurt Dietrich, Die Umkehr, Bekehrung und Buße im AT, 1926. – *E. L. Dietrich* = Ernst Ludwig Dietrich, šûb š^{e}bût, die endzeitliche Wiederherstellung bei den Propheten, BZAW 1925. – *Duhm* = Bernhard Duhm, Israels Propheten, 2. Aufl. 1922. – *Ewald* = Heinrich Ewald, Die Propheten des Alten Bundes, 1840, 2. Aufl. 1867. – *Fichtner* = Johannes Fichtner, Die ‚Umkehrung‘ in der prophetischen Botschaft, ThLZ 1953. – *Frey* = Hellmuth Frey, Das Buch des Werbens Gottes um seine Kirche. Die Botschaft des Propheten Hosea, (Die Botschaft d. AT Calw) 1957. – *Frey I* = derselbe, Der Aufbau der Gedichte Hoseas, Wort und Dienst (Jahrbuch der Theol. Schule Bethel) 1957. – *Galling* = Kurt Galling, Biblisches Reallexikon, 1937. – *Galling I* = derselbe, Der Beichtspiegel, Eine gattungsgeschichtl. Studie, ZAW 1929. – *Galling II* = derselbe, Erwählungstradition Israels, 1927. – *GB* = W. Gesenius u. F. Buhl, Hebr. u. aram. Handwörterbuch z. AT, 17. Aufl. 1921, Neudruck 1949. – *GK* = Gesenius-Kautzsch, Hebr. Grammatik, 28. Aufl. 1909. – *Gressmann* = Hugo Gressmann, Die älteste Geschichtsschreibung und Prophetie Israels, 2. Aufl. (SAT II, 1) 1921. – *Gressmann I* = derselbe, AOT, 2. Aufl. 1926. – *Guthe* = Herrmann Guthe, Der Prophet Amos, in Kautzsch-Bertholet: Die Hl. Schrift d. AT, 4. Aufl. 1923. – *Haldar* = A. Haldar, Associations of Cult Prophets among the ancient Semites, 1945. – *Hänel* = Johannes Hänel, Das Erkennen Gottes bei den Schriftpropheten, BWAT 1923. – *Hempel* = Johannes Hempel, Jahwegleichnisse der israelit. Propheten, ZAW 1934. – *Hengstenberg* = E. W. Hengstenberg, Christologie des AT u. Commentar über d. mess. Weissagungen der Propheten, III. Teil 1835. – *Henschke* = Richard Henschke, Die Stellung der vorexil. Schriftpropheten zum Kultus, BZAW 1957. – *Herntrich* = Volkmar Herntrich, Amos, der Prophet Gottes, 1941. – *Herntrich I* = derselbe, Das Berufungsbewußtsein des Amos (in Christentum u. Wissenschaft S. 161–176) 1933. – *Herrmann* = Johannes Herrmann, Die soziale Predigt der Propheten, 1911. – *Hertzberg* = H. W. Hertzberg, Die Entwicklung des Begriffes mišpāṭ im AT, ZAW 1922. – *Hertzberg I* = derselbe, Prophet und Gott, 1923. – *Hertzberg II* = derselbe, Die prophetische Kritik am Kult, ThLZ 75, 1950. – *Hitzig* = Ferdinand Hitzig, Die zwölf kleinen Propheten, 1. Aufl. 1838, 3. Aufl. 1863, 4. Aufl. von Steiner 1881. – *Hölscher* = Gustav Hölscher, Die Propheten, 1940. – *Horst* = F. Horst, Die Doxologien im Amosbuch, ZAW 1929. – *Jepsen* = Alfred Jepsen, Das Zwölfprophetenbuch (Bibelhilfe atl. Reihe). – *Jepsen I* = derselbe, Nabi, soziol. Studie zur atl. Lit. und Relig.-Geschichte, 1934. – *Jepsen II* = derselbe, Untersuchungen zum Bundesbuch, BWAuNT 1927. – *Jeremias* = Alfred Jeremias, Das ATLAO, 3. Aufl. 1916.–

Jirku = Anton Jirku, GdVJ 1931. – *Johnson* = A. R. Johnson, The Cultic Prophet in Ancient Israel, 1944. – *Junker* = H. Junker, Prophet und Seher in Israel, 1927. – *Keil* = Karl Friedrich Keil, Bibl. Commentar über die zwölf kleinen Propheten, 2. Aufl. 1873 (Bibl. Comm. üb. d. AT von C. Fr. Keil u. Frz. Delitzsch). – *Kittel* = Rudolf Kittel, GdVJ 2. Bd. 7. Aufl. 1925. – *Koehler* = L. Koehler, Amos, 1917. – *Koehler I* = L. Koehler u. W. Baumgartner, Lexicon in Veteris Testamenti Libros, 1953. – *König* = Eduard König, Hebr. u. aram. Wörterbuch z. AT, 1910. – *Kroeker* = Jakob Kroeker, Die Propheten oder das Reden Gottes, Die vorexil. Propheten I. Abt. Amos u. Hosea, 1932 (Das lebendige Wort, Bd. 6). – *Lindblom* = Johannes Lindblom, Die lit. Gattung der prophet. Literatur, 1924. – *Marti* = Karl Marti, Dodekapropheten, KzHC 1904. – *Noth* = Martin Noth, Geschichte Israels, 1950. – *Nowack* = Wilhelm Nowack, Die kleinen Propheten (Nowacks HKzAT) 1897, 1903, 1922. – *Praetorius* = Franz Praetorius, Die Gedichte des Amos, 1924. – *Procksch* = Otto Procksch, Die kleinen prophet. Schriften vor dem Exil (Erl. z. AT Calw) 1910. – *Procksch I* = derselbe, Geschichtsbetrachtung und Überlieferung bei den vorexil. Propheten, 1902. – *Robinson* = Theodor Robinson u. Friedrich Horst, Die zwölf kleinen Propheten (HAT I, 14) 1. Aufl. 1938, 2. Aufl. 1954. – *Rowley* = H. H. Rowley, Was Amos a Nabi? Festschrift für Otto Eissfeldt 1947. – *H. Schmidt* = Hans Schmidt, Der Prophet Amos, 1917. – *M. Schmidt* = Martin Schmidt, Prophet u. Tempel, eine Studie zum Problem der Gottesnähe im AT, 1948. – *Schrade* = Hubert Schrade, Der verborgene Gott, 1949. – *Seesemann* = Otto Seesemann, Israel und Juda bei Amos und Hosea, 1898. – *Sellin* = Ernst Sellin, Das Zwölfprophetenbuch, 1. Aufl. 1922, 3. Aufl. 1929. – *Sellin I* = derselbe, Der atl. Prophetismus, 1912. – *Sellin II* = derselbe, Geschichte des israelit. jüdischen Volkes, Bd. 1 1924, Bd. 2 1932. – *Seyerstadt* = J. P. Seyerstadt, Erlebnis und Gehorsam beim Propheten Amos, ZAW 1934. – *Stoebe* = Hans Joachim Stoebe, Der Prophet Amos und sein bürgerlicher Beruf, Wort und Dienst (Jahrbuch der Theol. Schule Bethel) 1957 S. 160–181. – *Volz* = Paul Volz, Prophetengestalten, 1938. – *Weiser* = Artur Weiser, Die Prophetie des Amos, BZAW 1929. – *Weiser I* = derselbe, Die Propheten Hosea, Joel, Amos, Obadja, Jona, Micha, 1. Aufl. 1949, 2. Aufl. 1956 (ATD). – *Wellhausen* = Julius Wellhausen, Die kl. Propheten untersucht und erklärt, 3. Aufl. 1898. – *Würthwein* = Ernst Würthwein, Amos 5, 21–27, ThLZ 1947, Sp. 144–52. – *Würthwein I* = derselbe, Amos-Studien, ZAW 1950. – *Ziegler* = J. Ziegler, Studien zur Verwertung der LXX im Zwölfprophetenbuch, ZAW 1944.

Nachtrag:
Robert Bach, Gottesrecht und weltliches Recht in der Verkündigung des Proph. Amos (Festschr. f. G. Dehn S. 22–34) 1957. – Martin Buber, Der Glaube der Propheten, 1950. – Reinhard Fey, Amos u. Jesaja (Wiss. Monographien z. A. u. NT. 12.) 1963. – Antonius Gunnevey, Mündl. u. schriftl. Tradition d. vorexil. Prophetenbücher, FRLANT 73, 1959. – Ders., Ergänzungen zu Amos 7, 14 ZThK 57, 1960. – Franz Hesse, Wurzelt die prophet. Gerichtsrede im isrealit. Kult? ZAW 65 S. 45–53, 1953. – Ders., Amos 5, 4–6. 14ff., ZAW 68, S. 1–17, 1956. – Victor Maag, Text, Wortschatz u. Begriffswelt d. Buches Amos, 1952. – Ders., Art. Amos, Amosbuch RGG I 3. Aufl. 328–331. – Rob. Rendtorf, Priesterl. Kulttheologie u. proph. Kultpolemik, ThSZ 81, 339–342, 1956. – Hellmuth Robscheit, Die Thorah b. Amos u. Hosea, EvTh. 10, S. 26–38, 1950/51. – Edzard Rohland, Die Bedeutung der Erwählungstraditionen Israels f. d. Eschatologie d. atl. Propheten. Diss. Heidelberg 1956. – Wilh. Rudolf, Gott u. Mensch b. Amos, Imago Dei, Festschr. f. Gustav Krüger, S. 19–31, 1932. – Ivar Seierstadt, Die Offenbarungserlebnisse der Propheten Amos, Jesaja u. Jeremia, 1946. – Wolfram Frh. v. Soden, Verkündigung d. Gotteswillens durch prophet. Wort i. d. altbabylonischen Briefen aus Mari. Die Welt d. Orients, H. 5 S. 397 bis 403, 1950. – Claus Westermann, Grundformen prophet. Rede, BzEvTh. 31, 1960. – H. W. Wolff, Die Begründung der prophet. Heils- u. Unheilssprüche. ZAW 52, S. 1. – 32, 1934.